周成刚　著

走向远方
穿越世界的教育寻访

新星出版社　NEW STAR PRESS

献给我亲爱的 Olivia 和所有成长中的孩子们

序言

　　周成刚的新书要出版了，叮嘱我写个序。我想哪需要他叮嘱呢，他的第一本书《镜头里的世界名校》，是我写的序；第二本书《由东向西看教育》，没有找我写序，自己安排出版了，我看完后就写了一篇读后感发给他。他说本来是为了不麻烦我才不找我写序的，结果我还自找麻烦，看来我就是个不怕麻烦的人。所以，这本书还没有成稿就告诉我要请我写序言，我欣然答应。

　　在中国，既有优美流畅、富有思想的文字功力，又有一流的摄影水平，并且能够把这两者完美结合的人，应该为数不多。如果再加上流利的英文水平和深厚的西方文化功底，以及对于教育的深刻领悟和真诚热爱，可能就只剩下周成刚一人了。我几乎从来没有看到他刻苦过，但他的英文就是学得比谁都好，摄影又搞到了专业水平，打篮球、打乒乓球一般人都不是对手。就像我在他的第一本书序言里说的那样，能够把玩和工作结合得如此完美的人，把玩弄得像工作一样专业、把工作又弄成像玩一样轻松的人，在我认识的人之中，也只有周成刚一个。羽扇纶巾，谈笑之间，他把新东方奄奄一息的出国咨询业务做到了二十个亿；扛着镜头游走世界之时，他于看似不经意间写出了集教育思想和美感意趣为一体的书。

　　我是一个缺乏"玩"的心态和能力的人，总是把什么事情都弄得苦哈哈的，最后把工作弄得没有乐趣，把生活弄得也没有乐趣，整个人生都好像没有乐趣了。尽管我也把新东方做出了一点模样，但好像并没有和人生乐趣成正比。老周对我有一个评价，我觉得特别精准。他说："老俞是一个喜欢自己挖坑往里跳，爬出来以后还充满成就感的人。"这句评价挺中肯的，也给我带来了警醒。但警醒之后，我还是继续挖坑，继续往里跳。这个序，又是我习惯挖坑往里跳的一个证明。

每个人做事业和过生活的方式都是不同的。也许正是因为这样的差异，构成了朋友之间交往的基础，和而不同，相安相受。尽管我和老周是喝同一条河里的水长大的，也是从同一个中学考上大学的，但我和老周有太多的不同：他是城里的，我是乡下的；他是乐观的，我是悲观的；他是轻松生活派，我是苦逼奋斗派；他是名牌产品行家，我是农村粮食专家；他穿什么都风度翩翩，我穿名牌服装多少有点土气。但是即使有这么多的不同，四十多年来，我们俩依然保持了独一无二的深厚友谊，其浓度无出其右者。尤其是在周成刚加入新东方的这二十多年里，我们俩携手并肩一起为新东方的发展壮大努力，尽管有各种利益纠葛，管理公司的方式也不尽相同，但我们一直相知相惜，友情始终纯净如水。最主要的原因，我们有共饮一江水的童年，有兄弟般的谦让和理解。更加重要的是，我们俩的深层核心价值观高度一致，那就是对于教育的真心热爱。

我和周成刚在一起做讲座时合影

说到对于教育的热爱，我在新东方做了很多工作，像开了个百货店，什么杂货都有；而老周做得比我聚焦得多，这些年一头扎进了对于世界各地大学的研究和观察中。最初他带着团队去穿越世界名校，我只当他是想出去散心，借个名头周游世界，真没有想到这些年的寻访结下了如此丰硕的成果。如果你认真阅读他的这几本书，就会发现不仅图片拍得漂亮，文字读起来舒服，更重要的是他对教育的领悟越来越深刻，越来越有穿透力。这种穿透力，是基于常年一线走访中对于世界教育发展的深刻感知和理解。你可以在字里行间跟随他的脚步，从古老的博洛尼亚大学开始，穿越数个世纪，最终落在对于中国教育未来发展和进步的真切思考上，拳拳之心，天地可鉴。这样的观察和体悟，再配上具有独特视角的精美图片，给每一个读者带来的冲击力都是震撼的。我想，阅读这本书，不仅能让年轻人对进入这些著名的大学殿堂深造产生不可遏制的向往，也让中国的家长在给孩子设计教育路径的时候有所参照。更为重要的是，让中国的教育工作者和引领者对中国教育的发展方向和前进路径，产生不一样的思考甚至反省。到了我和老周这个年龄，能够为中国教育做点正向推动的事情，哪怕带来一点点能够推动进步的领悟，都是值得欣慰的事情，也能够激励我们在未来的岁月里更加奋发。

　　我不知道自己是否还能够像周成刚一样，亲身到世界各地的优秀大学去考察、体会和思考。读完老周的这本书，我有一种周身舒坦的感觉，就像自己已经实地走过了一趟似的。有一次我和老周喝酒，我们俩约定，要一起去深度旅行，他摄影，我写作，然后合著一本书。今天我觉得，自己写好像是多余的。他的文字已经臻美，我不必再插一脚。不过，我们还是可以一起行走，可以互相陪伴，晚上举杯邀月、开怀畅饮，然后各自记录下心情。也许不同的视角可以相映成趣，丰富彼此的观察。犹记得朱自清和俞平伯夜游秦淮河，约定作一篇《桨声灯影里的秦淮河》。如今两人的文字，都成了流传至今的名篇。

　　感谢老周，四十年的友情和合作，互相砥砺，不离不弃。

俞敏洪

新东方教育科技集团董事长

博洛尼亚大学原址一角

引言

世界名校的前世今生

    我在这本书里会和大家聊聊自己在探访名校的活动中遇到的人和事，以及在校园里耳闻目睹的一些真实现象。今天，读大学已经成为很多孩子人生发展的必经之路，成为他们接受教育、提升能力和开阔眼界的重要途径。大学也因此成为当代社会中的一个有机组成部分，人们早已司空见惯、不足为奇了。很少有人会问大学何时出现、由何而来，它的诞生又承载着怎样的使命？

    纵观人类历史，早在大学诞生之前，就已经出现了学堂和学院。据考证，中东出土的公元前4000多年美索不达米亚文明时代的泥板是当时学校的课本。虽然今天看来，泥板上记录的知识颇为简单，不过在人类文明早期可以算得上是高等教育了，这可能就是最早的大学雏形。

    到了古埃及时期，法老神庙的功能之一是教授知识和研究学术，古希腊著名的学者毕达哥拉斯据传就在埃及学习过。毕达哥拉斯回到希腊后，潜心钻研学问，还招收了大量门徒。他和门徒不仅在一起读书，很多时候还生活在一起，交流学习心得。

    古希腊出现了雅典学院，学院里有很多学者开始教授课程，和后来中世纪诞生的大学已经非常相像。在雅典学院，老师和学生之间的关系可以用"亦师亦友"来形容。老师除了教授知识外，还和学生一起做研究，探讨问题。我在梵蒂冈博物馆里目睹过文艺复兴时期著名画家拉斐尔的名作《雅典学院》，画中央的两人是柏拉图和他的学生亚里士多德。两人是师生关系，年龄相差也不小，却在并肩而行，醉心于学

术讨论。再想想亚里士多德的名言"吾爱吾师，吾更爱真理"，可见那个时代下单纯、浓厚的学术氛围。

公元前4世纪时，崛起的马其顿（位于希腊北方）占领了埃及，并且在港口城市亚历山大建立了亚历山大图书馆。这不仅仅是一个藏书之处，有人认为它是一所真正意义上的大学。与雅典学院不同的是，亚历山大图书馆不仅有学术大师，而且有方便学习和研究的良好的硬件设施以及充足的经费。欧几里得在这里完成了人类历史上最有影响力的科学巨著之一《几何原本》，托勒密写就了影响深远的《地理学》，著名科学家阿基米德也在这里学习过。在长达数个世纪的时间里，亚历山大图书馆都是整个西方世界的学术中心。

在欧洲历史上暗无天日的中世纪，黑暗和愚昧也未曾阻挡住人们对知识的渴望，多少人努力寻找机会探求光明，探寻真理。于是，在意大利的文化名城博洛尼亚诞生了欧洲的第一所大学——博洛尼亚大学。

博洛尼亚位于意大利北部的雷诺河畔，是一座享誉世界的历史名

城，自然条件优越，在罗马统治时期是欧亚非的商贸中心和交通要道，也是文化交流和知识传播的便利之地，因此成为意大利本土和阿尔卑斯山脉以外地区的年轻人聚集求学的最佳场所。

公元 11 世纪，博洛尼亚进入一个新的发展时期。不过，繁荣也带来了不少麻烦，商业纠纷越来越多，诉讼案件接踵而来，老百姓对法律维权的诉求与日俱增。于是，这里的学者和年轻人开始重新研究罗马法，法学开始复苏。这场法学运动的复苏，法律学校的创建者、著名法学家伊内留斯功不可没。这位被后人称为"法律灯塔"的学者，全面评注了《查士丁尼法典》，收集整理罗马官方和民间的法条，开创了将《民法大全》学习列为普法教育课程的时代。他的另一大重要贡献是培养了大批优秀的学者。人才济济的博洛尼亚在欧洲声名鹊起，欧洲其他国家的许多学生千里迢迢前来求学。这所博洛尼亚法律学校就是博洛尼亚大学的雏形。

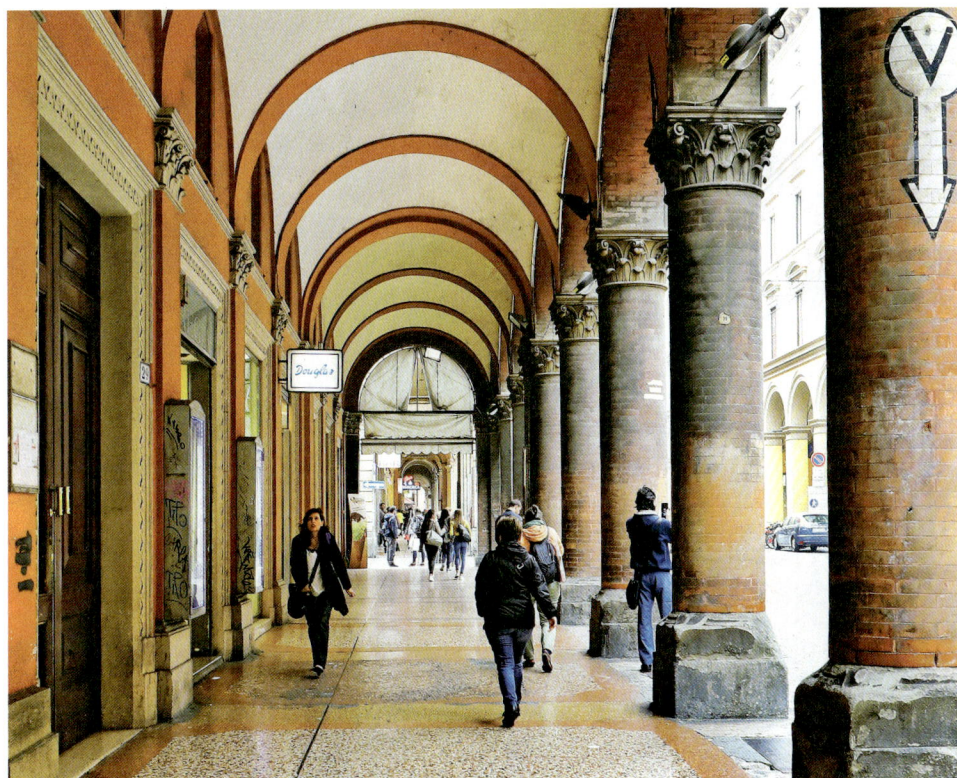

博洛尼亚城里的长廊

1158 年，神圣罗马帝国的皇帝腓特烈一世签署了被称为学术特权的法律文件，这个法律文件后来也被教皇亚历山大三世认可。文件中有四项内容至关重要：一、大学人员有类似于神职人员才有的自由和豁免权；二、大学人员有为了学习的目的自由旅行和迁徙的权利；三、大学人员拥有学术观点和政见不同而免受报复的权利；四、大学人员有权要求由学校和教会而不是地方法庭进行裁决。

不管罗马皇帝颁布这个文件的真实用意如何，诞生于 1088 年的意大利博洛尼亚大学自此成为第一所接受学术特权法令的大学。这个文件从某种意义上也能看出大学自一开始就不是一个单纯传授知识和技能的场所，它的血液里始终流淌着自由的基因，承载着一份追寻精神自由、思想解放、科学真理和人性光辉的重大使命，这种大学精神承载于一代代师生心中，千百年来薪火相传。

到了 14 世纪，博洛尼亚大学迎来了更多逻辑学、天文学、医学、哲学、算术、修辞学以及语法学的学者。进入 16 世纪之后，加斯帕雷·塔利亚科齐在这里开始了关于整形外科最初的研究。17 世纪是博洛尼亚医学发展的黄金时期，马尔切罗·马尔比基开始利用显微镜进行人体解剖学的教学探索，世界医学在这段时期取得了引人瞩目的进步和发展。

博洛尼亚大学作为西方最古老的大学，有着极高的学术威望和影响力。它是世界范围内公认的拥有完整大学体系并发展至今的第一所大学，与巴黎大学、牛津大学和萨拉曼卡大学并称为"欧洲四大文化中心"。作为四大文化中心之首，博洛尼亚大学一直保持着世界性文化学术中心的地位，直到两次世界大战爆发之后，教育和研究重心被转移他处。在西方教育体系不断更新和迭代的过程中，她一直扮演着举足轻重的角色，成功地引领了欧洲大学制度的改革。1988 年 9 月 18 日，博洛尼亚大学建校 900 周年之际，欧洲 430 个大学校长在博洛尼亚的大广场上共同签署了欧洲大学宪章，宣布博洛尼亚大学为"欧洲大学之母"。

12 世纪初，法国的巴黎大学诞生了。巴黎大学创建于卡佩王朝时期，彼时一直迁移不定的王室终于在巴黎安定下来，于是巴黎成了首都，也是法国的中心。当时的巴黎已经有不少修道院学校，其中巴黎圣母院的大主教教堂学校占主导地位，以神学和人文学科著称的巴黎大学就是在该校的基础上发展起来的。此外，巴黎大学

的诞生也归功于法国的数任统治者，他们为大学发展做出了各自的贡献。1200 年，法兰西国王腓力二世为巴黎大学颁发了一个特权证书，允许大学的师生行会享有免税权、免受民事和刑事的裁判权等特权，为大学创造了更加宽松自由的知识交流环境。当然，巴黎大学的成功也是理性知识和实用知识对信仰知识发起挑战的结果，而阿贝拉尔等学者就是这场学术思想探索中的先锋。13 世纪的巴黎因为重视文化教育和尊重知识，享有"中世纪雅典"的美誉，成为中世纪欧洲的精神圣地。巴黎大学一时大师云集、群星荟萃，阿贝拉尔、西格尔、托马斯·阿奎那、波那文都拉、罗吉尔·培根等一大批知名学者都曾活跃在这个舞台上。巴黎大学的发展推动了中世纪知识的广泛传播和世俗化，也促使中世纪的教育传统发生了深刻的变化，推动中世纪早期以修道院为知识中心的状况的结束。

巴黎大学的发展并非一帆风顺。受拿破仑教育改革的影响，巴黎大学曾于 1793 年被撤销，直至 1896 年才恢复重建。后来的巴黎大学实际是 13 所大学的统称。1968 年，巴黎大学爆发学潮，学生抗议课程落伍及填鸭式的教育模式，要求更多的学术自由和校园民主，法国政府借此对巴黎大学进行一连串的改组和调整，组成 13 所独立大学，即巴黎第一至第十三大学。1971 年 1 月 1 日，新改组的 13 所巴黎大学同时宣告成立。这 13 所大学各自独立，没有隶属关系，编号只代表顺序，与规模和名望无关。不过各校根据自己的情况在教学和研究上有所侧重，各有千秋。2010 年，法国政府正式启动"卓越大学计划"（Initiatives d'Excellence，IDEX），通过合并高校及大学校、研究院所等途径提升法国大学的综合实力。一些编号的巴黎大学被合并，或组成了新的大学综合体。改革可能还会随着社会发展的需求继续深入。

我们从巴黎大学的百年风云历史中，可以看到大学对欧洲社会文明进程的贡献。它不仅满足了人们自身渴望自由和追求真理的精神需求，也通过对知识的传播和普及满足了社会发展的客观需求，持续推动社会精神文明的进步。虽然那时候欧洲和中国等东方文明古国相比还处于相对落后的状态，但是这些大学在蒙昧的中世纪悄然播下了文明的种子，为欧洲近代科学的飞速发展直至领跑世界夯实了基础。

你也许不敢相信，当博洛尼亚大学和巴黎大学已经起步的时候，英国还没有大学。

在 12 世纪之前，英国人只能去法国或其他欧陆国家求学。好在这样的状况没有持续太久，英国的第一所大学——牛津大学就诞生了。说来有趣，牛津大学的诞生是和巴黎大学紧密相关的。

据说 1167 年，当时的英格兰国王同法兰西国王发生了激烈的争吵。英王一气之下把寄读于巴黎大学的英国学者召回，禁止他们再去巴黎深造。还有另一种说法，是法王一气之下把巴黎大学里的英国学者统统赶回了英国。不管如何，这些英国学者确实是从巴黎打包回国了。他们聚集于牛津，在天主教本笃会的协助下继续从事经院哲学的教学与研究。人们开始把牛津作为一个"总学"，这就是牛津大学的前身。当时的学者们之所以选择牛津，是由于亨利二世的一个宫殿建在牛津，学者们为获得国王的保护欣然前往。毋庸置疑的是，牛津大学在创建之初基本是以巴黎大学为蓝本的。

牛津大学创建不久，学校所在的镇上就出了一件大事。牛津大学的两名经院派哲学家被控谋杀了一名妓女，牛津镇当局因找不到真凶，居然直接以强奸罪为名绞死了这两位学者。这一事件引起了学校师生的强烈不满。为了抗议小镇当局的行为，牛津学者纷纷离校，投奔别的学术机构，其中有一些学者就来到了剑桥。当时的剑桥镇已经积累了丰厚的财富，这里的不少宗教机构也都有研究的传统。另外，据《剑桥：大学与小镇 800 年》一书说，当时有个领头的牛津学者是约翰·格瑞博士，他就是剑桥人，所以带着一帮师生去了剑桥，于是有了今天的剑桥大学。大批牛津学生出走去剑桥是 1209 年，这是公认的剑桥大学建校年份。从这个意义上说，牛津大学促成了剑桥大学的建立，或者说剑桥大学是牛津大学的进一步延展。

虽然牛津大学和剑桥大学移植了巴黎大学的模式，但是这两所大学又都在原来的基础上不断创新，开创了英国独特的"学院制"和"导师制"。学院负责学生的膳食、住宿、文娱活动和针对性的个别辅导，大学直接管理教学、考试和学位授予，学院和大学分工清晰，责权分明。14 世纪末，牛津大学新学院创立者威廉·威克汉姆将"学院制"首次引入牛津大学，后来也被剑桥大学积极采纳。这项制度一直延续到今天。

几百年来，牛津大学和剑桥大学之间始终在进行着旷日持久的学术、科研和体育的全方位较量。在国内，人们常常把牛津大学和剑桥大学类比为中国的北大和清华，

前者文科更强，后者理科更棒。这种笼统的比喻虽然不能完全成立，但至少从侧面说明了两所大学发展的不同轨迹和人们的判断取向。牛津大学在 900 多年里全面开花，在各领域都取得了辉煌的成绩，涌现出一批引领时代的科学巨匠，尤其在数学、物理学、医学、法学、商学等多个领域拥有崇高的学术地位及广泛的影响力，被公认为当今世界最顶尖的高等教育机构之一。从 1902 年起，"罗德奖学金"设立，旨在资助"卓越、勇敢、仁爱以及拥有领袖气质"的世界青年赴牛津深造。这个奖项至今都是各国学霸们争相追求的目标。截至 2020 年，牛津大学的校友、教授及研究人员中共有 72 位诺贝尔奖得主、3 位菲尔兹奖得主、6 位图灵奖得主。更值得一提的是，牛津大学培养了许多艺术大师和国家元首，其中包括 30 位英国首相、数十位世界各国元首和政商界领袖。

剑桥大学自然也不甘人后，800 多年的校史上，汇聚了牛顿、麦克斯韦、玻尔、玻恩、狄拉克、奥本海默、达尔文、沃森、克里克、马尔萨斯、马歇尔、凯恩斯、图灵、怀尔斯、华罗庚、霍金等创造时代的科学巨匠，还有弥尔顿、拜伦、丁尼生、培根、罗素、维特根斯坦等名闻遐迩的文哲大师，克伦威尔、尼赫鲁、李光耀等赫赫有名的政治人物，以及包括罗伯特·沃波尔（首任）在内的 15 位英国首相。截至 2020 年，共有 121 位诺贝尔奖得主、11 位菲尔兹奖得主、7 位图灵奖得主曾经在此学习或工作过，其诺奖得主数量雄踞世界大学第二。

800 多年来，这两所学校的"相爱相杀"没有停止过，双方你追我赶，互不相让。除了实力和名声的硬较量，有时还不免来点"口水仗"。牛津人常说：剑桥是牛津的跟屁虫，就像夏娃是亚当的一根肋骨一样；剑桥人则会说：牛津大学显然忘了自己是巴黎大学的一根肋骨。剑桥大学和牛津大学的校徽上都有一本书，不过剑桥的那本书是合上的，而牛津的那本是翻开的。牛津人嘲笑剑桥人装模作样不用功读书；剑桥人则嘲笑牛津人学习能力过于低下——我们都已经学完了，你们才学到一半。这些无伤大雅的玩笑，传递的是对知识的追求和永不言败的前进精神。两所学校的一代代师生用实际行动，身体力行地推动了不同领域的社会发展和变革，改变了普通人的日常生活，在人类历史上留下了不可磨灭的印记。大学没有忘记千百年前的办学初衷，矢志不渝地追求科学真理，坚定的理想和信念影响着一批批毕业生，他们走出校门后放眼寰宇，关心人类，希望用自己的微薄力量去改变世界。

剑桥大学名人堂里的牛顿塑像

　　哈佛大学与剑桥大学，相隔大西洋的两所名校，也有着千丝万缕的联系。约翰·哈佛，这位剑桥大学伊曼纽尔学院的毕业生，1637 年远渡重洋来到美洲新英格兰地区的查尔斯镇，担任该镇教会的助理牧师和教导长老。次年他不幸因肺结核去世，将自己遗产的一半 800 英镑和几百本藏书捐给了创立仅两年的"新学院"学校。学校感激这位捐赠者，以他的名字重新命名学校，这就是哈佛大学的前身。更有意思的是，哈佛大学的所在地叫"新镇"，后来改名为"剑桥镇"。历史的巧合，牵连出大西洋两岸两所名校的绵长渊源。

　　今天，哈佛大学的大名如雷贯耳，早已成为世界最顶尖的研究型大学。哈佛大学在文学、医学、法学、商学等多个领域拥有崇高的学术地位及深刻的影响力，前

后共培养出包括富兰克林·罗斯福、巴拉克·奥巴马在内的8位美国总统。而哈佛大学的校友、教授及研究人员中共产生了160多位诺贝尔奖得主,牢牢占据世界第一把交椅。此外,还有18位菲尔兹奖得主、14位图灵奖得主。在2021年U.S.News世界大学排名和2021年软科世界大学学术排名中,哈佛大学均位列世界第一名,真的是一所名副其实的世界名校,更是万千学子的梦中学府。

事实上,这所美国本土最古老的大学后来又催生出其他大学,真可谓代代相传。哈佛大学在创建后的几十年里,学术范围逐渐开放,慢慢摆脱了最初的宗教主义教育,这一开放举措引来一些宗教界人士的不满,清教派领袖C.马瑟对哈佛大学包容不信教者的宽容态度深感不满。对于创建哈佛大学的清教徒来说,把上帝与真理分开是件不可思议的事情。1701年,对哈佛大学心怀愤懑的一批校友脱离出来,在康涅狄格州的纽黑文创建了一所新的大学,这就是今天的另一所世界名校——耶鲁大学。

耶鲁大学和哈佛大学本是同根生,校徽上也都有书,只不过耶鲁是一本,而哈佛有三本。耶鲁人嘲笑哈佛人读书不专心,一心三用;哈佛人则讽刺耶鲁人,一次只能学一门课的学渣就不要在可以同时轻松搞定三门课的学霸面前嘚瑟了。玩笑归玩笑,我们不难看出哈佛人和耶鲁人对待知识同样严谨的态度。

从意大利的博洛尼亚大学诞生之日起,集结了人类智慧力量的名校注定是要改变这个世界的。虽然刚开始的时候,许多古老的大学都与宗教密不可分,甚至是为了传播宗教思想而专门建立的,但正如《欧洲中世纪大学的演进》一书的作者所言,正是在这种宗教思想广泛传播的历史环境中,年轻人尝到了冲破黑暗、探索真理的甜头,从此一发不可收拾。今天,全世界所有的大学依然受到这些先行者的激励,大学生的血脉里流淌着同样的精神血液,肩上担当着同样沉甸甸的使命,那就是——传播知识、探索真理、启蒙心智、解放思想和追求自由,这大抵是大学教育从未改变过的历史使命!

牛津大学图书馆

我在南极穿越时留影

目录

Ideal 理想的光辉 **1**

永远不要放弃对知识的渴望，对美和爱的追求以及人类发自本能的同理心。无论兴趣何在，我们的视野都应该比眼前的世界大一点，再大一点。唯有心系寰宇，才有远走的冲动；唯有心怀苍穹，才可走向远方。

Culture 文化的力量 2

起源于古希腊的西方文明主要由两大传统组成：一是探究自然奥秘的科学精神；二是强调公平竞争的奥林匹克精神。当今世界一流大学都秉承了这两种传统，既重视科学研究的进步，又崇尚体育精神的传承，两者相得益彰。

Explore
探索的
勇气

3

威廉·冯·洪堡将大学在"教育"的功能之上赋予了"研究"的职能，使得大学不仅是对既有知识的传承，而且也是对新知识的探索、追求和发现，这对整个人类文明的进步都是功不可没的。

Ideal
理想的光辉

1

永远不要放弃对知识的渴望，对美和爱的追求以及人类发自本能的同理心。无论兴趣何在，我们的视野都应该比眼前的世界大一点，再大一点。唯有心系寰宇，才有远走的冲动；唯有心怀苍穹，才可走向远方。

◯ 博洛尼亚大学的解剖室

世界上第一间人体解剖室

▶▶ ▬▬ 当时，博洛尼亚大学终于可以在神职人员的监督下，由医学院教授向学生们展示实际的解剖过程，在这里进行的解剖实验奠定了现代医学的基础。

2017 年 10 月，我带队探访欧洲名校，一路经过十几个国家，其中有一站是意大利。这是我第三次来到意大利，终于有机会走进意大利的历史名城——博洛尼亚，寻访"欧洲大学之母"博洛尼亚大学。博洛尼亚大学建于 1088 年，900 多年来从未停止运作，是世界公认的历史最悠久的大学。欧洲文艺复兴时期的开拓人物但丁和彼特拉克，被誉为"近代科学之父"的伽利略，欧洲人文主义运动代表人物伊拉斯谟，提出"日心说"的哥白尼，"无线电之父"马可尼等都曾在这里学习或执教过，学校在历史上的地位和影响可见一斑。直到今天，博洛尼亚大学仍然有着极高的学术威望，每年获得科研成果一万多项，还有 200 余项专利，是欧洲研究项目进展得特别迅速的大学之一。

博洛尼亚大学的第一个固定校址是建于 1563 年的阿奇吉纳西欧宫，当时是为了把分散在城市各处的学科如法学、艺术学、哲学、数学、物理学、医学、自然科学等集中到一个地点，方便授课和交流。阿奇吉纳西欧宫的建筑规模无法和现在的某些大学高楼相比，但这幢小楼当时可是一座反映新潮流的建筑。阿奇吉纳西欧宫

呈口字形，两层建筑内设有教室、教堂、大厅及解剖室等，可谓"麻雀虽小，五脏俱全"，在当时算得上是一个非常像样的教学楼了。

值得一提的是，这幢小楼里的解剖室是世界上第一间解剖室，今天作为一个供游客参观的展览厅，基本保持着原貌。当初在这里进行的解剖实验奠定了现代医学的基础，影响深远。走进这间像小剧场一样的阶梯教室，除了中间的大理石桌面，房子的四壁和房顶都由冷杉木装饰而成，显得庄重肃静。从解剖教室的结构到教室里陈列的雕像，都值得细细品味。

解剖室顶部是阿波罗神像和十二星座图像雕塑，四周是名医和解剖学家的塑像，除了意大利人，还有很多外国人，毕竟当时博洛尼亚的师生来自整个欧洲。教授座位上方的神龛由两座展示人体肌肉的塑像托举，这两个塑像被称为"gli spellati"（被剥皮的男人）。神龛上有一个寓意着解剖学的女性雕像，她不接受天使的鲜花，而是接受人类的股骨。如剧院一般的阶梯座位是当年学生们上课就座的地方，座椅由高到低围绕着中间的白色石台，这就是当年的解剖台。慕名而来的我静静地坐在这里，遥想当年科学家石破天惊的创举。

博洛尼亚是意大利的宗教重镇，历史上曾经走出过好几位罗马教皇，博洛尼亚大学也是起源于这座城市的神学院。在中世纪之前的欧洲，教会认为人体是上帝最完美的设计，不能究研，解剖更是大忌。在这样的历史环境下，不知道全世界第一例人体解剖实验的问世究竟经历了怎样的艰难历程。

博洛尼亚大学成立之初，天主教会以及深受其影响的大学主要关心的是拯救灵魂，对肉体痛苦的救助则居于次要地位。虽然也有学者提出解剖学知识对于成功治疗疾病的重要性，但是与解剖学有关的实践活动却很难开展，稍有不慎就有可能被认定为异教徒，轻则驱逐流放，重则施加酷刑。直到12世纪，西方学者中开始悄然出现对解剖学的关注和热情，实际的解剖活动也随之问世。不过，当时解剖的对象主要是猪和羊，人们只能依靠解剖动物获取有限的知识，尽力去描述或推测人体构造。

经过漫长的中世纪，直到文艺复兴之初，由于宗教和法律方面的原因，在西方始终没有真正学术意义上的人体解剖。随着文艺复兴的蓬勃发展，宗教统治逐渐被摧毁，欧洲对人的兴趣日益浓厚。在14世纪，西方解剖学史上开始出现一些重要变

博洛尼亚大学的教学楼

化，有些学者顶着巨大的社会伦理压力，不惮于权力和宗教的淫威，着手开展半地下性质的解剖教学研究，他们的勇气为西方医学发展开辟出了新的天地——

第一，人体解剖的复兴，一些医生开始亲自解剖人体；

第二，专业的解剖学家以及近代意义的解剖学著作出现；

第三，大学将解剖学纳入医学课程并设置解剖学教授席位；

第四，解剖学领域出现了数位大师级人物。

而这几项重要变化都与博洛尼亚大学的教授蒙迪诺·德·卢齐有关。他亲自进行解剖的做法在人体解剖学史上掀起了一场革命。在此之前，讲课人在上课时从不动手，而是安排一名仆役在讲台下进行解剖操作。如此一来，讲课人看不到操作，负责解剖的人也听不懂内容，在课堂上出现错误是在所难免的。蒙迪诺是学者们公

博洛尼亚大学的课堂

认的重新开始人体解剖的第一人，被称为"解剖学的修复者"。他在博洛尼亚大学完成学业后留校任教，于 1315 年操作了我们所知的世界上第一次人体解剖实验，次年发表了历史上第一本专门论述解剖学的专著《解剖学》。在之后近 300 年里，这本书一直是欧洲最广泛使用的解剖学标准教材。

当时，博洛尼亚大学终于可以在神职人员的监督下由医学院教授向学生们展示实际的解剖过程，在这里进行的解剖实验奠定了现代医学的基础。

随着文艺复兴浪潮的高涨，欧洲出现了艺术与解剖学紧密结合的新现象，涌现出一大批搞艺术的解剖学家，他们在解剖学史上扮演了十分重要的角色，在整个西方医学发展中的作用是非常独特的。另外，解剖学也推动了艺术的发展。艺术家开始认识到，要真实地表现自然强健的人体，就必须对人体肌肉、骨骼、脏器、血管、身体弯曲等进行解剖研究，以此来认识人体构造。文艺复兴时期伟大的画家和雕塑

家达·芬奇、米开朗琪罗、拉斐尔、提香、伦勃朗等都曾执手术刀解剖过尸体，之后又用画笔创作出精美绝伦的艺术杰作，他们的人物绘画和雕塑完全是基于对人体的解剖和自然的观察之上。于是，过去呆板、僵硬的宗教形象被生机勃勃、富于朝气的人物形象所取代，家喻户晓的世界名画《蒙娜丽莎》就是在这样的背景下完成创作的。

《蒙娜丽莎》的创作者达·芬奇，同时具有艺术和科学造诣，他对解剖学的热爱绝不亚于艺术，并且在解剖学上也取得了巨大的成就。他不顾教会和保守势力的反对，偷偷解剖了30多具尸体，留下了数百幅解剖学图谱，不仅画出了手臂和胸廓的肌肉线条，还画出了静脉血管的样子。这些兼具艺术鉴赏价值与科学精确美感的手稿直到他逝世后才被人发现，堪称解剖学史上的杰作。

走出博洛尼亚大学的解剖教室，阿奇吉纳西欧宫的大厅、拱门、回廊及楼梯等处抬眼可见的精美装饰让人印象深刻。装饰的主体内容是大学终身教授的题词和纪念碑，围绕其周围的是成千上万名毕业生的徽章和签名，这所被誉为"欧洲大学之母"的名校走过的近千年漫长而辉煌的历程在眼前变得生动立体起来。

在这里就读文化遗产保护与修复专业的中国留学生任同学告诉我们，学校的先锋精神和历史积淀是吸引他前来留学的主要原因。他的专业课程内容包括欧洲史、艺术史、建筑史，需要学习拉丁文、希腊文，必修科目包括意大利文学、希腊文学、拉丁文学等。他说："如果对历史和文化感兴趣，这里就是你的殿堂。比如，但丁的《神曲》是我们的必修课之一，他的故居、博物馆、研究院就在学校周边，实地去走走更能帮助我们理解但丁作品中表达的思想。此外，博洛尼亚城市里有大量文艺复兴时期的艺术作品，是历史、艺术和文学爱好者的天堂。"

引人注目的红砖建筑、文艺复兴时期的塔楼、绵延40公里的拱廊、300多座教堂……拥有意大利珍贵的中世纪景观的博洛尼亚古城恢宏厚重。有意思的是，当地人习惯把建于11世纪之后的教堂称为新建筑，这里的历史文化积淀不言自明。"欧洲大学之母"——博洛尼亚大学，巍然屹立在这座古城，在近千年的大学契约中做真理的坚守者、文明的传承者，守护着永恒的精神家园。

阿奇吉纳西欧宫

法国巴黎高等师范学院的自由之路

>>> 在这里，学生没有条条框框的约束，学校规定的必修科目很少，学生们大部分时间都是在话剧院、晚会、辩论场和图书馆度过。

初秋时节，我们来到了法国巴黎，凉风裹挟着冷嗖嗖的水汽扑面而来，身上厚厚的风衣勉强能抵挡一阵阵袭人的寒气。塞纳河畔的街巷犹如迷宫，游走其中让人不由生出一种探宝的兴奋感，通体的寒意也渐渐消失了。时尚之都的贵族气，加之河岸两侧高楼的夹持，让人不禁呼吸急促起来。在巴黎这座世界闻名的文化气息浓厚的城市，散落在街市各处的咖啡馆、博物馆、书店和电影院，以及丰富多彩的文艺活动空间，随便一处就可以成为年轻人接受博雅教育的场所。我们在一条叫作余乐姆的小街上，终于找到如同隐修院的巴黎高等师范学院。

小校园里的"大学校"

巴黎的精彩经常隐藏在小巷深处。巴黎高等师范学院，简称"巴黎高师"，便坐落在一条安静的小巷内。如果不是校门口矗立着的国家文化遗产介绍牌表明这所高校具有悠久的历史，如果你没有注意到门口刻着"共和国三年雾月九日法令""高

巴黎高师教学楼大门

等师范学院"的字样，你真的可能会和这所著名学府擦肩而过。就像在北京的五四大街上路过那座低矮的红楼，你可能不会想到这是北京大学的旧址。当年"五四运动"时期，一群热血沸腾的年轻人就是从这里出发走到天安门，火烧赵家楼；而在北京定阜街路北，有一座不起眼的小院是辅仁大学旧址，这里原来是涛贝勒府，在辅仁大学被并入北京师范大学之后成为师大北校。这些小而美的校园背后是一段段风起云涌的厚重历史。

进入巴黎高等师范学院的校园，我们才确切感觉到它的"袖珍"：主楼门上有两尊女神雕像，分别象征着文学和科学；侧门进入门岗室，接受安全检查后就可以直接迈入大门；大厅里有一座被称为"水族馆"的收发室，后来被改建为公共电话亭，是师生们对外联系的窗口；穿过大厅，中庭花园有个水池，池边桌子是学生们喜欢的学习场所之一；穿过花园进入二进院是图书馆，围合的小楼以及环绕的回廊——这就是高师的校园，没有碧绿的草坪和高大的建筑，也没有西方大学常见的博物馆和体育场。如果举办小型活动或者师生约谈，只能在中庭的水池周边。这里还是露天餐厅，真是名副其实的多功能区。

不过，这个小校园承载的却是一个"大学校"。自建立两个世纪以来，巴黎高等师范学院群星璀璨，走出了众多哲学家、文学家、数学家，培养了无数杰出的教师人才、数百位法兰西学院院士、13 名诺贝尔奖获得者、14 名菲尔兹奖获得者（世界高校排名第 4），是重要的数学、科学和哲学研究中心，在法国乃至世界影响巨大。按照商业上的"坪效"来看，巴黎高师应该是世界上坪效最高的学校，没有之一。由于财政困难，巴黎高师也经常面临经费短缺的难题。物理、化学、生物等学科的研究前期都需要更多花费，超出了小型高等教育机构可承受范围。但是，作为高师传统强项的数学和哲学，作为"抽象科学中仅有的、在没有太多资助的前提下，可以做出最杰出成果的学科"，巴黎高师始终保持着世界级高水准。

　　巴黎高师初建于 1794 年法国大革命时期。当时整个法国处于大革命带来的混乱影响中，时局不稳，物质匮乏。即便如此，1795 年巴黎高师依然在巴黎圣索玛镇的一座博物馆内成立，并克服种种困难招生授课，主要目的是为国家复兴培训教师。这里集结了当时最优秀的学者，包括著名的空想社会主义者傅立叶等，吸引了一大

巴黎高师的小花园

批出色的青年学子。但学校因为资金紧缺，不到一年就停办了。

1804 年，拿破仑建立了法兰西第一帝国。拿破仑曾经担任法兰西科学院数学部院士，对于数学十分痴迷，经常和傅立叶一起解数学题作为游戏。他非常重视科学，对待政敌和知识分子态度迥异：对知识分子像春天般温暖，对政治敌人像秋风扫落叶般无情。1814 年，反法联军兵临巴黎城下，有人建议调配法国理工学校的学生参加城市保卫战，结果被拿破仑一口回绝："我不愿为取金蛋，杀掉老母鸡。"

拿破仑在法国教育史上最大的贡献之一是对教育体系进行创新改革。1806 年，他发布帝国大学法令。1808 年恢复了巴黎高师，并亲自为学校制定了教学大纲。大纲提出，"希望法国青年读健康的、强有力的作品，因为这些作品是博大精深的，是有规则的、平和有序的"。重建后的巴黎高师焕然一新，确立了新的"大学校"体系。

所谓"大学校"体系，是拿破仑在法国旧的高等教育体制之外，在"大学"之

巴黎高师的课堂

上建立并且与之平行的教育体系。"大学校"虽带有"大"字，但普遍规模较小，且教育目标明确，以培养法国最优秀的专门人才为目的，其中最著名的就是巴黎高师和巴黎高工。"大学校"体系与传统大学体系成为法国高等教育制度中的两大重要组成部分，共同组成了法国近代教育的雏形。两套体系并行不悖，传统大学代表法国高等教育的民主精神，大学校则象征着法国的精英教育。巴黎高师以培养教育理论型人才为主，重点是培养教师。因为拿破仑对于数学的个人爱好，受此影响，数学也成为巴黎高师的强项。另外，巴黎高师在物理和天文学上的优势也很突出。后来，学校还发展了语言和文学，接着是哲学和政治。值得一提的是，法国很多知识分子都曾以授衔教师的身份在中学或大学任教，"共和国的教师"肩负着培养公民的光荣使命。

巴黎高师的自由之路

自由，是社会赋予巴黎高师最切实的标签之一。巴黎高师诞生于大革命时期，始终保持着共和革命的气质，是法国自由主义的发源地。正因如此，学校经常和当局发生冲突，在波旁王朝复辟期间数度被取缔。到了 19 世纪末，共和体制在法国逐渐确立，巴黎高师也迁入拉丁区校址，"自由"的校风得到认可，迎来了发展的黄金期。

翻阅法兰西第三共和国教育及思想文化历史，很多高师的教授和学生都曾在历史上大放异彩。1878 年进入高师学习的著名哲学家柏格森，曾经以《创造进化论》掀起了"柏格森热"；法国首位社会学教授、《社会学年鉴》创刊人埃米尔·杜尔凯姆，1879 年至 1882 年在高师求学，后来与卡尔·马克思、马克斯·韦伯并称为社会学三大奠基人；诺贝尔文学奖获得者、《约翰·克利斯朵夫》的作者罗曼·罗兰，1886 年进入高师学习。这一批高师人受到启蒙思想家伏尔泰的影响，倾向社会主义，致力于为普通民众争取利益。在后来的法兰西第四共和国和第五共和国时期，巴黎高师续写传奇，著名学术大师如存在主义哲学家萨特，哲学家、社会学家和政治学家雷蒙·阿隆，法国"当代最光彩夺目的思想家"米歇尔·福柯等，都曾在这所小校园里学习、生活过。

这些思想家中最具代表性的是让－保罗·萨特。1924 年，萨特通过考试进入

巴黎高师的教学楼

高师，和同时期其他优秀的同学一起成为高师历史上"出类拔萃的一代"。萨特曾说，在巴黎高师的四年学生生活是其"一生中最幸福的时刻"。这里有绝对的言论自由，大家经常在食堂、水池等处随时开始辩论，正方和反方分为两桌，一派是高唱《国际歌》的社会主义者，另一派是齐吼《以圣心名义拯救罗马与法国》的基督徒。萨特非常幽默，他经常自愿扮演小丑作为两派的调和者，把严肃的政治话题变为温情脉脉的交流。这种没有清规戒律的自由环境让萨特灵感不断，他开始在杂志上大量发表文章。他还经常搞恶作剧，以戏弄有钱人为乐。同时，萨特如饥似渴地阅读了尼采、叔本华、马克思、弗洛伊德等人的著作，逐渐形成自己的哲学理念，他的名声从巴黎高师传向全法国。1964年，当萨特得知自己荣获诺贝尔文学奖时说："我拒绝荣誉称号，因为这会使人受到约束，而我一心只想做个自由人，一个作家应该真诚地做人。"他又一次用行动诠释了何谓自由。

这种自由主义传统深刻影响了高师人乃至全法国人。如今法国人常说：如果有

人跟你唱反调，你会觉得他愚蠢；但如果他来自巴黎高师，你就会马上觉得是自己太过平庸。今天，巴黎高师依然是全世界风气最自由的大学之一。在这里，学生没有条条框框的约束，学校规定的必修科目很少，学生们大部分时间都是在话剧院、晚会、辩论场和图书馆度过。高师的学生是"围绕着图书馆的青年"，拥有能够在巴黎任何一所知名大学图书馆徜徉的特别通行证，可以享用巴黎丰饶的教育资源。

自由度也有疗愈功能。1946 年，米歇尔·福柯进入巴黎高师哲学系，压力使他患有严重的抑郁症，甚至长相都发生了变化，看起来像一只狐狸。于是福柯就在自己的房间办晚会，不谈政治不谈哲学，就是胡乱聊天，结果他的病好了。这种经历让他对心理学、精神病学、精神分析学产生浓厚兴趣，还参加了心理学的临床实践，研究方向也开始向心理、性意识、观念史伸展，最终成就了一代思想大家。他在著作《说真话的勇气》中说："你来到这里，就像到了一家诊所，你要得到治疗。"

高自由度的享有也是需要努力才能得到。因为经费和场地原因，高师的规模一直很小，每个学年新生只有 200 人，在读学生规模仅 800 人。因此，高师拥有全法最高的大学入学门槛，申请淘汰率有 99.5% 之高。但是，巴黎高师没有自己的教师，教师都是来自法国其他大学或法国国家科学研究中心，他们的"人事关系"不隶属于高师。学生没有新生训练，没有上下课铃，没有训导制度。上课时间过了 10 分钟，教师还没有来到课堂，学生就可以自由活动了。更为奇葩的是，高师竟然没有毕业证。但因为历史上一直以来的教学口碑，学生毕业后申请去其他名校深造非常容易，校友证可以媲美其他名校的毕业证。

值得一提的是，大部分高师学生在去其他国家留学深造后会回到法国，不为欧美其他名校优厚的薪资和留校条件所动，这或许是自由灵魂使然吧。英国高等教育期刊《泰晤士高等教育》评价称："很长时间以来，巴黎高师一直是法国的一个传奇，是法国最具选拔性和挑战性的高等教育研究机构。"在历史的长河中，每一个普通个体的职位之高低、财富之多寡并不足以充当衡量人生成败的尺度，但是每个人在平凡的社会角色中所从事的工作，真实地积累起一个民族的光明未来。自由的教育使得求知不是为了世俗的标准，亦不是以他人期望为目的，而是为了自己的生命体验，为了独立的人格和内心，为了浩瀚的思想自由。

法国巴黎先贤祠

剑桥大学 800 年的坚守与突破

> 剑桥大学的宽容精神使得它与时俱进，古老的传统中永远能滋生出新的力量。今天的剑桥大学是 800 年漫长历史的见证者，也是最近一个世纪日新月异发展的写照。

剑桥，一个熟悉又神秘的名字。即使去过很多次剑桥，你也未必可以自诩读懂了剑桥。20 多年前，我第一次去剑桥大学，当时是导游带着我们转悠，走马观花一般游览校园。虽然导游的解说难免有点陈旧过时，但牛顿、达尔文、华兹华斯、霍金等名人的励志故事仍然如同一场精神上的饕餮盛宴，而其中的一些趣闻逸事则像是大餐里必不可少的佐料，让游览更加意犹未尽。后来，我因为出差、会议和度假又多次去过剑桥，每次都会有新的发现和感悟，自己对剑桥也变得越发痴迷了。

剑桥大学已经走过了 800 多年的风雨历程，今天依然在世界大学之林中傲立群雄，是什么促成了这个奇迹呢？

早期的欧洲大学大都喜欢建立在交通要津，或者靠近宗教以及世俗的权力中心，希望得到更多的关照和庇护。剑桥大学却背道而驰，把校园建立在一个名叫剑桥的小镇上，紧挨着一片安静的沼泽，远离俗世尘嚣。这一别样的地理位置使剑桥大学从一开始就能够保持相对独立的运作，也能在一定程度上实现学术与权力分庭抗礼，剑桥大学的个性和办学理念就是在当时特定的法律、政治和宗教三者微妙的角力中形成的。

剑桥大学圣约翰学院

早期的剑桥大学管理结构非常松散,成立于不同年代的学院野蛮生长,各行其道。直到 1226 年，大学才有了第一位名誉校长，课程逐步走向正规，学院（college）和大学系科（school）开始明确分工——前者负责学生的生活起居，后者负责学校

剑桥大学校园

的教学和研究。1250 年，剑桥大学颁布了第一套完整的校规，从此开启了与欧洲其他大学齐头并进的新时代。

走进剑桥大学的校园，你会发现各个学院像一座座矗立着的古城堡，从容淡定。

方庭里的草坪是学院的中心地带，围绕方庭的建筑井然有序地把各个学院隔开。这些建筑的外表看上去差异不大，但仔细察看，你能觉察到它们之间的微妙区别——学院创建于不同的时期，有的已有 800 多年的历史，有的成立于 200 年前，也有的于 20 世纪 60 年代新建。虽然使用的是同一种建筑材料，砂石的颜色却因为年代不同，风化深浅不一，这些建筑混搭在一起，倒也显示出了几分不一样的生动。

校园里到处可以看到文字提示和介绍牌，字里行间往往藏有一段值得探究的历史。例如，一座简单的木桥取名叫"数学桥"，据说还和牛顿有关。这座看上去并不起眼的小木桥鼓舞着一代代剑桥人去攻克科学堡垒，推动社会进步。圣约翰学院的叹息桥则讲述着剑桥学生从这里走向考堂的故事，曾经悲喜交加的故事如今成了一个美丽的传说，见证了剑桥历史上规矩和制度的变迁，铭刻着岁月留下的痕迹。

剑桥信奉着"此物未坏，何须乱修"的信条，不仅体现在建筑上，在制度和习俗上也不例外。学院制、导师制几百年没有改变，很多仪式今天看来都有点滑稽可笑，可在剑桥依旧照例执行。剑桥大学的学院制和我们国内大学的学院是两个概念，前者的学院更多是指学生生活的场所，里面有他们自己的教堂、图书馆、食堂、活动中心等，是学生日常起居和社交的重要场所，教师也会定期提供学习辅导和生活上的帮助。所以，剑桥的学院就是学生的家，而这个家里的年轻人来自各个地区、修习不同的学科，共同组成一个多元的大家庭。申请去剑桥大学读本科的同学，一定会收到学院和系科两份录取通知书，才能保证正常入学。系科和学院的名额都是有限的，加上各学院的实力、规模、品牌和内部规定的不同，申请的难易程度会有很大的差异。所以说，虽然可能都进了剑桥，但在内行人的眼中，你在剑桥的哪所学院读书也是不同的。

剑桥大学的校园里，一片片草坪都修剪得整整齐齐，令人印象深刻。值得一提的是，校园里的不少草坪是不允许一般人踩上去的，剑桥的国王学院始终遵循着这个延续了几百年的传统，学生、游客和当地人都不能随意践踏学院的草坪，只有院士和教授才有资格穿草坪而过。如果你碰巧看到有位满头白发的老先生在草坪上走过，那他一定是位德高望重的院士。这可能也是学院对学术的一种独特的尊重和敬意吧。当然，这也是教授们在学生和游客面前炫耀自己特权的好时机。普通人只有

剑桥大学国王学院的一角

在每年庆祝儿童节和举办五月舞会的日子里才有机会上去放肆踩踏。我曾经问过剑桥学生有没有感到不公平，同学们纷纷表示特别理解，甚至把未来能有资格踏上这个草坪当作了奋斗的目标。

　　没有规矩不成方圆，但规矩多了也难免显得刻板迂腐。国王学院成立于1441年，由英国国王亨利六世创建，完成于亨利八世时期，整个建筑落成花了近百年的时间，距今已经有好几百年的历史。国王和他的继任者们先后立下了不少规矩，这些烦琐冗杂的规矩也组成了剑桥大学校园传统的一部分。不过，好的传统应该继承，教条僵化的东西就应该大胆舍弃。剑桥的学生从来没有停止过对权威的挑战，勇于

打破常规、不破不立的创举从剑桥学生的恶作剧中可见一斑。拜伦在剑桥读书时，经常有一些古怪行为。学校规定喷泉池里不准游泳，他偏要偷偷摸摸去一试身手；学校规定宿舍里不能养狗，他干脆在屋顶阁楼里养了一只熊。同样，剑桥明文规定不准攀爬学校建筑的尖顶和塔楼，这项规定反而刺激了学生的挑战欲望。1958年6月7日，冈维尔奇斯学院的一帮"夜攀族"居然把一辆奥斯汀小汽车弄上了参议厅的房顶，并且成功地让古老的建筑丝毫未损。把这辆汽车从屋顶上弄下来花了学校整整4天时间，这件事一时成为世界的趣谈，连当时的社会主义国家罗马尼亚也跟风出来冷嘲热讽。出乎意料的是，学院方面还挺自豪，院长偷偷派人给这帮捣蛋鬼送去了一箱红酒。2008年，适逢吊车事件50周年，当年这帮捣乱的学生在学院受到了盛情款待。

剑桥大学的宽容精神使得它与时俱进，古老的传统中永远能滋生出新的力量。今天的剑桥大学是800年漫长历史的见证者，也是最近一个世纪日新月异发展的写照。从地域上说，虽然剑桥大学的中心地带变化不大，周边的新校区却在加速扩张，新的音乐厅、图书馆、实验室和医院相继诞生，学校周边的科技园、创新园也拔地而起。我们印象中的许多老楼现在大多只用作图书馆和学生宿舍楼了，而大部分教室都已经搬进了现代化的教学大楼。剑桥大学的荣誉学士学位课程由100年前的十几种发展到了今天的近60种，本科生的人数翻了好几番。1919年才开始引进的哲学博士学位，现在的攻读者已经高达7000多人。剑桥大学所有的男子学院如今都改成了男女混合学院。过去，剑桥大学的学生几乎都来自英国本土，近年来国际学生，尤其是亚洲留学生的数量不断增加。1920年前后，剑桥大学发明了今天仍然受人欢迎的"撑篙荡舟"。当时恐怕没有谁能够料到，这所古老的大学凭借自己的创新和实力，校友中一共诞生了121位诺贝尔奖得主，雄踞世界第二，这实在是令人惊讶的傲人成绩。

随意在剑桥小镇上闲逛，你都可能邂逅一段剑桥的传奇。小镇上有一个老鹰酒吧，是剑桥大学的教授们平时喜欢光顾的地方。店里的摆设古色古香，墙上挂着的黑白照片讲述着这个小店的过往岁月。店主得知我们是中国游客还专门过来打招呼，自豪地告诉我们1953年两位剑桥科学家在自己店里召开了新闻发布会，宣布发现了人类生命的奥秘——DNA双螺旋结构。我抬头一看，墙上还挂着一个讲述这段传奇往事的告示牌，不由感叹剑桥真是个卧虎藏龙的小镇。

自剑桥大学创建至今的800多年间，英国的社会发生了巨变，从农业社会到工

业社会，再到今天的信息社会。剑桥大学面对一次次的时代变化，却总能不慌不忙，应对自如，并且在每一次坚守与舍弃的选择中探索出了一套有效的应变体系。就像是剑桥大学校友达尔文提出的进化论，用这套优胜劣汰的体系来适应变革、顺应潮流。每当遇上重大的抉择时，由于没有权威的约束力，剑桥大学的院士都会按照自己的观点投票。这种由来已久的民主传统往往能阻止过于激进的改革，又能包容革新，保持前行的步伐。剑桥大学就像是一棵年长的苹果树，既能看出她的年龄，又总有园丁在树上修剪嫁接，每年都会发芽开花，结出新的果实。剑桥人知道，这是让苹果树保持常青的最好办法。把传承与变革相结合，在守旧与创新之间找到完美的平衡，这是剑桥精神里独特的一面。既不全盘否定传统，又不一味迎合新生事物，总是在不变中寻求改变，在改变中保持传统——这也许就是剑桥大学前行 800 年依然历久弥新的动力之源吧！

剑桥镇上的老鹰酒吧

伦敦大学学院的精神之父

>>> ■■■■ 作为英国最古老的大学之一，它是第一所在新生录取时不分性别、宗教信仰、政治主张的英国大学。由于边沁作为思想改革者的巨大影响力，其个人在伦敦大学学院发展史上体现出了举足轻重的作用，因而被尊称为"伦敦大学学院精神之父"。

深秋的伦敦阴雨连绵，寒风萧瑟。我们的队员一个个裹紧了身上的大衣，加快了步伐。幸运的是，这次我们走访的不是牛津和剑桥这样的郊区小镇，而是位于伦敦市中心布鲁姆斯伯里的伦敦大学学院。伦敦地铁出了名的便捷，很快我们就抵达了目的地。

我不是第一次造访这所大学，可每次踏进校门，都会被学校高大肃穆的威尔金斯大楼吸引。这所建于 19 世纪 20 年代的英国精英大学，到如今已经经历了近两个世纪的风雨。学校主校区以灰色调为主，间以砖红色的建筑群，整体风格古朴典雅。校区临近大英博物馆和大英图书馆，从校园建筑最高处放眼望去能看到车水马龙的伦敦街道，可谓地处黄金位置。伦敦房价高昂、寸土寸金，伦敦大学学院也因为自己的独特位置成为当今"世界最昂贵的大学"之一。

由于天气原因，我们决定把对留学生的采访改在室内进行。和年轻人的交流总是轻松愉快的，谈话间我发现，无论是理工科男生还是学法律的女生，初来乍到

伦敦大学学院的威尔金斯大楼

时他们都遇到了语言和生活方面的问题，但也都各自想办法走出了窘境，收获了克服困难后的乐观和自信。青春的个体在异国他乡接受挑战，变得更加独立和坚强，增强了生命的韧度。出国第一年对很多留学生来说是一种磨炼，过了这道坎，会更加从容和淡定。学生们侃侃而谈时会在不经意间流露出对母校的自豪，而学校的精神之父边沁是一个绕不开的话题。

我跟随学生们再一次来到边沁遗体的陈列大厅。英国人有许多古怪的念头和特

学校大厅里陈列的边沁遗体

立独行的精神。学校把精神之父的遗体用一个古色古香的大柜子装起来，安放在教学楼的大厅里展示，这也是大学里不多见的举措。遗体旁边挂着一个镜框，里面的展牌上简单地写着：杰里米·边沁（Jeremy Bentham，1748—1832），教授和改革者。

圆形监狱的提出者

杰里米·边沁是英国近代著名的哲学家、经济学家、法学家和语言学家，也是功利主义哲学的创立者。他3岁开始学习拉丁文，10岁可以用希腊文写信，12岁就达到大学入学水平，真的是一个小天才。边沁小时候个子不高，体弱多病，不太喜欢运动。但成年后像是变了一个人，经常参加户外运动，这使得他拥有了健壮的

体格和充沛的精力。这为他以后的学习、研究和写作带来了很多帮助。

边沁的本科就读于牛津大学女王学院，但他的大学生活并不愉快，和导师关系不太融洽，和同学的相处平淡无奇。他认为牛津的有些学生放荡不羁、不务正业，有的学生抑郁乖戾、缺乏生气，不值得相交。毕业后，他沉醉于学术研究，更加珍惜自己的宝贵时间，很少参加一些无聊的社交活动。即使面对批评自己著作的文章，他也不闻不问。这种特立独行的性格和我行我素的做法，使他能够更加专注于研究本身，因此在多个领域做出了突出贡献和成就。他的著作被译成多种文字出版，影响力辐射到英国之外的许多国家和地区。1792年，身为英国人的边沁以突出的个人成就被法国大革命政府选为法国荣誉公民。

边沁的思想一直走在时代的前沿，他提倡无神论，支持普选和同性恋合法化，倡导动物福利，这些理念和思想远远超越了边沁生活的那个时代，多少年后仍然在社会生活的许多方面影响着人们。

由于近代人文思潮的兴起，当年人们对于犯罪者的看法和惩戒的方式发生了变化。罪犯从"被消灭的敌人"，变为"被操纵的灵魂"和"被训练的肉体"。于是边沁认为，监狱也要有所改变。1791年，他设计出了圆形监狱，立足点在于既满足人道主义要求，又保证对罪犯的监视和改造。圆形监狱的整体结构是一个环形建筑，在中心有一座瞭望塔，塔台是一圈环形的窗户。环形建筑里是一排排贯穿横切面的小囚室，一面对着塔台，另一面采光透风。这种监狱设计的奇妙之处就是它能够对犯人形成巨大的心理压力，瞭望台在暗处，小囚室在明处，犯人看不到监视者，而监视者能够看到犯人。犯人会感觉到自己无时无刻不在监视之下，肯定会时刻检点自己的言行，从而达到"正言行"的改造作用。这种位置的不对等性，让监视者自然树立起权威，对被监视者起到更大的威慑作用。

边沁只是一个思想家，并不是建筑师。他关于"圆形监狱"的设想，基本上都停留在文字说明上。好在他的弟弟塞缪尔·边沁据此做了一些手绘图，才让后人对于这个伟大的设想有了更直观的感受。边沁坚信圆形监狱可以作为一个指向秩序、理性和道德的催化机构，仅凭借这种监狱自身各部分的运作就能实现一个道德目标。后来，著名的思想家福柯发展了边沁的理论，提出了"全景监狱"的概念，来形容现

代社会的治理方式。现代很多管理者把这种思想理念用到了日常工作中，用"永不疲惫的第三只眼"来进行管理。没想到，边沁的圆形监狱理念直到今天还在散发余温。

伦敦大学学院精神之父

伦敦大学学院成立于 1826 年，彼时边沁已经 78 岁高龄。由于年龄原因，边沁并没有参与该校建立过程的很多具体事务，但伦敦大学学院是在他"人人平等"的教育改革思想启发下建立的。作为英国最古老的大学之一，它是第一所在新生录取时不分性别、宗教信仰、政治主张的英国大学。由于边沁作为思想改革者的巨大影响力，其个人在伦敦大学学院发展史上体现出了举足轻重的作用，因而被尊称为"伦敦大学学院精神之父"。学校现存有 10 万份边沁手稿，是全球边沁思想研究的重要场所。

边沁生前留下遗嘱，主要有两条：

其一，他希望捐献自己的遗体用于科学研究，并且要求被公开解剖。这一遗嘱内容很快得到了落实，在他死后 3 天，他的遗体在伦敦大学学院的学生面前被解剖。

其二，要永久保存他的衣物和躯体，并放置在学校里，这就是为什么今天在学校里依然能看到他的遗体的原因。按照边沁的遗愿，他的遗体经过复杂的处理，整体形象与其生前一模一样：戴黄色礼帽，着黑色礼服，手持手杖，从 1850 年起便端坐在伦敦大学学院主楼回廊的一个玻璃柜里。柜中的边沁作凝神思考状，这是他生前写作时的常态。边沁非常提倡"效益即至善"，他坚决拒绝一场"基督徒式葬礼"，遗体的处理方式是他死前做的最后一件"至善"的事。这一与众不同的遗愿促成了学校的一道特殊的景观，每年慕名而来的参观者络绎不绝。

遗憾的是，当初在处理遗体时出了点差错，头部没有保护得太好。为了不影响边沁的整体形象，学校决定安放一个蜡像头，同时把经过处理后的真实头颅放在脚边，一起供大家瞻仰。这样的展示方式一般人不容易接受，不过倒也符合边沁去世前不久所写的《自我偶像，或死者继续为活人所用》一文中陈述的观点。虽然书中有不少是玩笑话，比如他的"让名人的遗体作为草坪装饰物"的建议，但至少鼓舞和激励了虔诚的追随者。

可是好景不长，这种特别的展示方式很快就出事了。伦敦大学学院有一个对手，那就是同在伦敦城里的伦敦国王学院，这可能是很多名校不能免俗的小乐趣吧。大家都知道，就像哈佛大学和耶鲁大学、加州理工学院和麻省理工学院，两校同学都喜欢时不时搞点恶作剧，开一些无伤大雅的玩笑，乐此不疲地嘲弄或挖苦对方。这不，伦敦大学学院的镇校之宝——边沁的真人头居然弄丢了好几次，其中有两次确认是被伦敦国王学院的一帮捣蛋鬼顺走的。这帮捣蛋鬼居然把边沁的头偷去当足球踢，真够狠的！伦敦大学学院为此伤透了心，费了不少力气才把边沁的头找回来。现在，边沁本人的头颅已经被锁进了学校的保险柜里，应该是万无一失了。由此可见，伦敦大学学院对于这位精神之父的重视。虽然"身首异处"，但直到今天边沁照样在参与学校的重大决策。据说每逢学校召开特别重要的会议，边沁的遗体都会被推进会议室列席会议。一旦会议投票遭遇平局，校方就会默认边沁投了改革派一票。看来，改革不仅是昨天，也是今天的大趋势。

伦敦大学学院的图书馆

29

如果哪天你有机会去伦敦大学学院参观，一定放慢你的脚步，留心一下从边沁遗体前路过的学生。如果遇上驻足向边沁致敬的，那很有可能是来自哲学系的学生。他们比一般人更加清楚，边沁的许多思想和观点至今还在影响着我们的生活。说到这里，我想特别提一句，边沁还是一位了不起的语言学家。也许是为了更好地阐释自己的理论思想，他当年发明了不少英语新词，其中有 maximize（最大化）、minimize（最小化）、rationale（基本原理）、dynamic（动态的）、demoralize（使沮丧）和 international（国际的）等，这些英语单词至今仍在使用中。这位伦敦大学学院精神之父留下的精神遗产，至今影响着一代代的年轻人，激励他们忠于自我、大胆革新、改变世界、创造未来！

伦敦大学学院的校园

慕尼黑大学的"尖塔式"教育与广场"传单"

》▅▅ 对比当时的美国大学生，德国学生已经有"尖屋顶"，他们上大学是为了加上某种专业性质的"尖塔"。这种"尖塔式"的教育，使德国的高等教育在近代处于领先地位。

2017 年秋天，正值北半球"金九银十"的好时节，我们从德国的魏玛出发，经过纽伦堡，全程大约 300 多公里，来到德国南部城市慕尼黑。车行中，感觉地势慢慢抬高，视野也变得更加广阔，巴伐利亚高原的美景尽收眼底。经过两个多小时的行程，我们到达了目的地。

慕尼黑坐落在阿尔卑斯山北麓，多瑙河的支流伊萨尔河自西南向东北从城中穿过。这是一座融古朴风情和现代气质于一体的城市，它保留着原巴伐利亚王国都城的部分原貌，拥有许多巴洛克和哥特式建筑，被人们称作"百万人的村庄"。同时，慕尼黑是德国仅次于法兰克福的第二大金融中心以及重要的经济、文化、科技和交通中心，是欧洲最繁荣的城市之一。这座城市还拥有德国最好的足球队拜仁慕尼黑，这支传统强队在世界各地都有很多粉丝，中国也不例外。当年，我也曾熬夜看德甲，必选的场次一定是拜仁慕尼黑。另外，这里每年 10 月举办举世闻名的慕尼黑啤酒节，那不只是啤酒爱好者的狂欢，也是一场德国全民的节日盛典，每年都有 600 多万人参加。此次我们正好赶上节日的前奏，也亲身体验了一下像喝白开水一样喝啤酒的

感觉。虽然这和正式节日期间的盛况有点不同，但是这道"前菜"也能让我们想象到每年节日的盛况。

让这座城市引以为傲的还有两所世界著名学府：慕尼黑大学和慕尼黑工业大学。在大学排行榜上，它们雄霸德国大学榜单前两位，超过了位于德国首都柏林的两所大学。特别是建立于 1472 年的慕尼黑大学，多年雄踞德国大学榜首。我们专程拜访了这所学府，一方面想了解德国高等教育的优势和特点，另一方面对慕尼黑大学广场"传单"雕塑慕名已久，很想亲眼一见。

德国尖塔式教育

慕尼黑大学创建距今已有 550 多年。德意志良好的人文环境、重视教育和科研的优良传统、历代统治者的大力支持以及政府充足的财政拨款，都给慕尼黑大学的发展提供了优渥的条件和有力的后盾。建校时，德意志区域内还是邦国林立、百废待兴，但德意志民族有重视教育的传统，使其成为近代世界高等教育领先者。20 世纪上半叶的两次世界大战，德国是主要发起国和参战国，而且都以战败告终。战争造成了巨大的政治、经济损失，人才流失也非常严重。尤其是"二战"前后由于纳粹的迫害，爱因斯坦等一大批著名科学家和学者远渡重洋，来到美国生活。即便如此，德国也是获得诺贝尔奖次数较多的国家之一，目前共有 100 多位诺贝尔奖获得者，其中慕尼黑大学就有 30 多位。据统计，如果按照族裔划分，诺贝尔奖获得者最多的也是德裔。

午后阳光充沛，我们走入慕尼黑大学的校园，首先映入眼帘的是高大恢宏的建筑。学校的大礼堂建筑风格是上圆下方，感觉和中国"天圆地方"的理念颇为相似。站在门口平视，一排排椅子整齐地延伸，给人以强烈的视觉冲击。阶梯教室上下两层，从讲台上望过去，教室内的人满满当当而井然有序，教授们讲课或作报告时看到这一场面，自然而然地就会心生威严感和仪式感。当然，也需要教授具有渊博的知识储备和强大的专业自信才能有镇得住这么大场面的心态，否则可能没来得及开口就败下阵来。在慕尼黑大学能够立足不易，这种环境会产生一种无形的压力，不过也可以化为动力，敦促教授们不断精进，或许这也是慕尼黑大学为何诺奖获得者频出的原因之一吧。

慕尼黑街头的巨型雕塑

慕尼黑大学主要优势学科为哲学、法学、物理学、生命科学、艺术、现代语言学、商学及经济学等专业，基本上都能进入世界大学专业排名前 50 名。对于很多学生来讲，进入这个学校就读是一种压迫式的提升契机。据我们采访的中国留学生说："德国高校的课程安排比较紧，对学生的自学能力和主观能动性要求较高。除了读书用功，还尤其要学会沟通，因为你要和其他同学一起协作完成项目或报告，老师不会因为你是外国人而区别对待，也不会像其他国家针对外国学生有较宽松的态度，这对留学生挑战很大。德国学生的课程搭配是个性化的，学生可以根据自己的偏好来选择研究方向，并和知识模块搭配，很多模块是可以自由选择的。一般学生在主修专业的同时，还会被要求选一个辅修专业。"

　　这种学习节奏，百年来基本上是一以贯之的。19 世纪中叶，美国著名的作家马克·吐温曾经去欧洲游历，大部分时间在德国度过。据他的观察，德国学生"预科

慕尼黑大学礼堂

毕业时不但受到了全面的教育，而且学问基础扎实。这种教育不是似是而非含糊朦胧的，它是烙上的，不会掉"。对比当时的美国大学生，德国学生已经有"尖屋顶"，他们上大学是为了加上某种专业性质的"尖塔"。这种"尖塔式"的教育，使德国的高等教育在近代处于领先地位。后来美国高等教育的突飞猛进，在一定程度上就是借鉴了德国教育的优点。

当然，任何国家的教育和文化都是紧密相关的。德国的思辨传统，让德意志民族非常注重寻求生命的价值和意义。慕尼黑大学也始终受到很多哲学家的青睐，成为大师们从事学术研究的心仪之地。比如马克斯·韦伯，他在海德堡度过了人生的主要时光，但最终还是在慕尼黑大学走完了人生中的最后岁月。当时慕尼黑大学给韦伯提供了教授职位，条件十分优渥，再加上慕尼黑的城市魅力，"这个奇妙而熟悉的城市，和住在附近的朋友发出了召唤"，让韦伯义无反顾来到慕尼黑大学执教。

慕尼黑大学图书馆

1919 年，他在慕尼黑大学做了一场著名的演讲，题目是《以学术为志业》。他面对着刚刚经历过"一战"、在国际政治经济新秩序下迷茫懵懂又踌躇满志试图寻找未来方向和意义的新一代，做出断言："从这里我们应当得出的教训是：单靠祈求和等待，只能一无所获。我们应当采取不同的行动，我们应当去做工作，正确地对待无论是为人处世的还是天职方面的'当下要求'。如果每个人都找到了握着他生命之弦的魔鬼，并对之服从，这其实是平实而简单的。"

直到今天，韦伯这段话对年轻人依然有着深远的意义。在外界的纷纷扰扰中坚守自我，在令人眼花缭乱的诱惑中坚定内心，在时代的大变革和大发展中不妥协、不逢迎、不动摇，是一个有所作为的年轻人必然要有的纯粹和担当。孟子也曾说过："先立乎其大者，则小者弗能夺也。"如果我们找到了自己的"生命之弦"，那么就不会被生活中的困难和琐碎遮蔽双眼。

战争与反战：广场"传单"的故事

慕尼黑这座城市别具风格，在德国近现代历史上是新与旧、保守与革新激烈冲撞的地方。这里是纳粹的兴起地，曾作为其"运动首都"，"二战"前德、意、英、法四个国家在此签署了《慕尼黑协定》。但同时，这里也是"二战"期间反战运动者的集中活动场所，在慕尼黑大学主楼广场散落的"传单"雕塑，至今还让人对这段历史铭记于心。

第一次世界大战后，被德国共产党称为"虚假的苏维埃共和国"的巴伐利亚苏维埃共和国在慕尼黑成立。共和国被镇压后，这里又成为右派的大本营。1923 年，希特勒和他的支持者在慕尼黑发动了"啤酒馆暴动"，企图推翻魏玛共和国政权。失败后，希特勒在狱中写下了臭名昭著的《我的奋斗》。10 年后，他终于执掌了政权，从此德国进入了黑暗的历史时期。1939 年，希特勒发动了第二次世界大战，将德国拖入了战争的泥淖。

1942 年，慕尼黑大学出现了反战组织"白玫瑰小组"。发起者是青年学生汉斯·索尔和索菲·索尔兄妹，主要成员既有教授也有学生。参加者都是基督徒，经常聚在

慕尼黑大学广场的传单雕塑

慕尼黑大学的活动公告栏

一起讨论哲学和神学。面对纳粹狂热的国家宣传机器，他们认为需要用理性方式来对待，计划用传单唤醒民众的良知和自由意志。传单广泛引用《圣经》和亚里士多德、歌德、席勒等名家的言论，借此抨击纳粹独裁及其暴行。不到一年时间里，白玫瑰小组印刷并散发了数千份反纳粹传单，分为六批，前五批发往各个城市，第六批他们决定在慕尼黑大学分发，希望以此在学校掀起反战运动。1943 年 2 月 18 日，汉斯和索菲在学生上课前，手提装满传单的箱子，来到慕尼黑大学主教学楼。他们迅速将传单分放到教学楼的各个角落。为了更快、更广地散发传单，索菲直接在主楼光明殿二层向下抛撒。但是，有校工看到这一幕之后迅速举报，盖世太保立即逮捕了兄妹俩。四天后，索尔兄妹被判处死刑，并严令立即执行。这对年轻兄妹为反纳粹斗争献出了年轻的生命。

慕尼黑大学是一所没有围墙的学校，它的主楼临街，楼门永远向大家敞开，人们可以随时进入参观。主楼前有一个小广场，正中有两层圆塔样式的喷水池。初到广场，你会看到地上散落着几张残破的纸片，这和德国人严谨的态度、喜欢清洁的习惯不太相称。其实，这是传单模样的地砖，专门为了纪念索尔兄妹而建造的。

2003 年，德国电视二台曾做过评选"最重要的 10 位德国人"的民众调查，其中索尔兄妹名列第四，排在他们后面的有大名鼎鼎的巴赫、歌德、俾斯麦、爱因斯坦等。

索尔兄妹并不想成为英雄，对他们而言，自由和正义有着比这更重要的价值。但是他们为自由和正义挺身而出的勇敢，不仅成就了英雄，而且作为人性中永恒的良知在黑暗中熠熠生辉，成为文明不断赖以发展的根本原因，成为人类历经苦难而仍然心向光明的希望所在。

这样的力量，值得我们永远铭记。

耶鲁大学走出了美国第一位间谍

>> ▬▬▬ 即将被处死的黑尔非常镇静，临刑前，他"举止散发着文雅高贵的气质，充满正义及崇高"。他要了书写工具，写了两封信，随后不久被传唤到绞刑架旁。在生命的最后一刻，黑尔留下了一句掷地有声的名言："我唯一的遗憾是，我只有一次生命献给我的祖国。"

耶鲁大学是美国历史上建立的第3所高等学府，据说它的建立是为了培养美国政府的部长和康涅狄格地区的官员。创办时的"初心"，自然使这里带有浓厚的政治色彩。美国历史上共有5位总统毕业于耶鲁大学，所以学校里流行一句话：一不小心就可能教出一位总统。在耶鲁12个专业学院中，法学院声名远扬，此外还有3个全美顶级的专业学院：戏剧学院、艺术学院和音乐学院。我们探访耶鲁时采访的两位同学，其中一位就是音乐学院的研究生，另一位是本科一年级新生。被问起作为中国学生为什么能够被耶鲁大学录取时，他们说："就像任何成功一样，天分加努力还有一点义无反顾的冒险精神，才能最终如愿以偿。"

耶鲁大学青睐的"义无反顾的冒险精神"，同时也是吸引众多优秀学子选择耶鲁的重要原因。这所大学培养出了美国历史上第一位间谍——内森·黑尔。至今，他的雕像仍矗立在校园，成为一道独特的景观。

美国历史上的第一位间谍

内森·黑尔是不折不扣的耶鲁大学毕业生。1755 年，他在康涅狄格州的考文垂出生，上面有 7 个哥哥姐姐，黑尔排行老末。黑尔自小聪敏好学，擅长体育。他的父母都是清教徒，希望小儿子能够成为牧师，于是送他去耶鲁大学法学院读书。

1773 年，刚刚年满 18 岁的黑尔从耶鲁毕业了。他没有听从父母的安排去做牧师，而是来到康涅狄格东哈达姆和新伦敦的中学以教书为生。1775 年，美国独立战争爆发。黑尔怀着满腔的爱国热情，义无反顾地投入到北美人民的独立战争中。正所谓"宁为百夫长，胜作一书生"，他参加了康涅狄格的一个民兵组织并担任中尉。1775 年 7 月 6 日，他加入斯坦福上校查尔斯·韦伯领导的大陆军第七康涅狄格团，次年 3 月就因表现优异晋升为上尉。

1776 年，乔治·华盛顿领导的大陆军为了争夺纽约的控制权，和英军展开了一场激烈的战役，史称长岛战役。战役伊始，大陆军招架不住英军的猛烈攻击，被迫撤退。华盛顿急需了解英军的军力和部署，想派人潜入英军控制区刺探军情。黑尔主动请缨，并把这次任务看作自己应尽的爱国责任。他说："我希望能够对独立事业有所贡献，任何对公众利益而言必需的服务都是光荣的。"

耶鲁大学校园里内森·黑尔的塑像

1776 年 9 月，黑尔离开大陆军营地，乔装为荷兰牧师潜入敌后。黑尔的随员阿舍·赖特事后如是回忆道："他通过了长岛所有的卫兵岗哨，乘了一艘渡船到了纽约，混过了所有的哨卡，现在只剩最后一个了。他们截住了他并搜了身，在他穿的帆布鞋的鞋底内侧发现了几幅工程绘图。有些人说他的堂兄塞缪尔·黑尔，一个亲英派分子，出卖了他。"

2003 年，美国国会图书馆公开的一部手稿证明塞缪尔·黑尔其实是无辜的。手稿中，一位来自康涅狄格州的名叫考律·蒂芙尼的保皇派店主提供了事件的真相。内森·黑尔是被英军少校罗伯特·罗杰斯盯上并诱捕的。黑尔仓促上阵，没有经过专业的间谍工作训练，对真实身份隐藏得不够深。罗杰斯少校曾经被大陆军俘虏过，对于大陆军有一定的了解，他凭直觉认为黑尔是大陆军派来的间谍。

罗杰斯少校故意接近黑尔，谎称自己对大陆军非常同情，想向大陆军投诚并且可以协助打探英军动向和民意。政治上尚且幼稚的黑尔轻易地相信了他，终于感觉"不是一个人在战斗"，庆幸自己找到了同盟者。黑尔非常激动，将自己的秘密计划和盘托出，并受邀前往罗杰斯处共进晚餐。

就在宴席上，一群英国士兵包围了他们，黑尔被捕了。他随身携带着的英军防御工事草图和其他情报，进一步坐实了他的罪名，英军将领下令立即将他处死。黑尔提出的阅读《圣经》、和牧师交谈等要求，都被英军将领毫不留情地直接拒绝。9 月 22 日，即将被处死的黑尔非常镇静，临刑前，他"举止散发着文雅高贵的气质，充满正义及崇高"。他要了书写工具，写了两封信，随后不久被传唤到绞刑架旁。在生命的最后一刻，黑尔留下了一句掷地有声的名言："我唯一的遗憾是，我只有一次生命献给我的祖国。"

直到今天，内森·黑尔的事迹仍被美国人传颂。1985 年，他被正式冠以"康涅狄格州的英雄"称号。作为一种精神象征，他的雕像被放在耶鲁大学的校园、弗吉尼亚州的费尔法克斯县、兰利的中央情报局、芝加哥商业区、华盛顿特区的联邦三角、杜兰大学法学院的阅览室里。据说制作雕像时，因为没有关于黑尔相貌的准确描述，就根据当时耶鲁大学选出的最帅的男生来雕刻的。

2006 年 4 月，时任国家主席的胡锦涛访问美国。在耶鲁大学演讲时，他特意提

到了内森·黑尔——耶鲁大学和美国人民的骄傲。

耶鲁的冒险精神

我们在耶鲁大学时还参观了纪念馆，这是为第一次世界大战中牺牲的耶鲁校友而建。1917 年，美国正式参加第一次世界大战，1270 名耶鲁大学的学生毅然离开舒适的校园，慷慨奔赴欧洲前线，参军比例占到了当初在校生的 40%。后来，有227 人阵亡，永远留在了战场上。自建校以来，美国历史上多次战争中都有很多耶鲁学生踊跃参军。这种责任与担当，是耶鲁精神的重要体现。

谈到精神，人们感觉总是形而上，不容易具象化。其实，在探访名校的过程中，我们透过校园建筑、雕塑以及教授和学生们的状态，也能"窥一斑而知全豹"，感知各个学府的精神风貌。就像人们通常概括的那样：普林斯顿人古怪、不热衷于竞争，

In Memory of THE MEN of YALE
who, true to Her Traditions,
gave THEIR LIVES that FREEDOM
might not perish from the Earth
·1914·ANNO DOMINI·1918·

耶鲁大学内的"一战"纪念碑

哈佛人爱讽刺但不褊狭，康奈尔人非常随性，而耶鲁人，则是精力充沛、正直诚实，对家国大事有责任和担当。

1982 年，学者托马斯·贝尔金总结道："在耶鲁，教师与学生永远都在高速运转，忙碌、充满竞争和狂热。这让我开始思考'耶鲁性'的精髓。在我看来，耶鲁的不同就在于，那种古老的、清教主义的服务使命感，竞争然后获得嘉奖的精神，依旧徘徊在纽黑文。"

在美国大学中，耶鲁大学一直被认为是"精英主义、自由教育和领袖的摇篮"。这种定位使耶鲁学生有一种不言自明的高贵意识和不汲汲于自身的高尚情操，年轻人想得更多的是"服务社会、贡献国家"。为此，每个人都只能开足马力，多学本领，努力成为更好的自己，做一个对社会有用的人。就像耶鲁教授爱德华·克门斯在演讲中对学子们说的："要在乎和了解自己的各种可能性，并为你能够发展自己的最大可能性提前做好准备；做选择的时候，应该选择那个可以最大化地有利于他人和公众的选项，这样，你才可能最大化地实现你自己。"

我们采访的大一学生郭同学，入学不久便深有感触。她告诉我们，耶鲁课程的难度很大，有的课程内容会跨学科，而且要求非常大的阅读量，很多学生都是熬夜奋战。她为了完成学习任务，经常熬到后半夜才能睡觉，即便这样，她也是宿舍里睡得最早的，大多数人可能都是"早睡早起"（早上睡觉、早上起床），个别时候还得通宵达旦。

当然，这种超高强度的学术训练给学生带来巨大压力的同时，也在更大程度上开发了学生们的能量，激发出他们的无限潜能。很多年轻人在耶鲁大学的四年经受了千锤百炼，脱胎换骨成为精英，走上社会后就能承担具有挑战性的工作，他们可

耶鲁大学管理学院

以自豪地说："我具有这种能力，我能行。"

更可贵的是，耶鲁大学主张尊重、包容，珍视自由的表达和对世间万物的探寻，注重对非功利性素质的培养。有能力、敢冒险、富有公共服务精神和自由平等的人文关怀，这一切使得耶鲁人具有突出的领导才能和强烈的奉献意识。

从这个角度讲，内森·黑尔也是耶鲁精神的一个化身。

耶鲁大学哈克尼斯钟楼

诺贝尔奖得主的至高荣誉

　　≫　　名校之间较量的不是大楼而是大师，学校拥有多少个诺贝尔奖得主的停车位也就成为一所大学是否拥有强大学术实力的重要衡量标准之一。

　　我们第一次遇到诺贝尔奖得主专用停车位的过程颇有几分戏剧色彩。

　　2013 年 10 月，我带队探访美国名校，从美国西海岸开始，第一站是加州大学伯克利分校。伯克利分校位于旧金山湾区的伯克利市，是一所世界著名的公立研究型大学，在学术界享有盛誉。它是加州大学的创始校区，以自由、包容的校风著称，再加之优越的地理位置，成为很多留学生申请的首选学校之一。当然，由于这所公立大学的学费比私立学校更有竞争力，因此也令很多美国本土学生心驰神往。我们的探访自然绕不开这所名校。

　　采访之前，就有朋友告诉我伯克利分校是一所典型的城市大学，校园里寸土寸金，停车位非常不好找，外部车辆进出更是不便，最好别开车过去。我自认在北美住过，找个停车位不算难事，于是没把朋友的建议当回事。采访当天，我们一行八九号人，背上摄像机、照相机、三脚架等各种器材，开着两辆越野车，浩浩荡荡过去了。

　　到了学校才发现，停车位真不好找。收费停车场都没有空缺，更不用提免费车

47

位了。眼看约定的采访时间就要到了，大家越来越焦躁。正当我们感到有点绝望的时候，有同事突然大叫一声："前面有车位！"我抬头一看，眼前整整齐齐一排车位，只停了一辆旧车，心里一阵暗喜：功夫不负有心人，最多停车费贵一点，办事要紧。大家也都松了一口气，车刚停稳就七手八脚忙着卸器材。我突然感觉有点不对——整个校园到处都停满车，唯独这里有那么多车位空出来，其中必有缘故。我急忙四处查看有没有告示或说明。果不其然，旁边竖着一块醒目的牌子，上面赫然写着"诺贝尔奖得主专用车位"。

旧金山远眺

这下洋相出大了！我还是第一次遇上这样的停车警示牌，不是缴费明细，不是罚款说明，不是扣车警告，只是告诉你，诺贝尔奖得主才可以把车停这儿。这种事，在世界顶级名校才有可能遇到。各位可以想象一下我当时的心理阴影面积——我居然如此无知，竟敢把自己的车停上去！我立马指挥队员把车挪开，又赶紧四下里张望，看看有没有人发现我们这群人可笑的举动。

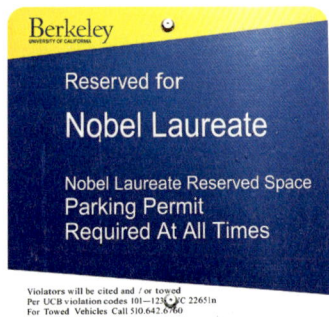

Berkeley
UNIVERSITY OF CALIFORNIA

Reserved for

Nobel Laureate

Nobel Laureate Reserved Space
Parking Permit
Required At All Times

Violators will be cited and / or towed
Per UCB violation codes 101—123 • VC 22651n
For Towed Vehicles Call 510.642.6760

加州大学伯克利分校
诺贝尔奖得主专用停车位提示牌

尴尬之余，我内心还真有点不服。我特意拉住路过的一位同学询问，你们学校有那么多诺贝尔奖得主吗？同学不无自豪地告诉我，光是现在还在给学生上课的诺贝尔奖得主就有 9 位。这位同学还补充说，教授获得诺奖之后，学校都会给予奖励，那就是一个免费的停车位。这番话真是令我大开眼界！

　　美国大学的停车位大都很紧俏。事实上，美国大学校园里的停车位一般是收费的，尤其是位置方便的停车位。为了便于管理，有些学校会颁发一系列不同级别的停车牌照，如普通牌照、访客牌照、助教牌照、教授牌照、VIP 牌照等，其中最牛的就是写着"NL"的诺贝尔奖得主停车牌照，师生们对此也是津津乐道。名校之间较量的不是大楼而是大师，学校拥有多少个诺贝尔奖得主的停车位也就成为一所大学是否拥有强大学术实力的重要衡量标准之一。有了这次教训，现在我到任何一所大学都不会肤浅地对比大学的楼有多高或外表有多光鲜，而是老老实实地去探索学校的内在力量，探寻学校的学术追求和精神之美。

　　加州大学伯克利分校建于 1868 年，相比一些动辄几百年历史的世界名校，历史不算特别悠久，能够拥有今天的骄人成就，靠的就是独特的办学理念和实干的担当意识。20 世纪 30 年代，美国教育委员会向 2000 位著名学者发起调查，最终加州大学伯克利分校以"杰出的"和"适宜的"的学科建设跻身美国一流学府之列，这是 200 余年来美国公立大学向传统的私立常青藤联盟发起的首次挑战。1942 年，美国教育委员会评定加州大学伯克利分校拥有的顶尖院系数量跃升为全美第二。据维基百科统计，加州大学伯克利分校的校友、教授及研究人员中总共诞生了 114 位诺贝尔奖得主，总数量位居世界第三，仅次于哈佛大学和剑桥大学。学校还培养出 14 位菲尔兹奖得主和 25 位图灵奖得主。数学大师陈省身在这里建立了美国国家数学科学研究所；"原子弹之父"奥本海默等科学家领导了"曼哈顿计划"，制造出了人类第一枚原子弹和氢弹；诺贝尔物理学奖得主欧内斯特·劳伦斯发明了回旋加速器，并建立了美国顶级国家实验室——劳伦斯伯克利国家实验室；诺贝尔化学奖得主西博格等人在此发现了 16 种化学元素，数量居世界首位。历史上的辉煌成就证明了加州大学伯克利分校的科研实力和对国家的杰出贡献。可以说，从 20 世纪前期开始，加州大学伯克利分校便进入了数学、自然科学和工程学等学科研究的黄金时代，自那时起，加州大学伯克利分校的科研实力与日俱增，一跃成为世界学术

加州大学伯克利分校的教授和学生在交流

加州大学伯克利分校的校园一角

研究最重要的中心之一。

学术独立和精神自由是加州大学伯克利分校始终如一的办学、治学和教学追求。20 世纪 60 年代越南战争期间，加州大学伯克利分校顶住压力，率先发起了抗议美国政府、反对越南战争的示威活动，学校因此一夜爆红，成为全世界关注的焦点。1964 年 9 月 24 日，哲学系学生马里奥·萨维奥和阿特·戈登堡发起了"言论自由运动"，抗议禁止发表反越战言论。这场运动最多时有上万名学生参加，在美国轰动一时。后来，"言论自由运动"成为美国民权运动的一个里程碑，改变了几代人对政治和道德的看法，这种自由精神又进一步延伸到更加广泛的社会领域，伯克利也由此成为当时美国社会变革的策源地之一。

随着自由思想和叛逆精神在伯克利的不断兴起，有着标新立异的形式、实则追求个人自由的嬉皮士文化在校园里孕育而生。电影《毕业生》就是体现这一叛逆精神的代表作品之一。它以加州大学伯克利分校为背景拍摄，获得了 1968 年金球奖最佳影片，至今仍是影坛经典，其电影主题歌《寂静之声》和《斯卡布罗集市》广为传唱。另外值得一提的是，1969 年至 1971 年，一贯睥睨俗世、不喜规矩束缚的著名华人女作家张爱玲在加州大学伯克利分校从事了三年的学术研究。才华横溢的她曾自嘲"所有的只是天才的怪僻的缺点"。在加州大学伯克利分校，每一个自由的灵魂都可以找到自己的精神家园。

加州大学伯克利分校坚持自我的鲜明个性和不拘于时的自由思想，使其越发与众不同，吸引了来自世界各地追求"精神之自由、人格之独立"的知识分子和科学家。它的自由精神和治学态度不仅体现在理念上，更是落实到具体细微的实际行动中，给诺贝尔奖得主奖励停车位就是一个很好的例子。在加州大学伯克利分校，即便你获得了诺贝尔奖，也不会换来升官发财的机会，学校既不会给你巨额奖金，也不会送你豪宅别墅，更不会让你火箭式升迁；但是，学校会奖励你一个专属停车位，放上独特的蓝色停车标识，其他任何车辆就不得再占用。这个小小的停车位，是学校对诺贝尔奖获得者的唯一奖励。除此之外，获奖者不享受其他任何特权。他们每天照样要上课、做实验，和往常一样申报科研经费，和其他科研人员公平竞争、努力打拼，一切按部就班，仿佛什么都没有发生。

金门大桥

科研荣誉不需要用金钱名利来标榜，更不需要用世俗的标准去衡量。在对科学奥秘的艰难探索中，成功更容易属于那些为科研而科研的痴心、为好奇而发现的纯粹，至于最初就想求功利的科研，则极有可能一无所获。我们尊重科研，敬重科研工作者，支持科研工作者有效、有尊严地开展科学工作，同时我们也敬畏踏实求真、钻研求实的科学精神。这种超越任何功利的考虑，为科学而科学、为知识而知识的纯粹，源自古希腊，是人类千百年来文明历史中一条绵长的红线。今天看来，它更应该是科学的底线。

　　2019年5月，我带团队重访澳大利亚八大名校。在悉尼的新南威尔士大学采访时，我在校园里再次遇上了诺贝尔奖得主的专用车位。那个不显眼的车位和校长专用车位并排在一起。可以说，这是一项特殊的奖励，也是至高的荣誉，是尊重科学、向科学家致敬的特殊方式。科学是仰望星空的精神和脚踏实地做学问，如果没有一颗淡定的心，如果不能超越实用究其根本，那么就无法在科研的路上走得太远，更不可能义无反顾，勇往直前。

　　2011年，加州大学伯克利分校的教授索尔·珀尔马特和另外两位科学家一起斩获了诺贝尔物理学奖。得知自己获奖时，这位天体物理学家正在教室里监考。据学生们回忆，教授听到消息后抑制住内心的兴奋和喜悦，微笑着说："我终于也有自己的停车位了。"

普林斯顿大学数学茶会和纳什的"幽灵"

>>> ■ 毫无疑问的是，普林斯顿大学宽松自由、兼容并包的校园气氛给了天才纳什从容生存、科学研究的极大空间。

普林斯顿是位于美国新泽西州西南部的一个特色小镇，它处于纽约到费城的中点，东临卡内基湖，西接特拉华河，附近有 3 个生态公园。小镇不大，面积仅 7 平方公里，共有 3 万多人。这里环境优美，绿树成荫，有很多罗马式和哥特式的建筑分布其中，树林里随处可见可爱的小动物。

这个静谧低调的小镇，就是美国著名高校普林斯顿大学的所在地。

2013 年 9 月，我们来到普林斯顿大学。恰逢中国传统中秋佳节，我们邀请 3 位中国留学生聊天并一起用餐。席间他们纷纷表示，自己对普林斯顿大学的印象非常好。来自北京的姜同学说："这里有美丽的校园、亲切的教授和丰富的社团活动。同时，超出我预期的是，这里本科学生不多，因此有极多的与教授单独交流的机会，还有就是选课的高自由度。"

用餐完毕，我们漫步于校园中，看到一座很有特色的拱门。听同学介绍，这就是著名的布莱尔拱门。拱门自带的天然音响效果非常棒，每逢周末夜晚，很多清唱组合在此恣情演唱。

普林斯顿大学布莱尔拱门

  此外，普林斯顿大学还是奥斯卡获奖影片《美丽心灵》的拍摄场所之一，电影中的数学茶会就是在布莱尔拱门前的空地拍摄的。

著名的普林斯顿数学茶会

  普林斯顿大学是一所没有商学院、法学院和医学院的"小"学校，但丝毫不影响它在美国乃至世界的地位。这里是一个纯粹做教育的地方。普林斯顿大学有很多优势学科，其中数学专业在世界大学专业排名中经常拔得头筹。普林斯顿大学数学系和高等研究院数学部在 20 世纪初开始崭露头角，30 年代逐步成为学术界一颗耀眼的新星。传统学科拓扑学、代数学和数论独占鳌头，新兴学科计算机理论、运筹学和博弈论也处于学界领先地位。

20 世纪 40 年代，普林斯顿大学悄然兴起了日后成为美谈的数学茶会。时任数学系主任的所罗门·莱夫谢茨教授是位犹太人。他出生于莫斯科，在法国接受教育，尽管酷爱数学，但因为不是法国公民被拒绝报考该学科，只好选修工程学。毕业后，莱夫谢茨移居美国，在电气公司成为一名普通的工程师。在一次变压器爆炸事故中，他不幸失去了双手，几年后身体才得以康复。这次重大变故让他重新思考自己的人生，他决定用余下的时间来全心全意追求自己真正的热爱——数学。他来到克拉克大学攻读博士学位，毕业后在内布拉斯加州和堪萨斯州以教书为业，早年一直籍籍无名。但是，笔耕不辍的他撰写了多篇独具特色的原创性论文，引起了学界的重视。终于有一天，他接到了来自普林斯顿大学的邀约电话，于是便欣然来到这所世界名校，成为数学系首批犹太人教师之一。

莱夫谢茨本人身材高大，穿戴随意，举止不拘小节，在数学系的一众教授中显得非常特别。他为人率性、做事简单直接，同时也魄力非凡，不喜欢受太多的人情世故束缚。教授们戏称，莱夫谢茨从来没有在课堂上做过一个正确的证明，以至于他的学生不得不想办法把漏洞补上，不过这反而练就了学生们的本事。就这样，莱夫谢茨培育出一个又一个大师。

1948 年的秋天，莱夫谢茨教授召集所有一年级研究生谈话。他目光锐利地扫视大家，激情澎湃地大声讲话，不断地用木头制作的假手敲着桌子，操着浓重的法国口音给这些年轻人讲述人生道理。他认为这些学生都是最棒的，是经过精挑细选才有资格来到这里；但普林斯顿大学是真正研究数学的地方，和成名的数学家相比，这些一年级研究生还只是一群知识匮乏的孩子。普林斯顿大学的目标就是把他们培养成才。

莱夫谢茨主张营造学术自由的氛围，给学生更多的自主权，学生可以自己决定要不要上课。同时，他建立了一套课程体系，在成绩报告上，教授们会判 A 或 C，有的学生甚至不需要上一节课就能得到分数。在莱夫谢茨看来，分数只是满足"讨厌的教务长"的把戏，所谓成绩单不过是用来讨好那些墨守成规的"俗人"的手段。学生写毕业论文之前，要找一位高资历的教授支持自己的研究。如果教授不认可学生的研究内容或方向，莱夫谢茨就会为学生更换导师。他的想法一贯是把孩子扔进河里，让他们自己去游，游到对岸就成为博士了。通过总考的学生通常在两三年内

就能取得博士学位，而在哈佛大学或其他高校则需要六七年甚至更长的时间。在普林斯顿大学，总是有最好的教授、最好的访问学者、最先进的课程以及世界一流数学家的精彩演讲。学生有问题，基本上总是能够有办法找到答案。这里没有严格的日常考核或考试作为约束，如果学生不思进取，结果就是咎由自取。

作为数学系主任，莱夫谢茨唯一的要求是所有人必须参加下午茶的聚会。在那个年代，数学界正在兴起一场革命，普林斯顿大学则处于革命的中心。人人都在谈论拓扑学、逻辑学和博弈论，世界各地的来访学者络绎不绝。为了创造更开放、自由和包容的交流空间，遵照莱夫谢茨的指示，学生们经常举办数学聚会，其中有各类讲座、非正式座谈会、研讨会、课程以及周会，还有早餐、午餐、晚餐时的讨论，晚餐之后在研究生院举行的聚会以及每天下午在休息室里进行的茶会。

下午茶会是每天的重头戏，时间一般在下午 3 点至 4 点，有时也会持续到 6 点。每逢周三，茶会在作为"教授室"的西休息室举行，活动往往正式而隆重。教授夫人们还会穿上长礼服裙，戴上白手套，准备好茶水和小甜饼，亲手为大家递送。其余时间，茶会在作为"学生室"的东休息室举行，也有热气腾腾的茶水和可口的点心。根据莱夫谢茨的要求，研究生们都会参加茶会，教授们也几乎不缺勤。整个聚会像是大家庭团聚，气氛比较轻松亲切。在这里，大家可以交流自己最近读的书或写的论文，也可以说说家常闲话，跟老师们谈谈心，和朋友们碰碰头。谈笑间，人们可以遇到当时最了不起的数学家，甚至有幸能够见到大师级的人物，例如爱因斯坦、哥德尔和冯·诺依曼。

"美丽心灵"与"普林斯顿的幽灵"

莱夫谢茨是电影《美丽心灵》主人公的原型小约翰·福布斯·纳什的伯乐。1948 年，纳什还在匹兹堡的卡内基技术学院（即现在的卡内基梅隆大学）化学工程系读大三，申请研究生时，哈佛大学、普林斯顿大学、芝加哥大学和密歇根大学等多所著名大学同时向他伸出了橄榄枝。面对选择哪所大学的问题上，纳什十分犹豫。莱夫谢茨特意写了一封信给纳什，字里行间洋溢着他特有的热情，信中催促纳什来普林斯顿大学读书，并慷慨地提供了一份 1150 美元的丰厚奖学金。这个举动，使纳什来到

普林斯顿大学亚历山大礼堂

了普林斯顿大学，日后成为世人皆知的"普林斯顿的幽灵"，也成就了《美丽心灵》的一段影坛佳话。

　　纳什的父亲是工程师，母亲曾经是一名教师。纳什从小就喜欢沉浸在自己的世界里，总是按照自己的方式做事。13岁时，纳什读了贝尔写的《数学精英》一书，从此进入数学符号和诱人秘密组成的神秘王国。刚上大学时他在工程科学专业就读，但在学业上表现得十分糟糕，直到后来，他在数学方面展现出了惊人的天赋。进入普林斯顿大学之后，在自由的学术氛围里，纳什如鱼得水。他到学校没几周，就萌生了和爱因斯坦讨论问题的想法。爱因斯坦很有礼貌地接待了这个冒失的年轻人。纳什提出了自己对"引力、摩擦和放射"等问题的看法，不知是为了想准确表达还是太过紧张，他一直在黑板上书写方程式。爱因斯坦很平静，吸着烟斗耐心地看着这个年轻人，偶尔提问和评论一下，足足持续了一个小时。交流结束时，爱因斯坦

慈祥地对纳什说："年轻人，你最好还是多学一点物理。"

但纳什的勇气和幻想的力量，后来给他的学术生涯带来了至高荣誉。他 21 岁博士毕业，不到 30 岁就声名远播，毕业后直接得到麻省理工学院的教职工作。1958 年，纳什因其在数学领域取得的成就，被美国《财富》杂志评为新一代天才数学家中最杰出的人物。

后来发生的事情，相信看过电影《美丽心灵》的读者都了解其大概。纳什得了精神疾病，坚持认为自己是"一个阴谋的牺牲品"，两次被送入精神病院治疗，并在两次住院的间隙辞掉了麻省理工学院的工作。纳什认为，理性的思维阻隔了人与宇宙的亲近。所以，他不习惯用理性思维来处理自己的生活。2002 年在北京召开的国际数学家大会上，74 岁高龄的纳什受邀出席。之后他还接受了央视的采访，谈到自己，他是这么说的："疯狂其实是一种逃避，当事实不那么美好时，在想象里你可以假设它很好。在疯狂的世界里，我认为自己是最重要的人，像罗马教皇那样的人。而我的敌人，他们正试图以某种方式迫害我。"真实生活与电影情节有一点区别，那就是纳什和妻子艾丽西亚选择了离婚。不过，艾丽西亚一直没有再婚，她依靠自己做电脑程序员获得的微薄收入和亲友接济，继续照料纳什和他们的儿子。

纳什的母校普林斯顿大学为他提供了工作机会。只有在普林斯顿大学这个广纳天才的地方，有些出格行为的人才不会被当作疯子而被抛弃。于是在 20 世纪 70—80 年代，在普林斯顿大学的校园，人们经常看到一位瘦削、沉默的男人漫无目的地徘徊。他经常穿着紫色的拖鞋，沉默地出现在教室里，在黑板上写下一般人不知所云的数学论题。这种"幽灵"般的存在，一度是普林斯顿大学的独特一景。

后来，纳什的精神状态越来越好，慢慢走出了精神分裂的阴影，能够"以理性分辨非理性，以常识分辨错觉"。在学术上他也迎来了新的春天。1994 年，纳什以数学家的身份获得了诺贝尔经济学奖。奖项揭晓的当天下午，普林斯顿大学为纳什举行了大型香槟酒会，邀请纳什发表讲话。纳什说，他不习惯当众演讲，但这次有三件事要说。其中的一件可能谁也不会想到，他希望获得诺贝尔奖可以改善自己的信用评级，因为他太需要一张信用卡了。不管这是实情还是调侃，这番话总是令人唏嘘不已。

2002年，第74届奥斯卡金像奖尘埃落定，根据纳什真实经历改编的传记影片《美丽心灵》（*A Beautiful Mind*）一举囊括了最佳影片、最佳导演、最佳改编剧本和最佳女配角四项大奖。2015年5月，纳什夫妇去挪威领取一个数学奖项——阿贝尔奖，返回美国后在新泽西州搭乘出租车时不幸遭遇车祸身亡，这次车祸为纳什不平凡的一生画上了句号。

关于对纳什传奇一生的展现，有电影《美丽心灵》，也有书籍《普林斯顿的幽灵——纳什传》，"幽灵"和"美丽心灵"这两个词从不同的侧面反映了纳什的一生。毫无疑问的是，普林斯顿大学宽松自由、兼容并包的校园气氛给了天才纳什从容生存、科学研究的极大空间。这里以人为本的现代文明环境，尊重每一位个体、每一种个性，在理性和感性之间寻求人性平衡的美好氛围，能够让一个精神病患者重返正常生活，把"幽灵"转化为"美丽心灵"。

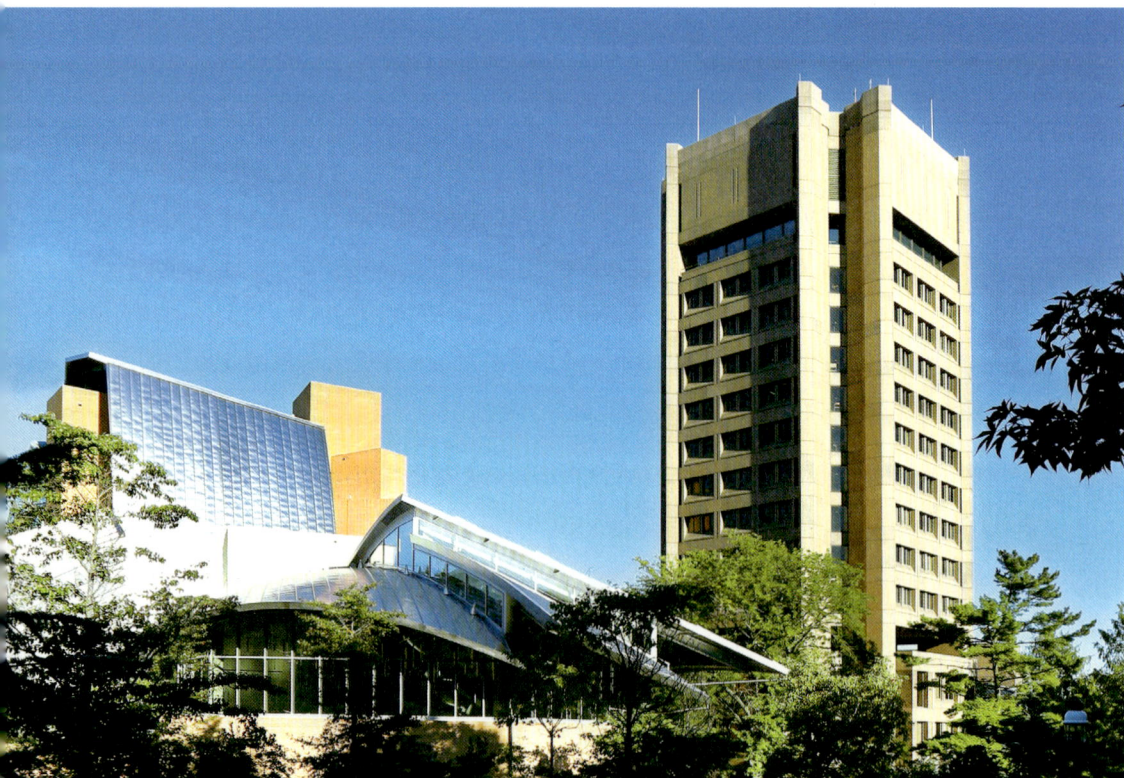

普林斯顿大学的数学楼

特里·福克斯与希望马拉松

>■■■■ 最初，没有太多人关注特里和他的募捐活动。然而就像电影里的阿甘一样，随着他抱病坚持、日复一日地跑步前行，这个年轻人的勇气和毅力征服了整个加拿大。

相信很多人都看过著名的奥斯卡获奖影片《阿甘正传》。影片的主人公叫阿甘，他有着先天不足，但是却深得大家的喜爱和敬佩，在一定程度上被认为是诚实、守信、认真、勇敢、重视感情等美德的化身。特别是他长跑时的坚毅身影，打动了很多人。影片传达的"忘掉过去、勇敢向前"的精神，是对一代美国人的温暖疗愈。据说，阿甘的艺术原型是加拿大的特里·福克斯。

2016 年秋天，我们来到了加拿大温哥华地区的本那比市，造访西蒙弗雷泽大学。在这个以探险家西蒙·弗雷泽命名的大学校园里，我们看到一座雕像：一位青年拖着一条腿，另一条腿是假肢，做奋力奔跑状。他，就是特里·福克斯。

特里曾经在西蒙弗雷泽大学就读过，后来因为癌症截去右肢。因为自身的特殊经历，后来他发起了特里·福克斯义跑（如今也被称为"希望马拉松"），号召大家为癌症研究捐赠一元钱。他的纪念雕像还出现在加拿大首都渥太华的国会山，以及横穿加拿大公路的 Mile 0 处等地。提到特里·福克斯，加拿大人总会自豪地说：

"看，那是我们的英雄！"特里和"希望马拉松"不但在加拿大家喻户晓，在世界范围内也有着很大的影响力。他的故事激励着千千万万的年轻人，告诉他们无论有何种际遇都应该始终保持昂扬向上的精神。

"最伟大的加拿大人"之一：特里·福克斯

1958 年，特里·福克斯出生在加拿大中南部以"加拿大阳光之都"而闻名的曼尼托巴省的温尼伯格。这里气候宜人，自然环境很优美，当地居民多有运动的习惯和爱好，把大量的时间花在户外。成长于普通家庭的特里，在耳濡目染中对运动产生了浓厚的兴趣。后来，他随从父母迁居至不列颠哥伦比亚省的温哥华市郊，在高贵林港长大，这里靠近加拿大西海岸的范库弗峰。

特里从小就表现出与

西蒙弗雷泽大学里的特里·福克斯的塑像

众不同的特质，其中体育运动给他的成长带来很大帮助：第一，特里身材不高，中学的时候只有5英尺，但常年积极的锻炼，令其身体素质极好，看起来非常结实；第二，他几乎精通所有类型的体育活动，特别擅长篮球，学生时代就得到过很多金牌，另外还在跳水和游泳比赛里给大家留下了深刻的印象；第三，体育运动磨炼了他的性格和意志，当他下定决心做一件事情时，不管遇到怎样的逆境、有多大阻力，都能坚持到底。从特里身上我们可以看出，体育运动绝不仅仅是强其体魄，也可以练其心智，对于孩子性格特质的塑造具有非常重要的作用。

渥太华的国会山

　　1976 年，18 岁的特里考入西蒙弗雷泽大学，攻读人体运动学。年纪轻轻的他怀着成为一名体育教师的梦想来到理想的大学，学习自己喜欢的专业。特里还是大学篮球队的成员，虽然天赋一般，但他勤于训练，努力付出，意志十分坚忍，所以在同伴中显得特别突出。

　　他的生活本来充满希望，未来已经展现出一幅光明美好的画卷。但正应了那句话，谁都不知道明天和意外哪一个先来。1976 年 11 月 12 日，特里驾车外出时发生了车祸。他开车不慎和一辆货车追尾，当时车祸情况并不严重，他也没有特别的感觉，

只是觉得喉咙和右膝有些微微的疼痛感。次年 3 月，他觉得几个月来右膝的痛感越来越强烈，于是让母亲带自己去医院检查，结果被诊断出了骨肉瘤晚期。特里认为是那场车祸意外伤害了他的膝盖，这是致病原因。但医生并不这样看，认为特里体内的肿瘤是其他原因引起的。

到了这个时候，讨论原因对于病情显然没有任何帮助。医生建议，特里需要马上做截肢手术，必须立刻切除膝盖上方 15 厘米往下的部分。3 天之后，特里被推进了手术室。手术进行得很顺利，特里的右腿做了截肢手术。

143 天 5373 公里——特里·福克斯义跑

特里·福克斯被截肢后，生性倔强的他并没有抱怨命运的不公，也没有放弃生活的希望。在医院里，他不仅积极接受治疗，坚持参加康复训练，而且还鼓励病友们打起精神，勇敢面对病魔。身残志坚的特里，已经做好了和正常人一样乐观生活的准备。

当时的加拿大，对于癌症研究的投入相当有限，研究资金较少，癌症患者特别是儿童患者遭受了很大的痛苦。了解到这些情况后，特里内心非常难受，他觉得自己应该为癌症患者做点什么，贡献自己的一份力量。恰巧此时，报纸上一则新闻引起了他的关注：一位安装了假肢的人参加了马拉松比赛。酷爱运动的特里，马上受到了启发。他觉得可以效仿，于是萌发了跑遍加拿大为癌症患者募捐的想法。这个想法让特里热血沸腾，说干就干，他安装了假肢，并着手进行了适应性训练。他大概花了 15 个月的时间来做准备工作，其间适应性奔跑了 5083 公里。

1980 年 4 月 12 日，22 岁的特里带上右腿的假肢，在圣约翰岛上的料峭寒风中，把义肢在大西洋的海水中仪式性地浸泡了一下，开始了"特里·福克斯义跑"（Terry Fox Run）。根据特里的计划，这个历程是从加拿大最东端的圣约翰岛一直到最西端的温哥华岛。他希望抵达目的地温哥华之后，在太平洋的海水里再浸一浸假肢，以成呼应。

义跑开始后，特里从魁北克省到安大略省，经过加拿大的大西洋沿岸各省，每

西蒙弗雷泽大学校园

天穿越在城市和乡村之间。最初，他坚持每天前进 43 公里左右，相当于日均一个马拉松赛程。他为人们讲述自己的故事和癌症患者们的境遇，希望每个人都能捐出一元钱用于癌症研究，为癌症的攻克贡献一份小小的力量。

最初，没有太多人关注特里和他的募捐活动。然而就像电影里的阿甘一样，随着他抱病坚持、日复一日地跑步前行，这个年轻人的勇气和毅力征服了整个加拿大。知道这个事迹的人无不为他感动，纷纷慷慨解囊，筹集到的款项额度不断提升，达到了 2417 万加元。当时加拿大有 2410 万人口，已经超过了特里最初"每人捐一元"

的目标。

特里的奔跑，是那么义无反顾。他有一头浓密的卷发，容貌俊朗，性格坚强，敢于直面人生的挫折和痛苦。就像阿甘长跑时常对人所讲的："妈妈经常说，出发前该把过去的抛在脑后。"在行进的路程中，特里努力去克服身体上的巨大伤痛。其他伤痛或许还可以忍受，但膝盖的疼痛愈演愈烈。特里不想让支持自己的人失望，每次都是到了无人处才坐进车里，去医院做临检。5000多公里的路途上，他坚持每天跑完预期的目标，其间只休息了1天，更换了9条假肢。1980年9月1日，在持续奔跑了143天之后，癌细胞已经扩散到他的整个肺部，特里不得不在安大略省的桑德贝市停下了脚步，坐飞机回到了温哥华，马上住进了医院。他的里程数也定格在了5374公里。

1981年6月28日，年仅23岁的特里离开了他所爱的世界。整个加拿大都为他们的民族英雄哭泣，政府部门也降半旗表示哀悼。他的弟弟用募捐来的款项成立了"特里·福克斯基金会"，用于癌症的研究以及帮助癌症患者。特里的事迹激励着人们，基金会得到了很多人的支持。特里用自己的经历表明"行动胜于雄辩"的意义和价值。

特里去世后，人们仍然在讲述他的故事，怀念他的一生。为了表达纪念，他的故乡高贵林港的高中于1986年更名为特里·福克斯中学。加拿大全国有13家学校和15条街道以特里·福克斯命名，他的青铜雕像矗立在国会山、公路旁和学校里。2004年，在加拿大广播公司举办的"最伟大的加拿大人"评选中，特里·福克斯高居第二。2005年，加拿大皇家造币厂还专门铸造了特里·福克斯纪念币。

希望马拉松

特里作为加拿大的英雄离去了，但是他的精神却从此薪火传承，传奇才刚刚开始。特里临去世前就得知，人们要用一个以他的名字命名的长跑活动来纪念他发起的马拉松。1981年9月13日，加拿大人发起了"希望马拉松"活动，30多万加拿大人在700个地方参与了这次义跑活动。自此以后，加拿大义跑活动在每年九月的第二

西蒙弗雷泽大学的阶梯教室

个周末举行，加拿大学校特定设立了"国家学校义跑日"，而且有越来越多的国家和地区加入进来。"希望马拉松"成为专项癌症募捐活动，目前已经募集了数亿美元的善款用于癌症研究。特里虽然提前结束了义跑，但他的行动并没有终结。流星虽然短暂，但光芒会闪耀在茫茫暗夜。

目前，全球已经有50多个国家和地区举办过此类活动。每年9月份的第二个周末，无数人以各种形式参加"希望马拉松"。1999年，"希望马拉松"来到了中国，由加拿大驻华大使馆、中国医学科学院肿瘤医院联合举办，成为当时国内最大规模的癌症研究募捐公益活动。活动从北京开始，在20多个省、自治区和直辖市同步开展。义跑形式灵活，全程5公里或更长，不计算时间和名次，重在参与。奔跑的队

伍里有很多癌症患者，这些抗癌英雄大力挥舞着旗帜，神采奕奕地跑完全程，看起来似乎比健康人的精神状态还要好。2019年11月3日，第21届"北京希望马拉松"义跑举行，5000多位爱心人士携手为"癌"奔跑，募集善款600余万元。

每次义跑活动中，慈善捐款和募款必须符合特里生前的愿望和原则，募集到的每一美元里都要抽出84美分用于抗癌研究。为尊重特里的遗愿，主办方不能利用义

跑进行任何冠名招商或颁奖活动，义跑协会也不会利用其他资源去维持特里的遗产，募集到的善款或物品必须在第三方监督下使用。也正是因为这种纯粹，时隔30多年之后，特里仍然是很多人心中不朽的英雄。有人说："特里点燃了自己的生命，点燃了自己，照亮了癌症人士灰暗的内心，点燃了他们生命的希望。他还活着，活在每一个与命运抗争之人的心上。"

加拿大班夫国家公园

自由教育的圣地——夏山学校

» ███ 关于自由，夏山人说得最多的口号是"我们相信自由，而不是纵容"。

夏山学校，一个熟悉又陌生的名字。近一个世纪以来，这个充满传奇色彩的英国学校矢志不渝地倡导并践行着"最富人性化的自由教育"，向千百年来一成不变的权威教育理念和主流教育规则发出前所未有的挑战。

初到夏山：特立独行的"异类"

2018 年春节期间，一个阴冷的英国冬日，我终于如愿以偿，借休假的机会来到夏山学校，为久久萦绕心中的许多问题寻找答案。

从伦敦乘火车出发，一路向北再折向东，两个小时之后顺利抵达夏山学校所在地——莱斯顿。彼时是上午 11 点钟，小车站外面的街道上空无一人，直到出租车司机把我们带到学校门口，看到那栋标志性的维多利亚式红砖建筑，我们才确信终于来到了举世闻名的夏山学校。

推门走进学校办公室，最显眼的是书架上夏山学校创始人尼尔先生的塑像。

夏山学校创始人尼尔先生的塑像

1921 年，尼尔先生创办夏山学校，主张尊重孩子的自主选择，为儿童尽可能创造自由成长的空间，坚守以幸福感和快乐为核心的教育观。

相比于"严格管教、不断考试、看重成绩"的传统教育模式，夏山学校是实打实的另类。20 世纪 60 年代，美国出版商哈罗德·哈特出版了尼尔撰写的《夏山学校——教养儿童的激进方法》一书。一时间，夏山学校声名鹊起，来自世界各地的参观者络绎不绝。

在学校登记簿上签字时，我们赫然发现名单上密密麻麻地登记了不少汉语拼音名字，到访时间是 2 月 15 日。真没想到，居然有这么多中国访客在农历大年三十前来拜访！

尼尔先生的外孙亨利接待了我们。亨利现任夏山学校副校长，负责学校的国际和对外事务，他的哥哥威廉负责学校的日常事务。亨利和威廉也是夏山学校的老师，亨利教音乐，威廉教木工和金属工艺。

从创办至今，夏山始终是一个小规模的实验学校，算上亨利和威廉，夏山学校

只有 9 名老师，其中有 5 名老师还兼任管理人员。学校目前有来自世界各地的 75 名学生，年龄在 5 至 18 岁之间，出乎我们意料的是，这 75 名学生中居然有 10 个来自中国！

说到尼尔先生的办学理念，亨利滔滔不绝，如数家珍。交谈中，他反复提到了"幸福""自由""天性"这几个词。我们注意到，亨利很少用"老师""学生"这些字眼，他强调学校的每个人都是"社区"的一员，所有的成员都属于这个"大家庭"。

当初尼尔先生办学时怀揣着一个很朴素的基本理念：让学校适应学生，而不是让学生适应学校。在夏山，尼尔放手实践民主、自由、以孩子为主体的教育模式，甚至连学校的基本规章制度都由学生和老师共同制定并表决通过，可谓特立独行、独树一帜。

在这里，学生不会受到来自家长和老师的压力，上课自由，不设正式考试，一切尊重孩子的意愿。这些年来，作为"实验学校"而诞生的夏山学校发展下来，成为一所证实了"自由发展是行得通的"示范学校。

自由教育的圣地：夏山的核心教育观

≫ 幸福和快乐

亨利说，孩子的童年不能由家长和学校来设定和取代，孩子需要在自己的探索中寻找需求，在体验中了解自我，知道什么才是自己想要的幸福。

"我们有的学生离开后去读大学，有的后来做了医生、律师或飞行员，这很好。但如果学生心甘情愿去当超市收银员，认为这会让他感到快乐幸福，我们有什么理由不尊重这样的选择呢？"学校创始人尼尔先生就曾经说过："我宁愿夏山学校培养出一个快乐的马路清洁工，而不是一个神经质的首相。"

夏山是一所寄宿学校，初来者可以走读一两年作为过渡，但最终都要住进学校，这也是全方位体验夏山自由教育实践的最佳途径，机会确实难得。夏山学校在全世界有很大的影响力，每年都有许多孩子等着要进这所学校，尤其是在北欧、日本等

地很受青睐。近年来，韩国、中国大陆和中国台湾对夏山学校的关注度也在不断提升。

有趣的是，夏山学校在英国并没有多大名声，学费在英国私立学校体系内属较低水平，每年需 8000 至 1.6 万英镑。夏山学校作为一所独立学校，没有政府经费，学费是主要收入来源，虽然学校也会得到一些社会捐赠，但这些资金都被放在夏山的信托会，专门用来接济有困难的学生。

» 自由和界限

毫无疑问，夏山学校是自由的。这里的学生想上课就上，不想上课就不上，这种散漫的作风在很多人眼里难以理喻。亨利说，教育不能强迫实施，孩子会在有需

我和夏山学校副校长亨利在一起

求的时候主动学习。"比如，孩子在玩电脑游戏时，遇到了不懂的英文内容，他就会报英语课进行学习。"

关于自由，夏山人说得最多的口号是"我们相信自由，而不是纵容"。在这里，自由也是有界限的，而界限的制定者是夏山的所有成员。学校每周要开三次大会，5至18岁的全体学生都可以参加，从学生到校长每人都手握一票，投票的权重也完全相同。在民主的自治会议上，大家一起讨论夏山管理的规章制度，也对破坏规则的人进行处罚。

有了最多的自由，也就有了最多的规定。中午用餐时，亨利随手摘下挂在墙上的一个红本，上面写着"夏山学校法规"，足足有三四百页，规定涵盖了学生衣食住行、待人接物的各个方面。亨利把处罚叫作"fine"（罚款或处罚），而不是"punishment"（惩罚）。即便有孩子破坏了规矩，也只是行为上违反规定，并不意味着这个孩子品行不好。所以，处罚通常是在校园捡20分钟的垃圾。在英国，可能没有哪所学校的校规手册比夏山学校更厚了，有些是如"不要在水池边奔跑"的常见规定，有些则以代码形式出现，洋洋洒洒好几百条。不过，孩子们很愿意遵守这些规定。这说明他们并不讨厌规定本身，只是讨厌成年人把规矩强加给他们。

» 天性和培养

在尼尔先生的教育理念中，孩子的本性需要得到应有的尊重。家长、老师和社会的干预，不过是按照他们自己的理念制造了让孩子顺从听话的模型。教育需要适应孩子的特点和天性，充分地赋能和相信孩子，给他们以"自由的责任"。

夏山学校虽然不对学生进行硬性考核，但到学生13岁时也会要求他们选课，因为那些想考大学或学院的学生，仍然需要在中学考试后拿到文凭。

夏山学校的老师虽然不多，但综合素质很高。在科学课堂上，我们遇到了老师詹姆斯。詹姆斯拥有博士学位，小伙子看上去很年轻，但已有7年的执教经历。詹姆斯告诉我们，他很高兴能来到夏山，因为"在中小学的课堂里面，还能找到给大

学生上课的感觉"。

除了给要参加中学考试的学生依照教材讲课之外，詹姆斯的课程计划是自己精心制订的。走访当天，他正在教 5 个学生有关血型的课程，血样是孩子们自取，然后按血压、心率等指标给上课的学生象征性地进行健康指数排名。

夏山学校还有专门的木工和金属工艺室，里面摆放的设备仪器和切割打铸的操作台对这个年纪的大多数孩子来说都很陌生。亨利介绍说，学生只有对老师证明自己是"负责任的"之后，才能使用这些仪器设备。课堂至今没有发生过任何危险，由此也能看出学生们的动手能力是一流的！

夏山学校的音乐工作室

接受我们采访的夏山学校老师

» 自信、宽容和周到的夏山学生

　　午饭时间，亨利副校长邀请我们去食堂共进午餐。午饭简单健康，一个牛肉汉堡搭配蔬菜、玉米粒等。坐在我身边的是波比，她当年从伦敦转校过来，今年就要毕业离开夏山了。

　　波比说："我以前是个问题女孩，换了四五所学校都不喜欢。后来，我来到了夏山，在这里，我很开心。"在另一个餐桌上，我们遇到了来自加拿大的一对华人夫妇，他们准备将女儿送到夏山来学习，认为这种尊重个体天性的教育对孩子的未来发展很有好处。

　　已有近百年历史的夏山学校，的确是践行自由教育理念的一面旗帜。历史上，夏山学校也历经沧桑。尼尔最初在德国建校启蒙，后来辗转奥地利遭遇冷眼，最后到英格兰落脚；从 5 个学生做起，招生人数起起伏伏，办校过程也历经坎坷。2000 年，

接受我们采访的夏山学校学生

夏山学校被英国政府勒令关门。当时，英国教育部的检查部门列举了夏山学校的几大缺失，比如没有制订长期教学计划，不管学生的旷课现象，听任学生好恶，学生未达到能力标准，等等。夏山学校凭借自己坚守的原则最后打赢了官司，得以延续办学。原本以为至少持续两个星期的官司，仅仅用 3 天的时间就结束了，过程中夏山的学生也积极参与了进来。经此一事，夏山赢得了更多的掌声，大家都很高兴学校可以继续存在下去。面对追求权威的英国政府和褒贬不一的外界言论，夏山学校坚持突破传统保守的教育理念，矢志不渝地践行民主自由的教育方式，给传统和主流教育提出了一种新的反观模式，这种勇气和执着着实令人钦佩。

午餐后，我们信步走在夏山学校的校园里，遇到了来自湖南衡阳的男孩萨姆。萨姆今年 10 岁，来夏山学校读书已有两年，其间从未有过考试。他今年选择了音乐、英语、数学和科学这四门课。他告诉我们，由于视网膜有问题，自己的视力很差，在国内求学时很多学校都不想接收他，担心他的成绩拖后腿。而在夏山学校，他很

开心。正值中国春节，萨姆看到我们觉得特别亲切，一路上陪着我们，兴奋地讲述他在夏山学校的点点滴滴。分别时，他坚持送我们到校门口。看着这个 10 岁男孩独自离去的背影，我们能够感受到夏山学校带给他的自由和成长，同时也能感受到他些许的孤单和寂寥。这也许就是我们每个孩子走向独立和自强的必经之路，在爱和尊重中愈加自我肯定，愈发无所畏惧。

在跌宕起伏中走过了百年历程的夏山学校，始终初心不改，坚持自由的教育理念，对未来充满信心。学校窗户上写着一句话："这所学校成立于 1921 年，现在仍领先于自己的时代。"

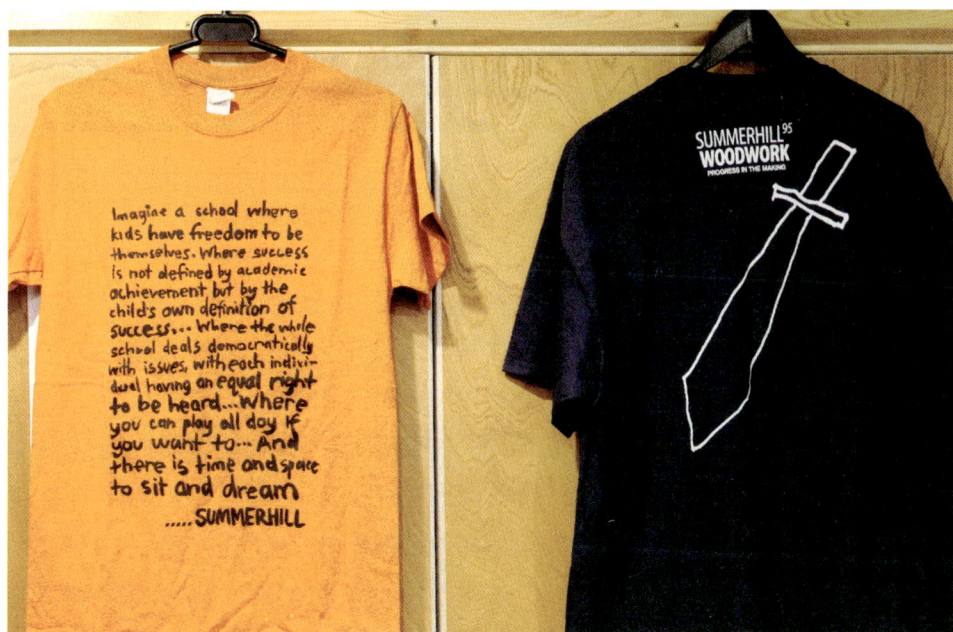

夏山学校的文化衫

这才是真正的因材施教

》 ■ 在这里，教育不是灌满一桶水，而是点燃一把火。因材施教的个性化教学在罗素高中成为现实。

芬兰是北欧一个仅有 500 多万人口的小国，但却是一个教育大国。近年来，芬兰的教育改革取得了令人瞩目的成绩，引起了全世界的关注和热议。我就先从芬兰学生参加国际比赛的成绩说起吧。

大家可能听说过"国际学生评量"（PISA）比赛。2000 年，经济合作与发展组织（OECD）发起了这项针对国际社会上接近完成基础教育的 15 岁学生的综合能力评估测试，每三年举办一次，一直以来有"教育界的世界杯"之称。在 2003 年、2006 年的连续两次测评中，芬兰学生均在阅读及科学比赛中称霸，解决问题和数学能力位居第二。2009 年，芬兰学生再创佳绩，在全球近 50 万参赛学生中获得科学第二、阅读第三、数学第六的好成绩。是什么因素使得芬兰这个北欧小国拥有世界领先的教育成就呢？

谈到芬兰的教育，肯定绕不开 1999 年 1 月 1 日芬兰政府颁布的《高中教育法》。该法案大胆打破千篇一律的接受性教育模式，将原有的三年制高中改为不分年级的

教学体制，由传统的被动教育转而注重培养学生主动学习的能力和创新精神，由此开始了一场轰轰烈烈的全国性教改。而引发这场改革浪潮的，正是被誉为芬兰中学教育典范的罗素高中。早在 1987 年，罗素高中就率先打破年级制，采用"模块式"的课程结构授课，最后成果显著。

没有固定教室：走班制教学让学生拥有自己的选择

我们访问当天的上午 10 点，罗素高中校长阿里·霍卫宁先生准时走出教学楼迎接我们。霍卫宁先生曾多次出现在中国教育的创新年会和世界名校校长论坛上，对于中国教育界来说，已经是一个熟面孔。校长在聊天时几次主动提到了北京，自

豪地告诉我们，罗素高中是人大附中和北大附中的姐妹学校。的确，对于国内这些著名中学来说，罗素高中确实算个老朋友了。

走进教学楼参观的时候，正好是下课时间，过道里挤满了背着书包等待上课的学生。因为实施了开创性的"走班制"教学，学校没有固定的班级甚至年级，孩子们需要根据选修的课程模块在不同的教室间穿梭。看着眼前这种景象，我们觉得像是走进了一所大学。

学生可以根据自身的兴趣爱好，任意选择课程和模块，自主制定本学期的学习计划，每个人都拥有"私人定制"的课表。为了方便学生选课，罗素高中将所有学科按照领域、课程和模块三个维度划分为文学、数学、外语、宗教和哲学、环境科学、自然科学等13个领域，领域下设38门课程，每门课程又按内容分为多个模块，总计有300余个模块。罗素高中要求每个学生至少完成75个模块的学习，具体包括47个必修模块和28个选修模块。这样的教学方式显然可以精准定位每个学生的需求，最大限度地激发每个学生的潜力。

在罗素高中，很多课堂不再设有讲台和课桌，而是师生共同进行圆桌式讨论，在互动中开展教学。一位教学主管介绍说，学生将不再接受单独的数学、物理等课程的学习，学校尽可能进行多学科综合教学的尝试，同时注重把学习放到现实环境中，从解决问题的角度授课，做到真正的学以致用。

在这里，教育不是灌满一桶水，而是点燃一把火。因材施教的个性化教学在罗素高中成为现实。事实证明，改革后的新型教学制度是行之有效的。2016年11月14日，赫尔辛基教育局正式宣布，到2020年之前正式废除小学和中学阶段的课程式教育，转而采取实际场景式的主题教学。芬兰成为世界上第一个摆脱学校科目的国家，芬兰的教育改革也进入了深水区。

国际班的中国女孩：无差别对待让人少了压力多了平等

罗素高中由IB(大学预科的课程)国际班和普通公立班组成，学生来自天南海北。在楼道里等待上课的学生中，我们一眼就注意到有位黑头发的东方姑娘，她是来自

北京二中分校的张同学，一年前随父母来到芬兰，学习了半年以语言提升为主的初三课程后，进入目前所在的罗素高中 IB 班读书。

　　问起学校有多少国际学生，张同学说她也不清楚，因为学校从来不会刻意提及学生的种族和文化背景。霍卫宁校长也表示，学校里的任何人都是平等的，受教育以及享受教育资源的机会也是平等的，学校对孩子们一视同仁。张同学告诉我们，学校不会以成绩来区别学生，老师从不刻意出难题，拉开所谓优生和差生的距离，大部分学生的成绩也没有太大差距。没有成绩排名，也没有竞争气氛，学校的教学

我在罗素高中

理念是鼓励学生自由发挥各自的长处，保持高涨的学习热情。

几年前，芬兰开始了"现象教学法"的试验，现在赫尔辛基约三分之二的老师都在使用这种教学法。"现象教学法"把学生的认知作为教育的核心，致力于帮助学生实现认知提升、形成自我主见，摒弃了传统的知识灌输，从根本上颠覆了原有的分科教学方式。

罗素高中的教育者们很清楚，让每个学生在各个领域都达到同样高的水平是不现实的，但是可以帮助学生在自身水平上变得更高、更好、更强，引导孩子们学会尊重、平等地对待每个个体，这是芬兰教育近年来的追求。因材施教的教育思想带给学生的是满满的自信、健康的个性和宽广的胸襟，从而让学生终身受益。

探访期间，我们遇上罗素高中的一场考试。这场考试要持续 6 个小时，不少同学的桌子上放着零食和水，还有些同学干脆脱了鞋答题。考生都很专注，但是考场里没有我们熟悉的那种紧张气氛。罗素高中每个学年共有 5 个学期，每个学期的最

罗素高中的课堂

后一周一般是考试，通过考试后可以进入到下一阶段的学习。同学们都知道，考试只是检测阶段性学习成果的一种方式，绝没有"一考定终身"的生杀大权。

教育的最大保障：教师的待遇和政府的支持

芬兰教育的革新和取得的成就都是和教师分不开的。而在芬兰，想要成为一名教师并不容易，选拔标准甚至有点"高不可攀"。芬兰每年只有 10% 的硕士毕业生有机会成为中小学老师，入职前一般需要经过好几轮职业考试，还要通过面试。而一旦成为一名教师，你就可以享受和医生、律师一样受人尊敬的社会地位和优厚的工资福利。

芬兰老师一般每天只需要上 4 小时的课，其他时间要去深入了解学生、备课教研，每周还要有两小时专门用于职业发展进修。如此一来，老师对自己所教的学生往往

罗素高中校长和学生在接受我们采访

芬兰赫尔辛基图书馆

非常了解，而且也有时间、有能力针对学生的个人发展需要制定或修正课程，还可以根据学生的专长给出专业的意见，帮助学生设计未来职业发展规划。芬兰老师对自己的教学内容和方式拥有高度自主权，没有教学质量考核，没有督导，教学工作不受外界因素干扰。更关键的是，在这个提倡终身学习的年代里，芬兰老师从不落伍，许多已经拥有硕士学位的教师会申请攻读博士学位。有调查显示，芬兰年轻人最喜欢的职业之一就是教师，中小学教师的受尊重程度甚至超过了总统和大学教授。教师强烈的职业荣誉感和职业尊严是促使他们全身心投入教育工作的最大动力。

芬兰是一个北欧小国，自然资源无法和其他地大物博的大国相比。但是，芬兰

深知教育对于国家未来发展的重要性。芬兰前总理埃斯科·阿霍有句名言："创造新经济最重要的就是教育。"芬兰举国上下都把公民教育放到了一个至高无上的地位，并积极落实到国家各项政策和措施中。

　　作为一个高福利国家，芬兰在孩子的教育问题上向来慷慨。孩子刚出生，父母就能领到政府的津贴，其中就有一笔专门用于教育的补贴。补贴存放在孩子的账户里，父母可以到政府指定的书店、图书馆、美术馆等地去消费，保证专款专用。孩子正式上学后，在学校的所有费用如餐费、交通费、学费等一概由政府承担。如此一来，政府减轻了所有家庭可能因为孩子教育而带来的经济压力。在芬兰，教育公平不仅

赫尔辛基大学一角

仅是一句口号，而是深入到每一个芬兰人心中的神圣信条。即便在人口稀少、相对不发达的北极圈地区的学校，依然和首都赫尔辛基的学校保持同等的建设水准和师资配置。如果你问一个芬兰人，这个国家最好的学校是哪一所，他的回答可能会是：离我家最近的那一所。

教育投入是芬兰政府每年最大的开支之一。在芬兰，全国有 1000 多个图书馆，平均 5000 人就有一个，是全世界人均拥有图书馆最多的国家之一，芬兰人习惯了去图书馆借书来看。芬兰人热爱阅读也因此举世闻名，有调查说，芬兰 41% 的中学生最喜欢的休闲方式是阅读。我相信，芬兰孩子在国际测评中的突出表现和他们良好的阅读习惯是密不可分的。

芬兰人爱书绝不是做做样子，当其他国家缩减图书馆开支甚至关闭一些图书馆的时候，芬兰却反其道而行之。2017 年，芬兰投入近一亿欧元巨资建造了一个全新的现代图书馆。这座名叫"颂歌"的图书馆是为了庆祝芬兰独立 100 周年而建，于 2018 年底落成开放。对爱读书、爱借书的芬兰人来说，这无疑是一份厚重的礼物。图书馆里的儿童区、阅读区、视听区和公共区都设计得舒适、优雅。无论是流浪汉、普通人还是官员，都可以自由出入，在这里找到自己感兴趣的东西。孩子们可以在馆里玩游戏，成年人可以织毛衣、做饭。这是一座颠覆了人们传统观念的创意图书馆。

唯有来到芬兰，你才能更好地理解芬兰人的生活和思想。那些鲜花点缀的民宅，线条流畅、布满巧思的建筑，以及自行车道上骑行者的矫健身影，都在传递着人文的色彩和温度。从街头的艺人到庄严的教堂，从绿色出行的有轨电车到车水马龙的海港码头，再到安静宜人的图书馆，芬兰的气质都在以一种润物细无声的方式温柔流露，让我们感受到这个幸福国度的魅力，感知这个教育大国的卓越秘密。

颂歌图书馆入口处

颂歌图书馆内的旋转楼梯

唯美的童话与残酷的现实

> 他是在贫民窟中长大的，父亲是鞋匠，母亲是洗衣工，他硬是靠着自己的艰辛奋斗，爬到世界文学的巅峰。

很多游客到访丹麦首都哥本哈根时，都会把海边的美人鱼铜像作为观光的第一站。安徒生笔下关于小美人鱼的凄美爱情故事，是童话世界里的经典。我们在丹麦探访名校时，第一站去的是哥本哈根大学。虽然我们和普通游客走访的是不同的目的地，但我相信大家探访的目的应该是相同的，那就是追寻丹麦著名童话作家汉斯·克里斯汀·安徒生的足迹。

哥本哈根大学位于北欧和欧洲大陆的十字路口，是北欧最古老的大学之一。它建校于1479年，距今已有500多年的历史。因为历史上的纷争和战乱，哥本哈根大学的许多教学建筑都遭遇了严重破坏，其中包括著名的图书馆。但哥本哈根大学始终不屈不挠，孜孜不倦地寻求发展。从中世纪同教廷、国王的抗辩，到20世纪上半叶科学巨匠玻尔和爱因斯坦的学术争论，绵亘几百年的大学校史书写了一段探索真理、繁荣文化、开拓文明的教育佳话。迄今为止，该校共有30余位校友和教授获得过诺贝尔奖，当然也培养出了一代文学巨匠安徒生。

哥本哈根的小美人鱼铜像

　　安徒生 14 岁背井离乡，只身来到哥本哈根闯荡。他热爱文学创作，1828 年，考入哥本哈根大学之后，他的创作日趋成熟，最终写出了脍炙人口的《安徒生童话》。安徒生笔下的童话美好浪漫，他自己的一生却是坎坷艰难。这位被称作"丹麦国宝"的伟大作家在临终前曾对一位朋友坦陈："我为自己的童话付出了巨大的，甚至可以说是无可估量的代价。为了童话，我拒绝了自己的幸福，错过了一段可能获得快乐的时光。那时，尽管想象是那样有力、那样光辉，它也许还是应该让位给现实的。"

　　到底是什么力量支撑着一生尝尽苦难的安徒生初衷不改，取得了如此令人惊叹的文学成就呢？在短暂的校园访问中，我们没有找到太多安徒生的踪迹，于是我们决定利用不多的时间再去安徒生的故乡走一走。好在丹麦不算大，交通也便捷。我们乘汽车从哥本哈根出发，两个小时之后就到了安徒生的故乡欧登塞。安徒生故居博物馆静静地矗立在这个静谧的小镇上。

"因为我丑和贫穷，没人愿意嫁给我"

欧登塞宛如一个童话小镇，仅有的两个街区至今都完好地保持着安徒生时代的风貌。博物馆坐落在一条鹅卵石铺就的巷子里，是一座红瓦白墙的平房。入口处是一幅根据安徒生真实身高一比一描绘的画像：一米八五的颀长身形、深邃的眼窝、宽大的鼻子、细长的四肢和笨拙的手脚，按照当时的大众审美怎么也算不上英俊。有人认为安徒生的长相丑陋又古怪，甚至有些令人反感。不过，与他相熟的朋友并不这么认为，他们觉得安徒生的脸生动而充满智慧，神态庄重优雅，有独特的魅力。安徒生虽然认为自己仅靠外表不会吸引到任何异性，但据资料记载，他很喜欢照镜子，比较关注自己的穿着，也不排斥拍摄肖像照，如今留存下来的照片就有 160 张。尽管大家对他的外表褒贬不一，但这并不影响远道而来络绎不绝的膜拜者。

安徒生故居博物馆的 18 间陈列室里，展示着安徒生的主要作品手稿、不同版本的图书以及生前的日常用品。暗黄的纸张、依旧笔挺的礼帽、保存完好的西装和领结、

安徒生故居博物馆

一封封书信……安徒生的童话人生就这样在我眼前陡然生动起来。

尽管一生未婚，安徒生的感情世界并非一片空白，他对瑞典歌唱家詹尼·林德一往情深。这位才华横溢的歌唱家在少女时期就已蜚声国际。遗憾的是，詹尼·林德并未对安徒生炽烈的示爱做出任何回应。她仅在一次聚会中表示，如果要从所有丹麦人中选一个人做自己的哥哥，她会选择安徒生。这样的婉拒让安徒生倍感痛苦，他把那次聚会时的香槟杯保留了下来，以此来珍藏这段既甜蜜又忧伤的记忆。

当天，博物馆里的游客不算多，大家在安徒生的照片前长时间驻足，欣赏这位作家的风采。这位一头卷发、孑立瘦削的高个男子面容平和，习惯微微皱起的眉头似乎在期盼，亦仿佛是在思考。很多人说安徒生一生孤寂，郁郁寡欢，多次追求爱情却终究未能如愿，热情一次次被现实打击得粉碎。他在自传中却说："我的一生既幸运又坎坷，它本身就是一个美好、曲折的故事。"也许，敏感细腻的安徒生将

安徒生博物馆

现实的不如意化为创作的动力之一，在美丽的童话世界中寄托自己的美好向往。

"丰富的想象力和敏感的神经折磨着我"

"我像一潭水，一切事情都能引起我内心的波澜，一切事情都能在我身上投下倒影。这对一个作家来说，既是难得的天赋，又是一种折磨。"安徒生的这段自白在他的作品中有更加直接的体现。他在晚年时曾回忆说，自己这一生经常梦到一个小孩，有时小孩安静地在一旁，有时在自己怀中死去。有朋友解释说，安徒生显然是孤独的，但是这种孤独好像是注定的，无法改变，也无须改变。

安徒生喜欢独自旅行。"同样的风景，不同人会有不同的出发点，寻到不同的归宿。同样是旅行，一些人把它写进故事，拍成电影，一些人把它装进生命。旅行对我来说，是恢复青春活力的源泉。"安徒生如是说。的确，他在国外旅行的时间足足有9年，不仅去过欧洲很多国家，还到过亚洲和非洲，这样的长途旅行在当时并不多见。博物馆展示的安徒生旅行手稿中，他对每个去过的城市都有独特的观察和细致的描述。

欧登塞小镇

手稿上的褶皱好像穿越了时空，向游客们诉说着安徒生的足迹和心情。我也相信，在那些看似孤单寂寥的旅途中，有过欢欣，也蕴含力量。

"高贵的思想比贵族的血统更加重要"

安徒生出生于 1805 年，那时，欧洲儿童的存活率只有 60%，丹麦多数老百姓是大字不识的文盲，国王就等同于法律，科学技术发展刚刚起步，死亡和贫困问题十分突出。

在这样的大环境下，生活在社会底层的安徒生觉得十分苦闷。安徒生家境贫寒，父亲是鞋匠，母亲是洗衣妇，他出生时家里甚至没有一张床。早在童年时期，安徒生已经清楚感受到了人情冷暖和世态炎凉。博物馆中播放的电影名为《年轻的安徒生》，灰暗的色调或许更接近真实的历史：肮脏泥泞的路面、肉档上随意堆放的动物内脏以及工业革命时期整座城市上空弥漫不散的阴霾。

安徒生在童年时代没有接受过正规、系统的教育，但他从小就喜欢写一些小故事，

欧登塞小镇市场

有时记录下身边的人和事，有时则天马行空，字里行间都在描绘自己的想象和激情。14岁那年，一个来自哥本哈根的剧团来到他的家乡欧登塞演出，安徒生看过之后对戏剧产生了浓厚的兴趣，他决心勇敢地追随自己的内心，到哥本哈根去碰碰运气，说不定还能实现梦想，从而改变自己的未来。

来到哥本哈根后，安徒生一边干体力活谋生计，一边找机会揣摩戏剧，熟悉戏剧艺术。他一口气写了十几部剧本，但是都反响平平。这样辛苦爬格子的生活持续了好几年，终于，安徒生创作的《阿芙索尔》被一家刊物看中，刊登了其中的一幕。刊物出版后，皇家剧院的导演看到了这个穷苦少年的天分，要求剧院拿出一笔资金送安徒生去读书深造。

1822年，安徒生如愿进入教会学校读书。在学校里，他如饥似渴地阅读，整日与歌德、海涅、拜伦为伴，夜以继日地练习写作。机会总是青睐那些有准备的人，哥本哈根好几家有影响力的报纸、文学期刊接连发表了安徒生的诗歌和幻想性游记片段，他的作品相继出版问世，深受读者喜欢，获得了广泛好评，安徒生故居博物馆至今还保留着当年的剪报。1828年，安徒生顺利通过考试，被哥本哈根大学录取，随后进入童话创作的巅峰时期。

安徒生经历了童年时期的贫困如洗和少年时期的艰难营生，尽管饱尝人间冷暖，深知社会等级的残酷，但他始终坚信应该以才华和能力去评判一个人，而不是出身的高低。他曾说过，"一个人高贵的思想比贵族的血统更加重要"。安徒生即使身处黑暗的阴沟，也永远心向旷野的阳光，他的童话作品之所以感动了一代又一代读者，也是因为其故事里对善良内心的呵护以及对美好生活的向往。

"活着本身就是一个精彩的童话。"——《全家人讲的话》

"单是活下去还不够，必须有阳光、自由和一朵小小的花。"——《蝴蝶》

"只要你是只天鹅蛋，就算生在养鸭场里也没什么关系。"——《丑小鸭》

在丹麦生活期间，安徒生大部分时间住在哥本哈根的新港。如今，这里已经从繁忙的商业港口成为人们休闲的绝佳去处。运河两岸的房子色彩斑斓，大家在这里欣赏爵士乐、享用美酒和美食。安徒生住过的红房子早已被重新粉刷，走进房间，推开窗就能看到运河中来来往往的船只。一梦百年，沧海桑田，今天的世界与安徒

生当年所处的时代已全然不同，但漫步在新港，我依旧能在街头巷尾感受到安徒生的故事给我们带来的温暖和美好。

1875 年，安徒生因患肝癌逝世。作为丹麦伟大的童话作家，人类历史上最重要、最多产的作家之一，安徒生为世人留下了 156 个童话故事，《安徒生童话》至今已有 160 种语言的译本。除了《圣经》之外，没有任何一本书可以望其项背。此外，他还完成了 14 部长篇小说和许多短篇故事，以及大约 50 部戏剧、上千首诗歌、自传、随笔及诙谐有趣的小短文。

《我的一生：安徒生回忆录》一书的推荐语是这么说的：

他是在贫民窟中长大的，父亲是鞋匠，母亲是洗衣工，他硬是靠着自己的艰辛奋斗，爬到世界文学的巅峰。

他笔下的故事，有些极度悲观，主角落入不幸的结局中，但更多的是体现真善美最后必胜的"乐观信念"。

他是无数贫寒子弟心中的一盏"长明灯"。

哥本哈根大学的学生和穿越队员在一起

百年不衰的诺贝尔奖

> ■ 诺贝尔奖的发展历程正是人类奋斗、求知、仁爱的百年史！

　　诺贝尔奖自1901年首次颁发以来就备受世界瞩目，至今没有其他奖项可与之媲美。它包括生理学或医学奖、物理学奖、化学奖、文学奖、和平奖等奖项，贯穿多个自然和人文学科，代表着世界学术至高无上的荣誉。每年诺贝尔奖的揭晓都吸引着全球媒体和公众的目光。

　　2017年9月，我们从赫尔辛基飞抵斯德哥尔摩，希望在这里探寻诺贝尔奖的前世今生，也期待去了解瑞典教育的特色。斯德哥尔摩位于瑞典东海岸，坐拥2.4万个岛屿，有"北方威尼斯"之称。城市内水道纵横，大大小小的岛屿由70多座大桥连接在一起，犹如天幕中镶嵌的群星，散落在茫茫无际的湛蓝之中。这座美丽的城市就是诺贝尔奖创始人阿尔弗雷德·贝恩哈德·诺贝尔的故乡。

不可错过的诺贝尔博物馆

　　诺贝尔博物馆坐落在古色古香的斯德哥尔摩老城区，与瑞典皇宫、国家博物馆相邻。走近后你会发现，博物馆并不如想象中那么恢宏壮丽。入口只是一扇普通的玻璃

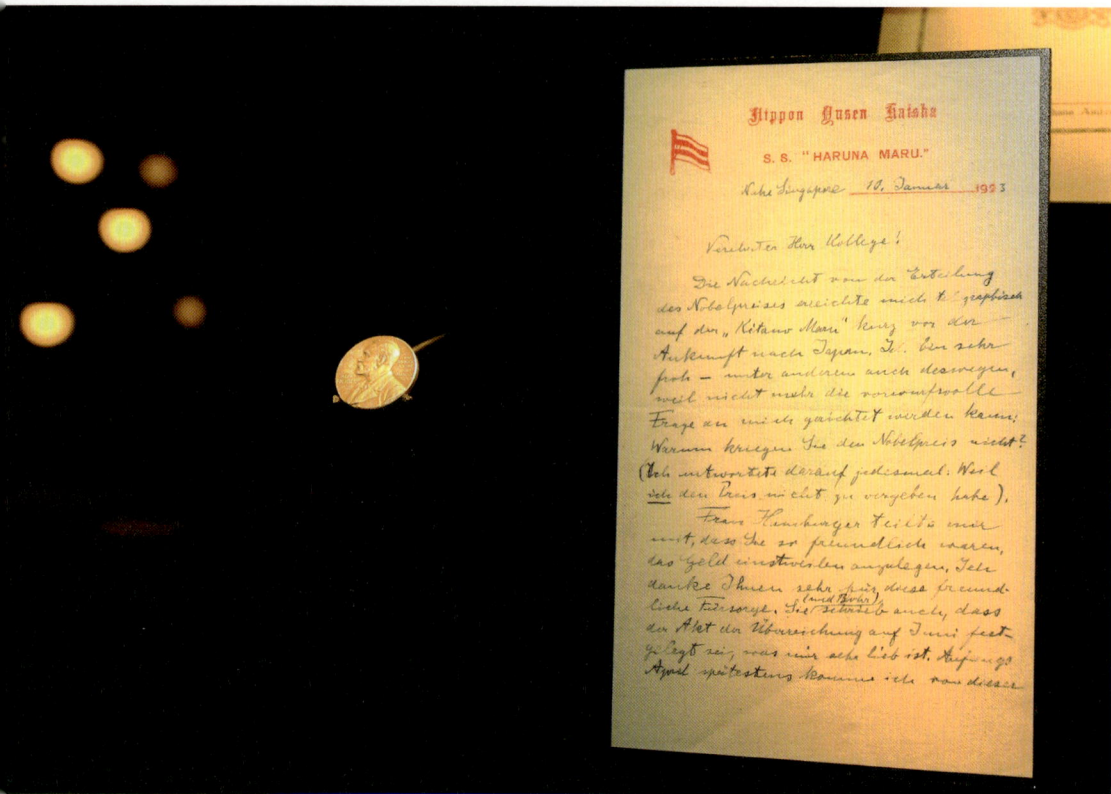

诺贝尔奖得主的手稿

门，参观者有序地排队购票进入。展厅面积大约 500 平方米，庄严而简朴，分为历届获奖人物介绍、诺贝尔奖得主私人物品展览、颁奖典礼影像资料、纪录片展映、书籍及纪念品商店和咖啡厅。

走进主展厅，诺贝尔奖百年发展史就在眼前生动地展开。青霉素的发现、晶体管收音机的发明、柏林墙的倒塌、数码相机的问世、"一战"中红十字会的卓越贡献……一个个具有划时代意义的历史事件见证了人类文明不断向前发展。罗曼·罗兰、泰戈尔、叶芝、萧伯纳、艾略特、海明威……不同时期的文学巨匠以其伟大的作品丰富着人类的精神世界。让人不得不感慨，诺贝尔奖的发展历程正是人类奋斗、求知、仁爱的百年史！

诺贝尔奖得主私人物品展览是博物馆的一大亮点，一顶帽子、一条围巾、一双鞋子，简朴的生活琐物让游客们在脑海里想象着诺贝尔奖得主们的生活和工作状态；而他们用过的一把剪刀、一辆自行车、一沓稿纸可能就在向我们诉说着某个重大发明

前一次可爱的灵感。

在工作人员讲解的过程中，一名游客提出疑问："诺贝尔为何不设立数学奖？"博物馆讲解员表示，诺贝尔在其遗嘱中明确提出设立的奖项反映了其本人的研究兴趣

和关注点，但诺贝尔并没有解释其中的原因。有说法称，之所以没有设置诺贝尔数学奖是因为诺贝尔与当时一位杰出的数学家发生过冲突，但并没有证据证明这一点。

　　同行的同事也提出了一个疑问："诺贝尔经济学奖与其他奖项的性质和分量一

诺贝尔奖颁奖庆典晚宴主办地蓝厅一角

样吗？"我们在博物馆的自助答疑机中找到了答案：诺贝尔捐赠自己 95% 的财产用于奖金的设立，目的是为了表彰全世界范围内，在物理、化学、生理学或医学、文学、和平五个领域的突出贡献者。1968 年，瑞典国家银行为纪念阿尔弗雷德·诺贝尔设立了诺贝尔经济学奖。1969 年，瑞典国家银行成立 300 周年庆典之际，诺贝尔经济学奖首次颁发。然而，在大众的认知中，只有诺贝尔本人在遗嘱中明确提出的五个奖项才能称为"诺贝尔奖"。

诺贝尔：我是世界公民，应为人类而生

诺贝尔的父亲是位发明家，对火药武器研发很有兴趣，同时富有创业精神，生意涉及军火、石油，巅峰时富可敌国，落魄时曾两度破产。诺贝尔早年的理想是当个作家，然而父亲却把他送到国外学习，希望他成为一名化学工程师。

自 17 岁开始，诺贝尔就在父亲的安排下游历欧洲与美国。与此同时，他还在父亲的化学工厂和实验室里实习，年纪轻轻就对研制炸药产生了浓厚兴趣。他经过多次试验，其间发生了好几次事故，终于将硝酸甘油制成了安全炸药。此后，诺贝尔的工厂开遍欧洲 20 多个国家，雇用了上万名工人。

1896 年诺贝尔去世时，早已成为一代工业巨富，名下有 90 家工厂、355 项专利，个人财产达 3000 多万克朗，这在当时是个天文数字。诺贝尔一生未婚，也没有子女，他在弥留之际留下了一份遗嘱，将财产用于设立奖金基金，也就是今天的诺贝尔奖。

奖金设立后，首次颁发的单奖金额为 150782 克朗，相当于当时一个普通工人 100 年的工资，此后奖金金额更是连年上涨。如今，3000 多万克朗发了 117 年，不仅没用完还增值近百倍，这全靠科学的投资理财。

哪些人有资格获得诺贝尔奖呢？遗嘱中这样表述——

"所有剩余的可变现资产将按以下方式分配：由我的遗嘱执行人将资金转换为安全证券，设立基金，其利息将作为奖励，每年给予那些在上一年为全人类最大利益做出贡献的人。

利息平均分成五份，分配如下：

一份给予在物理学领域有最重要发现或发明者（奖项由瑞典科学院颁发）；

一份给予做出最重要化学发现或改进者（奖项由瑞典科学院颁发）；

一份给予在生理学或医学领域做出最重要发现者（奖项由斯德哥尔摩卡罗琳斯卡医学院颁发）；

一份给予在文学领域创作出具有理想主义色彩的最杰出作品者（奖项由瑞典文学院颁发）；

一份给予为增进各国间的友谊、取消或裁减常备军、建立和促进和平会议做出最多或最佳努力者（奖项由挪威议会遴选出的五人委员会颁发）。

我明确希望授予奖励时不考虑（获奖人的）国籍，将奖励颁给最有价值的人，无论他们是否是斯堪的纳维亚人。"

根据诺贝尔的遗嘱，在评选的整个过程中，获奖人不受国籍、民族、意识形态和宗教信仰等任何外部因素的影响，评选的唯一标准就是本人的成就和贡献。

然而，遗嘱公布后却引起舆论哗然，当时很多人认为，不把遗产捐给瑞典就是不爱国。诺贝尔在遗嘱中委托瑞典皇家科学院评定物理学和化学奖金，结果院长主张把诺贝尔的财产捐给瑞典皇家科学院，还拒绝参加研究评奖细则的会议。后来经过遗嘱执行人的不懈努力，瑞典国王在 1898 年宣布遗嘱生效。1901 年 12 月 10 日，诺贝尔奖首次颁发。

近年来，诺贝尔奖带给广大中国人的深刻记忆应该是莫言和屠呦呦获奖。2012 年 10 月 11 日，莫言因为其"以魔幻现实主义融合了民间故事、历史与当代"而获得诺贝尔文学奖；2015 年 10 月 5 日，瑞典卡罗琳斯卡医学院在斯德哥尔摩宣布，中国女科学家屠呦呦和一名日本科学家及一名爱尔兰科学家分享 2015 年诺贝尔生理学或医学奖，以表彰他们在疟疾治疗研究中取得的成就。

莫言在瑞典文学院报告大厅发表诺贝尔文学奖获奖演说时，对来自世界各国的文学家、文学爱好者和学生们说："我是一个讲故事的人。因为讲故事我获得了诺

贝尔文学奖。我获奖后发生了很多精彩的故事，这些故事，让我坚信真理和正义是存在的。今后的岁月里，我将继续讲我的故事。"

莫言的文学跨越国界，成为全世界人民共享的精神财富。如今，不论是文学、医学，还是物理、化学领域，世界各国间的交流与融合无时无刻不在发生，不同国家的科学家们为了感兴趣的课题组成科研小组，发挥各自的专业特长，去啃科研中的"硬骨头"，而所有科研成果的受益者将是全人类，不分国界。

百年之前的诺贝尔没有将奖项局限在本国，而是决定奖励推动了人类社会进步、来自全世界的杰出人才。他说："我是世界的公民，应为人类而生。"这样的远见和胸襟让人敬佩，这也是诺贝尔奖百年来长盛不衰的重要原因！

你了解瑞典的大学教育吗？

根据世界经济论坛的报告，瑞典多年来一直被评为世界十大最具竞争力的国家之一。这是因为瑞典经济实力雄厚，社会制度公平，福利水平高，自然环境保护得当，科研与实际应用结合紧密，创新成果领先。

只有 1000 多万人口的瑞典，孕育了汽车品牌沃尔沃、家居品牌宜家、时尚品牌 H&M 和空气净化品牌 Blue Air。此外，起搏器、安全带、拉链等发明也来自瑞典。这种令世界瞩目的创造力从何而来？我们期待从瑞典教育中探究一二。

瑞典拥有历史悠久的大学教育，在全国 40 多所大学中，乌普萨拉大学成立于 1477 年，历史最为悠久。隆德大学常年稳居世界百强名校之列，瑞典皇家理工学院和乌普萨拉大学紧随其后。除此之外，卡罗琳斯卡医学院、斯德哥尔摩经济学院、哥德堡大学等院校在专业领域成果斐然，尊重学生的独立思考，注重培养批判性和创造性思维。

每年的诺贝尔奖颁奖典礼前后，瑞典的大学都会举行一系列的庆祝活动。学生可以申请花 50 克朗（约人民币 36 元）买一张诺贝尔奖晚宴的门票，如果有幸被选中，将与诺贝尔奖得主、瑞典皇室成员和世界政要共享佳肴。

瑞典大学校园里的学生活动丰富多彩

　　此外，大多数诺贝尔奖得主将在颁奖典礼后被邀请在瑞典各个大学举行巡回讲座，学生将有机会与他们近距离接触，甚至在提问环节面对面直接交流。斯德哥尔摩大学、卡罗琳斯卡医学院和皇家理工学院还会组织一年一度的"睡帽派对"，与诺贝尔奖得主一起庆祝到深夜。诺奖在瑞典各个大学备受追捧，也折射出当地高等教育体系一贯尊崇知识、学术、科研的价值文化导向。

　　自 1901 年诺贝尔奖首次颁发以来，除因战时中断，每年的 12 月 10 日，颁奖典礼都会如期在斯德哥尔摩音乐厅举行，晚宴则在市政厅进行。每年的这一天，诺

贝尔奖得主、瑞典皇室成员、政府官员、各国外交使节等上千人相聚在市政厅的蓝厅，享用瑞典手艺最棒的厨师精心烹制的佳肴。

据市政厅工作人员介绍，挑选负责制作晚宴的厨师和选择菜品就要花去半年时间，需要经过反复比较、推敲后才最终确定。2018 年，3 亿人观看了诺贝尔晚宴直播，被称为"全世界最受关注的晚餐"。

每年诺贝尔盛宴之后，当地的 Stadshus Kallaren 餐厅会按照当年晚宴的菜单，适时推出同款大餐，提前一个星期预约即可。我们探访时也顺便体验了一把诺贝尔奖得主食用的美味，真是有趣的经历！

餐厅墙壁上悬挂着历届诺贝尔奖得主的照片，每把椅子下都有获奖者的亲笔签名，而餐具则是当年晚宴使用过后迁移至此，十分难得。菜单上只有瑞典语，我看不明白，只记得满桌的传统北欧美食。有意思的是，餐后咖啡搭配的诺贝尔奖章巧克力，同行的好几位同事都舍不得吃掉，打算带回去送给家人、朋友，或是自己留作纪念。

在瑞典的行程结束了，这里的所见所感都与诺贝尔有关，一切都在告诉我们——永远不要放弃对知识的渴望，对美和爱的追求以及人类发自本能的同理心。无论兴趣何在，我们的视野都应该比眼前的世界大一点，再大一点。唯有心系寰宇，才有远走的冲动；唯有心怀苍穹，才可走向远方。

瑞典首都斯德哥尔摩

奖学金与校友捐赠之路

>> ■ 如今，获取捐赠越来越被世界一流大学看重，捐赠资金是保障大学学术自由以及财务安全的必要手段，同时，它也可以提升一所大学的社会声誉和排名。

2018 年 9 月，我们来到位于休斯敦的莱斯大学。

莱斯大学仅有 3900 名在校本科生，在教育上实行研究与教学并重的策略，是一所世界著名的私立研究型大学，与其他三所位于美国南方的大学——北卡罗来纳州的杜克大学、田纳西州的范德堡大学和弗吉尼亚州的弗吉尼亚大学并称为"南方哈佛"。

在我们寻访莱斯大学前夕，学校刚刚宣布，自 2019 年秋季开始，家庭年收入在 13 万美元以下的学生，入学时学费全免；家庭年收入 6.5 万美元以下的学生，除了免学费以外，食宿等杂费均可免除。同时，这项新政也惠及中产家庭的孩子，家庭年收入在 13 万至 20 万美元之间的学生将有机会得到奖学金，金额相当于一半的学费。时任校长的大卫·布朗在接受媒体采访时表示："学校推动减免学费新政，因为人才需要机会。"

减免学费并非莱斯大学首创。早在 2018 年 8 月，纽约大学就曾宣布，所有能够成功申请进入医学院的学生，无论成绩好坏、家庭贫穷抑或富有，都将获得全额

莱斯大学

奖学金，免去一切学费，当年已经付费的学生则可以申请全额退款。

减免学费政策的出台是为了缓解近年来美国大学高昂的学费给学生及其家庭带来的压力。美国劳工统计局的数据显示，在 2006 至 2016 年间，美国大学学费攀升了 63%，住宿费提高了 50%，私立大学学费如今动辄高达每年五六万美元，许多学生不仅背负着沉重的学业贷款，还要在紧张的学习生活之余做兼职以赚取生活费。

以医学院为例，2018 年美国公立大学医学院的平均学费高达每年 34592 美元，其中大学所在州外的学生和国际学生则要每年支付 58668 美元，而私立大学的医学专业学费更是 6 万美元起步。在寸土寸金的纽约，要想读一个医学博士，需要几十万美元，对很多家庭来说这可不是一个小数目。由于学生背负着沉重的经济压力，所以他们更倾向于选择那些高回报的细分领域，如神经外科、口腔科等专业，而家庭保健、妇科、产科、儿科医学专业却连年遇冷。为了改变这一现状，使大众公共卫生服务领域吸引到更多优秀人才，纽约大学投入 6 亿美元开启了学费减免计划。

减免学费的举措带来了一系列的连锁反应。密尔斯学院是一所仅有 1300 名

本科生的女校，曾被《普林斯顿评论》评为美国最环保的学院之一，学费从每年45000美元降至29000美元。一些大学也开始尝试针对特定学生群体减免学费。欧道明大学是美国弗吉尼亚州最大的公立高校，拥有两万多名在校生，校方提出为积极服兵役的学生减免28%的学费。美国首都大学是北美地区最大的路德教附属大学，规定父母在非营利机构或公共服务领域工作的学生学费减半。

纽约大学朗格尼医学中心董事会主席隆格纳在一次媒体采访中说："得益于股东、校友、朋友的慷慨捐赠，医学院的免学费计划得以顺利落地，期待各专业都可以吸引更多来自不同阶层的优秀申请者，我们希望成为全国范围内医学院转型的先驱和催化剂，鼓励学生们过上更加自主、更有价值的人生。"据报道，隆格纳本人曾是美国家得宝公司联合创始人，与太太一起捐赠了1亿美元给纽约大学。除此之外，学校已经募集了4.5亿美元的捐款。

在国外大学的发展历程中，校友捐赠往往起到了举足轻重的作用，这被看作是彰显学校综合实力、教育教学质量、先进校园文化和社会影响力的核心指标，已经成为评价世界一流大学综合办学水平、校长工作成效和学校凝聚力的重要标准。

我曾经去过哈佛大学的安能堡厅。走进大厅的一瞬间，你就会情不自禁地惊叹于那高耸的穹顶、五彩斑斓的玻璃花窗、精雕细琢的蓝色天花板、古朴的木质桌椅以及一件件让人赏心悦目的绘画、雕塑作品——这里太像"哈利·波特"系列电影中的霍格沃茨魔法学校大礼堂了！自初建的校友大厅，再到今天的哈佛大学新生餐厅，安能堡厅已经走过了近150年的历史，其间曾一度被弃用，直到1996年安能堡公司的创始人为了纪念毕业于哈佛大学的儿子，慷慨捐资之后才作为大一新生餐厅重新投入使用，安能堡厅也因此如老树发新枝，得以续写传奇。除了美轮美奂的装饰和美味可口的佳肴之外，餐厅同时还是一个真正的历史博物馆，这里收藏了20幅描摹美国内战士兵的油画，有18面来自19世纪的花式玻璃窗和25件雕塑作品，包括哈佛大学创始人、著名捐赠者、知名教授和校友的雕像，以及美国第二任总统约翰·亚当斯的塑像。

哈佛大学的安能堡厅能迎来第二春并成为哈佛大学校园里的著名景观，得益于校友家庭的无私捐赠。事实上，成立于1636年的哈佛大学也是美国大学捐款制度的先行者。1638年，一位名叫约翰·哈佛的波士顿牧师（此人毕业于剑桥大学）临

哈佛大学安能堡厅

终之际把毕生一半积蓄捐给了当地一所名叫"新市民学院"的学校，包括800多英镑和400本书。1639年，马萨诸塞海湾殖民议会决定将这所学校命名为哈佛学院，即后来的哈佛大学。哈佛大学的捐赠传统由此延续至今。目前，学校300多亿美元的基金就是来自哈佛毕业生和社会各界的慷慨捐赠，这是哈佛大学持续发展的重要保障。华人在校友捐赠上亦有重要贡献。2014年9月，香港恒隆地产陈启宗、陈乐宗兄弟通过家族基金"晨兴基金会"向哈佛大学公共卫生学院捐赠3.5亿美元，创下哈佛校史上金额最大的单笔捐款纪录。

从毕业生到捐赠者，这中间往往需要很长一段时间。美国大学的校友会专门负责追踪校友的成长轨迹，在其毕业之后长达几十年的时间里维系毕业生和学校之间长期联系的通道，尽己所能支持和帮助校友的个人发展，校友也很乐意回馈母校。哈佛大学优秀毕业生众多，走出了无数政治家、艺术家、企业家、教育家以及各行各业的精英，早年他们在哈佛大学受教，如今已经成为学校最宝贵的财富之一。捐赠行为常常被理解为富豪的专利，但事实并非如此。无论是社会名流还是默默无闻

斯坦福大学毕业生捐建的教学楼

的普通人，无论是亿万富翁还是普通的工薪阶层，都可以用捐赠作为对母校的情感表达。

如今，获取捐赠越来越被世界一流大学看重，捐赠资金是保障大学学术自由以及财务安全的必要手段，同时，它也可以提升一所大学的社会声誉和排名。《美国新闻与世界报道》每年发布的世界大学排行榜，会把办学资金来源以及校友捐赠作为评判世界一流大学的重要指标。

近年来，捐赠行为也开始走进中国大学，走进国内公众的视野。据北京大学教育基金会网站公布的新闻，仅2018年北京大学120周年校庆之际，学校就获得超20亿元人民币的捐赠。此外，在官方颁布的"985工程"大学三期评价指标体系中，也增加了"学校获得的捐款在学校经费中所占的比例"这一新指标。除北京大学、清华大学、中国人民大学、武汉大学这些传统名校获得校友大额捐赠外，国内其他大学也不时传来好消息。

据《2018中国大学评价研究报告——中国高考志愿填报指南（校友会版）》介绍，在1980年至2017年，除去软件类捐赠外，全国高校累计接受国内外社会各类捐赠总额高达773亿元，其中校友捐赠251亿元，约占总额的32.47%。获得捐赠总额在50亿元以上的高校有2所，20亿元以上有10所，10亿元以上有15所，5亿元以上有33所，1亿元以上有89所。其中，陈一丹单笔捐赠20亿元，创中国高校获社会单笔捐赠最高纪录；复旦大学卢志强捐赠10.43亿元，创中国大学校友捐赠最高纪录。

2018年，李嘉诚基金会宣布将在汕头大学首推本科生学费全额奖励计划，覆盖2019级至2022级所有本科生，支持他们完成四年学业，这项计划每年预算1亿元人民币。消息一出，立刻在全网炸开了锅，有人羡慕嫉妒恨，有人遗憾没有晚一点上大学，有人表示想重新读大学，也有人预言未来汕头大学的录取分数线会逐年上涨。学校利用捐款为学生免去学费，经济压力不再成为学生报考、学习以及就业选择的制约因素，这样也就带来人才发展多样性的光明前景以及教育教学改革的更多可能。"大学免学费"终于开始在国内出现了，我们没有理由不对未来的教育实践和人才培养更加充满信心！

我们在探访名校的过程中，发现无论是美国、英国、加拿大还是澳大利亚，很多学生都会对母校有一种特殊的情结，即"School Pride"（母校的荣光）。学校设身处地为学生考虑，减轻年轻人的经济负担，学生就能更加专注于学业，跟随内心的热爱，同时对母校的认同感必然也会更加笃定，在未来就会有更强烈的意愿以捐赠等方式回馈母校。如此一来，校友和学校之间的情感联结就更为紧密，精神世界更为交融。这些当年稚嫩的年轻人，若干年后提笔书写母校的荣光。

有分析称，减免学费的举措还可能引发更多的大学去推动学费制度的改革，在未来也许会成为高等教育发展的一大趋势。这或许就是名校责任和济世精神的一种体现，当新的社会问题出现时，果断地放下眼前短期的经济考量，从每位学生长远的个人发展需要出发，从国家人才储备的高度布局，勇于做改革的先驱。大学，聚集了多少知识分子和年轻学子，凝聚了多少智慧，就肩负着多沉的重任。

顶尖学府承载着一个民族的良心，若它们都没有为国家计深远的责任和能力，还有谁会有呢？

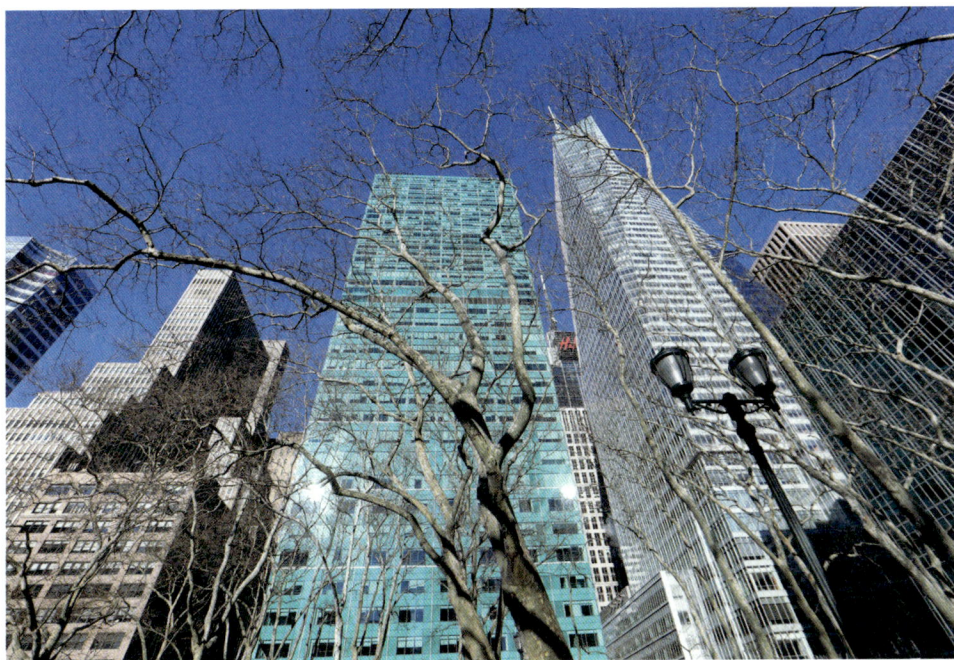

纽约大学所在地曼哈顿

胸怀世界的志愿者

>> ███ 在美国高校，学生的志愿者活动广泛而深入，参与公益活动对大学生而言已是一种习惯，或者可以说是一种生活方式。

2018 年，我们参观美国杜克大学时，工程学院大三女生娜塔丽雅向我们介绍了自己的一次志愿服务经历，让我印象十分深刻。她说："我曾经读过一篇新闻报道，洪都拉斯 70% 的人口无法获得清洁水资源，导致肾脏疾病的发病率连年高居不下，已经给很多人带来致命的伤害。我就在想，能不能利用我的工程学知识去做点事情。"

作为拉丁美洲最脆弱的经济体之一，洪都拉斯 70% 的人口极度贫困，迫切需要外界援助。娜塔丽雅联系了几位工程和环境专业的同学，和他们说了自己的设想，大家一致认为这是一件值得投入精力去做的事。他们通过非政府组织完成前期调研，形成项目计划书，获得了学院的资金支持，终于进入了项目实施阶段。娜塔丽雅和同学们以志愿者的身份来到了洪都拉斯的一个村庄，开始项目试验，从水源地介入管理，为生活用水、工业用水、农业用水建立不同的检测标准，帮助村民搭建家庭用水过滤系统。历时四个月，项目成果初显，被当地政府认定为可广泛推广的轻量型水资源净化系统。

这个小故事让我很感动，名校学生的社会责任感跨越国界，我想这一定与名校的教育理念密不可分。杜克大学坐落于美国北卡罗来纳州的达勒姆，是一所世界顶级的研究型大学，古朴的校园建筑富有厚重的历史感，现代的精神内核强调舒适与高效，杜克大学校园的每一处都是风景。因为连续多年出色的综合表现，杜克大学被外界称为"南方哈佛"。对于这一殊荣，杜克学生却不以为然。他们说，杜克就是杜克，哈佛大学才是"北方杜克"，杜克学子对学校的归属感、认同感和信心溢于言表。

在参观校园时，忙碌的实验室、激烈的小组讨论、充满科技感的项目研发中心都让人感受到这所大学满满的活力和创造力！"Play·Passion·Purpose"目前被认为是精英教育的有效培养方式：激发兴趣、点燃激情和赋予使命。杜克大学正是这样做的——鼓励学生们关注贫困地区发展，尽己所能地为这个世界上有需要的人们付出努力。同时，学校强调培养学生动手和解决实际问题的能力，让青年人在实践中成长。就在2019年，杜克大学的学生还将医学院与工程学院共同研发的用于阻止艾滋病病毒传播的新设备带到了非洲国家。

而在哥伦比亚大学，将科研成果应用于实践，去帮助那些有需要的人，用自己的努力改变世界，是哥伦比亚大学对学生们的期许。哥伦比亚大学国际关系和公共事务学院鼓励学生们去世界各地，尤其是走访经济欠发达地区，真正了解当地风土人情和发展症结所在，发挥自己的专业知识去为这些地方做一点推动和改变。学院一层大厅保留着每一届学生到各地考察的影像资料：有人去了南美洲的乡村小学，将3D打印技术分享给当地的孩子们；有人到非洲协助非政府组织做水资源净化项目；有人从中国、印度、日本访学归来，带回关于亚洲现状的调研报告。

在美国高校，学生的志愿者活动广泛而深入，参与公益活动对大学生而言已是一种习惯，或者可以说是一种生活方式。同时，学生的志愿服务是被纳入法律及社会保障机制的。例如，学生想报考一所好大学或申请奖学金，不但学习成绩要好，还要经常参加社会活动、做义工。美国教育界认为，志愿活动可以反映出一个人是否具备创新和领导才能。有些学校甚至在高中阶段就要求学生参与社会服务，并将其作为毕业的一个必要条件。

美国公益组织曾对 33 所美国 TOP 50 大学的招生官做了一次调查，多数招生官希望看到学生在公益服务中主动地去发现问题，尝试创新的解决方案，积极地采取行动，成为创新者与领导者。早在 19 世纪初，美国就已经有成熟的志愿服务体系。1818 年，纽约救贫协会把纽约市划分为许多个小社区，指定志愿者到各社区从事服务工作，熟悉所在社区的居民情况，访问贫困家庭，指导他们从事适合的经营和工作，帮助其掌握一定的工作技能。到了 19 世纪末至 20 世纪初，欧洲一些国家通过了一系列社会福利方面的法律法规，除了需要大批具有职业精神的社会工作者去落实，也需要动员和招募大量的志愿人员投身于相关的社会服务工作之中，志愿服务逐渐受到了政府的重视和鼓励。20 世纪 70 年代以来，大规模、有组织的志愿活动开始在全球范围内蓬勃兴起。1985 年，第 40 届联合国大会通过决议，确定每年 12 月 5 日为"国际志愿者日"。如今，志愿服务已经成为国际社会衡量一个国家和地区文明水平的重要标志，大学生等青年群体作为志愿服务主体，其水平也直接影响或者反映了整个社会志愿服务的水平。

2019 年 5 月，我们在澳大利亚名校之旅中访问了墨尔本大学，在这里就读的中国留学生佳仪带我们参观了古色古香的校园，她向我们介绍了中国留学生引以为豪的支教社。地处南半球的墨尔本大学在每年 11 月到次年 2 月，会迎来长达 3 个月的暑假，中国支教社便利用这段时间，组织社团成员参与回国支教的活动。佳仪在 2017 年、2018 年都曾回国到海南、贵州等地区支教，每次是 3—5 周的时间，主要是教当地的留守儿童学英语、美术和音乐。同行者以中国留学生为主，通过这种方式，他们和祖国建立了一种更深刻的情感连接。支教队员之间也培养了更加深厚的情谊，回到澳大利亚之后，共同去影响更多的中国留学生。

不仅是中国留学生，也有很多对汉语掌握程度较高、达到八级以上水平的外籍华人或国际留学生加入进来。在 2018 年的支教团队中，有一位特殊成员——托尼。他的爷爷是英国人，奶奶是华人，他有四分之一的华人血统。出于对中华文化的热爱，托尼自小就学习汉语，到墨尔本大学后，他加入了中国支教社，成为一名国际义工。

"国际义工"近年来颇受青年人和留学生的青睐，他们通过间隔年（gap year）的形式，在非洲、东南亚或其他发展中国家和地区做志愿服务。志愿者融入当地群体，直面社会问题，更了解人与人之间的差异和联结。这些经历能够提升他

杜克大学的实战课堂

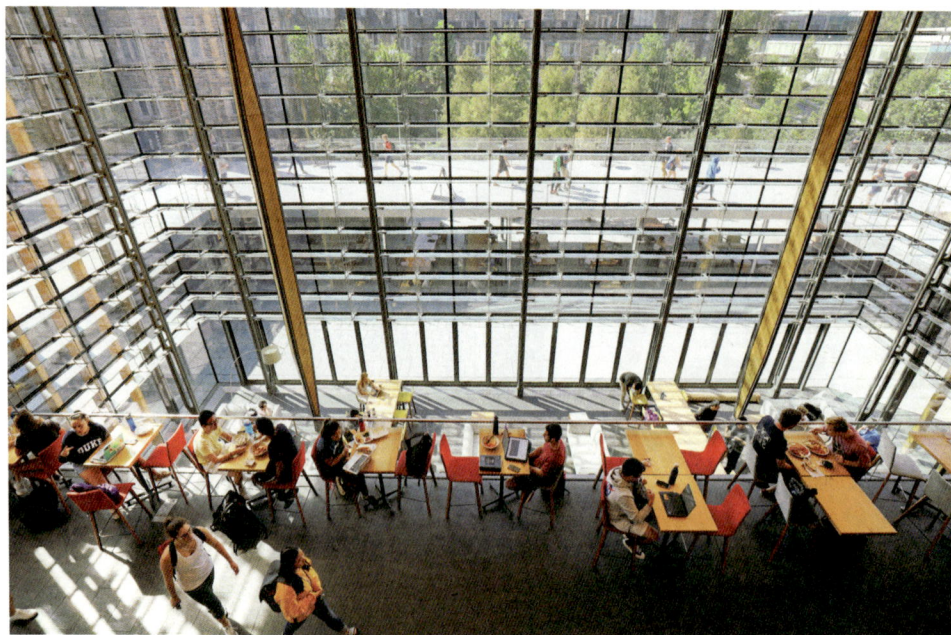

杜克大学餐厅

们的情商，培养同理心，提高解决问题的能力，丰富人生经历。

走在墨尔本大学校园里，我们注意到一间咖啡屋人气很旺，叫 House of Cards（纸牌屋），和几年前在中国很火的美剧名字相同。我本以为这只是单纯的"标题党"，蹭电视剧的热度。经过详细询问后才得知，原来这个咖啡店是通过扑克牌来叫号的。学生们拿到咖啡后，店家不会直接收回扑克牌，而是鼓励大家将扑克牌投入到咖啡馆四个箱子中的一个，代表着支持一个公益项目。店主会从咖啡的收入中提取 15% 的比例，捐赠到相关的项目中。这意味着你每消费一杯咖啡，就为相关的慈善事业做了一份小小的贡献。在大学校园里设置这样的项目，能够在日常生活中唤起学生们的责任意识。

美国前总统奥巴马就曾经是一名社区义工。1983 年，奥巴马取得哥伦比亚大学文学学士学位之后，成为芝加哥一名社区组织者，虽然收入微薄，他却一直认为这是"曾受到的最好训练"，后来他还把这段时间定性为一种"寻根式"的精神觉醒。在芝加哥做了 3 年义工后，奥巴马进入哈佛大学法学院学习，于 1991 年获得法学博士学位。毕业后，他又回到芝加哥专门从事民权诉讼，开始了多年的"穷人代理人"

抱着自己作品的墨尔本大学学生

生涯。1996 年，奥巴马凭借其社区工作经验，从芝加哥第 13 区被选入伊利诺伊州议会，从此进入政坛，最终成为美国第 44 任总统。奥巴马后来回忆说："正是这几年社区工作的经历，让我深刻理解了美国的底层社会和民众，培养了一种亲民思维，这非常重要。"

在留学期间，许多同学会从事一些志愿者工作。这类工作通常没有或只有很少的报酬，却需要投入大量的时间、精力和热情，但我鼓励中国的留学生在学习之余多去参与一些这样的活动，去体验作为志愿者的快乐和精彩。做一名志愿者，可以让你深入当地人的生活，从"旁观者"转变为"参与者"；可以开阔眼界，更懂得世界的复杂和多元之美，享受更多精彩；让你有机会学以致用，通过实践验证所学、了解不足，成就更好的自己。更重要的是，这样的经历会让你换一个视角看世界，多关注不同群体的生活状态，更理解这个世界的诸般模样，更多地用同理心去对待身边的人和事，更加理性平和、开放包容。毕竟，对年轻人来说，你们不仅是这个世界的体验者，也是未来时代的建构者，不辜负这个世界，也就是不辜负自己。

墨尔本大学校园一角

起源于古希腊的西方文明主要由两大传统组成：一是探究自然奥秘的科学精神；二是强调公平竞争的奥林匹克精神。当今世界一流大学都秉承了这两种传统，既重视科学研究的进步，又崇尚体育精神的传承，两者相得益彰。

◎ 捷克布拉格的史塔赫夫图书馆

人类文明的珍宝盒

》 ■■■ 大学图书馆有传统的延续，也有现代的设计。无论是因循守旧还是革故鼎新，都在以自己的方式传播着知识。

国外许多名校的校园里没有拔地而起的高楼大厦，也没有高大围墙和华丽校门。这些名校不是没有追求，而是把有限的资源放到了他们认为最重要的投资上，比如学生宿舍、餐厅、学生中心、运动中心以及图书馆等项目，因为这些地方是同学们平时逗留时间最长的地方，或许不是学校的门面，却是学校的里子。

爱因斯坦曾经说过，"我们唯一必须知道的东西，就是图书馆在哪里"。走访大学期间，我总喜欢去图书馆看看，这是校园里一道独特的风景线。

在德国的柏林洪堡大学参观时，我被所见所闻深深震撼。"巨大的场馆和特定的设计让读者感觉似乎坐在苍穹下。"（建筑师马克斯·杜德勒语）四周的茫茫书海，像是矗立在读者面前雄伟壮阔的知识高峰，而错落的一层层阅览室就像是等待读者去攀登的台阶。坐在阅览室里，可以望见前面一排排整齐的座位和同学们埋头读书的背影，这样的场景会让人肃然起敬。

大学图书馆有传统的延续，也有现代的设计。无论是因循守旧还是革故鼎新，

柏林洪堡大学图书馆

都在以自己的方式传播着知识。在美国名校探访期间，我遇到了迄今见过的最酷炫的图书馆。当时，我们从亚特兰大飞到北卡罗来纳州首府罗利时已是傍晚时分，接待我们的合作方强烈建议我们一定要参观北卡州立大学罗利分校新建的亨特图书馆。合作方告诉我们，这座图书馆赢得了建筑大奖，馆内设计很有特色，理念非常前卫。因为第二天还有紧张的行程安排，我和同事们决定当晚就驾车过去看看。

北卡罗来纳州临山靠海，去往学校的路上风景十分优美，气候也很宜人，这缓解了我们长途旅行的疲惫。到达学校后，这座亨特图书馆着实给了我们一个大惊喜！夜色中，我们老远就看到了整座图书馆在灯光下的整体轮廓，像是一个鲜艳明亮的色块，将整个建筑勾勒得温暖灵动。走进图书馆内部，大面积的公共空间宽敞明快；挑高的玻璃天窗更加拉伸了原本便十分宽敞的空间结构，随处可见别具一格的现代艺术作品，包括丹麦网红家居蛋椅（Egg Chair）在内的 80 多种设计考究的沙发椅巧妙地安置在各处，和周边环境融为一体。站到屋顶平台上，还可以饱览周围开阔的风景和碧绿的湖泊……这里的每一个角落都充满了现代感，设计非常用心。

"Learning is supposed to be fun"（学习本该是有趣的），这是亨特图书馆的重要设计理念。这所图书馆着力打造创新式的学习空间，强调使用者的社交互动。在这里，学生可以在交互屏幕上查看北卡的教育、健康、环境、经济等实时数据，并可直接为社区发展建言献策。馆内约有 100 个配备视频会议系统的小组学习室，学校鼓励学生积极讨论与加强合作；视觉实验室可以提供 270° 沉浸体验；在电竞室，学生还能组队测试最新款游戏的体验感；除此之外，3D 打印室 24 小时为所有师生开放。这儿的开放式楼层拥有开阔的中层空间，上下自然连通，呈现出动态的内部空间，整体布局极富科技感，非常人性化。

我和一起参观的同事们都感觉好像置身于一件精美的艺术品中，在惊叹之余也纷纷好奇：这是学校最大的图书馆，但是我们看到的藏书并不多，那么书都去哪里了呢？怎么借书呢？

这便是亨特图书馆的与众不同之处了。陪同我们参观的老师介绍说，现在的亨特图书馆已经被定位成学生们讨论互动、思想碰撞和创意交流的场所，知识的定义也在悄悄发生变化；至于借书，这里已经实现全部自动化了。在老师的带领下，我们来到了自动化图书配送区域，四层的空间上下打通，形成一个巨大的仓储平台，150 万本实体图书存放在 18000 个铝制箱子里，占地面积只有传统开放式书架的九分之一。因为有先进的 The bookBot 图书系统支持，同学们只需要在大屏幕上发出借书指令，其余步骤便可由机器人操控完成：找到书籍所在的箱子，抽取出来，挑拣完成后将盒子归位，前后不到 5 分钟的时间。学生只需动动手指，就可以拿到 150 万本藏书中的任何一本，效率极高，真是方便极了！这个造价高达 4 亿美元的图书馆果然让人耳目一新。

近年来，我每年都带队去不同的国家进行一次名校穿越活动，从新西兰到美国，从英国到澳大利亚，在探访过程中我见过不少令人印象深刻的中学和大学图书馆，常常为它们丰富的藏书资源啧啧称羡。不过，至今在我印象中比较特别的，是耶鲁大学的拜内克珍本与手稿图书馆。

拜内克珍本与手稿图书馆在耶鲁大学的众多图书馆中别具特色。它是当今世界上最大的专门保存稀有书籍和手稿的图书馆，目前藏有约 100 万册珍本书及数以

北卡罗来纳州立大学亨特图书馆

百万计的手稿。这座图书馆的创建要追溯到 20 世纪。1918 年，耶鲁大学的一位毕业生约翰·威廉·斯特林给母校捐赠了一大笔钱，用来建造斯特林纪念图书馆。由于捐赠的资金只能建楼不能买书，一位名叫昌西·布鲁斯特·廷克的耶鲁教授主动号召历届校友捐出个人收藏的古籍和珍本，为新建的图书馆增光添彩。校友们一呼即应，纷纷行动起来，其中就有人拿出了珍贵的《谷登堡圣经》。截至 1958 年，耶鲁大学收藏的珍本、善本及手稿多达 13 万册，原来的斯特林纪念图书馆已经不

能容纳日益增多的藏书。于是，慷慨捐赠了多种珍本的拜内克家族决定再出资建造一座专门用来收藏珍本和手稿的图书馆，拜内克珍本与手稿图书馆由此而来。

该馆竣工于 1963 年，由普利策建筑奖获得者戈登·邦沙夫特设计。图书馆的外观是一栋长方体建筑，底部有四根大柱子支撑，整栋建筑的外墙上没有窗户，外立面由产自佛蒙特州的大理石板镶嵌而成。白天，柔和的日光透过薄薄的大理石墙，为馆内增添了一抹亮色，这也使得室内的古籍免遭阳光的直射。夜晚，在馆内灯光的照射下，图书馆的外墙会呈现出琥珀色暖光，整座建筑看上去就像一个珍贵的珠宝盒。

图书馆里的书库共分六层，每层设七格书架，外面统一罩一层玻璃幕墙。馆内的所有书籍均可借阅，但概不外借，只限于馆内阅读。在这里，你可以看到牛顿在耶鲁大学建校初期亲自赠予的巨著《自然哲学的数学原理》，可以看到第一个毕业于耶鲁大学的中国留学生容闳的手书，还可以从莎草纸和羊皮纸上触摸到一个个生动的历史故事。

图书馆内展示的《谷登堡圣经》

拜内克珍本与手稿图书馆的镇馆之宝是《谷登堡圣经》，目前仅存世 48 本，全书 1282 页，分上下两册。15 世纪 50 年代，约翰内斯·谷登堡在德国美因茨排印的拉丁文《圣经》，是公认的西方世界活字印刷的第一本书。此外，该馆还收藏了享有"世界上最神秘的书"美誉的《伏尼契手稿》。1912 年，美国珍本书商威尔弗雷德·伏尼契发现此书。经测定，这本书大概完成于 15 世纪早期。《伏尼契手稿》厚约 240 页，以奇特的字母写成，配有星体、植物和人体等装饰插图，它不同于我们目前已知的任何语言，至今无人能够破译。

拜内克珍本与手稿图书馆向耶鲁大学的学生和老师开放，外部研究人员也可以因科研需要进入该馆。由于这些馆藏图书往往都是无价之宝，所以在馆内借阅图书的人必须严格遵守相关的借阅规定。也因为这些书籍的不凡身世，总有一些书迷和商人觊觎珍宝。2005 年，一名古董商偷偷携带刀片进馆，试图窃走古籍中的地图，却因为不小心将刀片掉落在地，偷书丑事由此败露，他也因此被送进大牢。此事以后，图书馆的安保措施愈发严格。今天，馆内处处都设有摄像头，入馆者的整个借阅过

印刷工人在演示谷登堡活字印刷机的使用方法

程都在严格的监控之下，以确保万无一失。

　　拜内克珍本与手稿图书馆在防火方面的设计与处理措施上也值得一提。一旦火警响起，中央玻璃藏书室能第一时间通过高科技设施，迅速变成真空状态，确保里面的珍本和古籍免受火灾。

　　看到这里，你是不是也有了去朝拜的冲动？拜内克珍本与手稿图书馆欢迎世界各国的游客前去参观访问。说不定你也会被这样一座人类知识的珍宝盒深深打动，和耶鲁校友一样，愿意把自己珍藏的古籍或手稿捐献出来，和全世界的爱书人共同分享你的骄傲。不过，如果你捐赠的图书或手稿确定被拜内克珍本与手稿图书馆接受，那这些书籍也要先接受一项考验——在零下 36 度的冷冻室里接受长达三天的杀蛀虫处理，之后方可登堂入室，和真正的爱书人见面。

拜内克珍本与手稿图书馆外景

大学博物馆——思辨的精神源泉

>> ■■■ 大学博物馆展示的不仅是人类社会进步的历史，也是科学持续探索的历程，它们既是学习和实验的重要课堂，也是激发灵感陶冶情操的精神礼堂，更是学术思辨和探寻真理的论坛。

很多人参观世界名校时，喜欢在校园里的标志性建筑或雕塑前合影留念。这些往往是学校的门面，尤其引人注目，校园网红景点更是游人如织，拍照都得排队等待。但其实，一些世界名校的博物馆更值得一看。这些博物馆中，有的藏品相当丰富，甚至可以达到世界级水平，不仅是师生们获得精神滋养的宝藏，更是学校引以为傲的文化资产，甚至是整个社区乃至城市的文化符号。

大学博物馆，不当花瓶当课堂

大学设立博物馆的历史由来已久。以牛津大学为例，它是英语国家里的第一所大学，也是大学博物馆的先行者。这所名校里总共有 8 个博物馆，分别建于不同的年代，立意不同，各有所长，参观后的收获自然也不同；其中以阿什莫尔艺术与考古博物馆、皮特里弗斯博物馆、牛津大学自然史博物馆和科学史博物馆最为有名。

阿什莫尔艺术与考古博物馆是英国第一个公共博物馆，也是目前英国第二大博物馆。馆内藏有大量达·芬奇、米开朗琪罗、拉斐尔、丢勒、伦勃朗等大师的作品，并且拥有来自世界各国的艺术品。该博物馆因英国律师阿什莫尔给牛津大学的捐赠而建立，始建于1683年，比大英博物馆还早70年，至今已走过300多年的辉煌历史。目前为全世界所公认的是，阿什莫尔博物馆的建成标志着近代博物馆的诞生。

牛津大学自然史博物馆是牛津大学收集陈列自然史标本的大学博物馆，也是著名的"牛津大辩论"的发生地。1859年11月24日，达尔文的《物种起源》在伦敦出版后，立即引起了全世界的轰动。1860年6月30日，英国科学促进会第30届年会在牛津大学自然史博物馆举行了一场世纪大辩论，主题是达尔文的进化论，辩论双方分别是牛津主教威尔伯福斯和英国青年科学家赫胥黎。英国社会名流怀着

悉尼大学博物馆

极大的兴趣纷纷前来聆听。因为这场大辩论，进化论才逐步在英国和欧洲传播开来，并获得了更广泛的认可和接受。牛津大学自然史博物馆大门处一块石碑上的铭文有力地阐明了这场辩论的意义，它告诫人们，真理与支持率无关，与权威和地位无关，与流行和习惯无关。当真理呈现的时候，它本身就是力量。

最初的大学博物馆被命名为"教学博物馆"，显而易见是为方便教学而设立的。大学博物馆展示的不仅是人类社会进步的历史，也是科学持续探索的历程，它们既是学习和实验的重要课堂，也是激发灵感陶冶情操的精神礼堂，更是学术思辨和探寻真理的论坛。

今天，无论是国外还是国内的名校都越来越意识到博物馆在大学教育中的作用，纷纷投巨资创建或扩建大学博物馆。大家清楚地意识到，大学博物馆不仅是个标志

普林斯顿大学博物馆

性建筑，而且是实实在在的课堂延伸。在这里，学生可以直观地接触艺术品，而非仅仅是通过书本或是互联网遥望。博物馆对于社会学、历史学、生物学、考古学和传媒专业的学生来说，都是无比生动的课堂。

科学与艺术的融通之美

除了博物馆，不少大学里匠心独运的美术馆、校园雕塑和建筑也充满了艺术气息，无论建筑风格是古典还是现代，都是校园内独特的风景。走进加州大学圣地亚哥分校，你会看到有个倾斜的蓝色小房子巧妙地倚靠在教学楼顶，这是一件出色的当代建筑艺术作品——坠落之星；得克萨斯大学奥斯汀分校内坐落着一座埃斯沃兹·凯利式的欧普艺术教堂；卡内基梅隆大学校园中心矗立着别具一格的"走向天空"（Walking to the Sky）雕塑……

我走访耶鲁大学时，目睹过老师在耶鲁大学的美术馆里给学生上课的生动情景。耶鲁大学美术馆是西半球最古老的大学艺术博物馆，以收藏意大利早期绘画、非洲雕塑和现代艺术品著称。1832 年，以绘制美国独立战争相关题材而闻名的画家约翰·特朗布尔捐献给耶鲁大学 100 多幅关于美国革命的绘画，美术馆应时成立。1950 年，学校希望将建筑、艺术、艺术史等专业搬入一座新场馆之中，由此修建了一座现代主义风格的美术馆。该项目于 1953 年完工，由路易·康设计的耶鲁大学美术馆完美地把展厅、教室、办公场所融为一体，这成为路易·康建筑师生涯中设计理念的一次重要突破，也由此开启了大学美术馆设计风格的先河。

耶鲁大学画廊执行总监帕米拉·弗兰克介绍，未来入学的医科生们将要学习常青藤盟校的藏品。比如，耶鲁大学博物馆收藏的美国雕塑家杜安·汉森创作的"瘾君子"雕像，就可以作为学生讨论吸毒现象的生动素材。弗吉尼亚大学临床学的眼部项目曾利用艺术教育帮助学生学习视觉分析和模式识别。另一些医学院则通过画作让学生耳濡目染，培养他们对待病人的同理心和共情力。

英国著名工科院校帝国理工学院与伦敦的自然历史博物馆、科学博物馆、维多利亚和阿尔伯特博物馆，以及皇家音乐学院、皇家阿尔伯特音乐厅毗邻，让学生们

老师在耶鲁大学博物馆内给学生上课

能近距离感受到艺术和美，激发他们的创造力。

美国学者艾米·惠特克在其著作《艺术思维》中指出，创造力可以帮助科学、工程和商科的学生投入到开放式的探索中，重新思考自己所在领域的可能性。从表面上看，科学与艺术是完全不同的两类学科：科学重理性，艺术重感性；科学靠严谨的归纳与推理，艺术靠浪漫的灵感与想象。然而，科学与艺术的共性在于它们都具有非功利性的精神气质。英国物理学家保罗·狄拉克在诺贝尔奖颁奖典礼的演讲中说："理论物理学家的工作，就是以漫长的一生追求美。"科学不但求真也在求美，甚至可以说，真的就是美的，美的就是真的。物理学家韦尔直言不讳道："我的工作总是力图把真和美统一起来，但当我必须在两者中挑选一个时，我总是选择美。"艺术在科学创新中绝不是锦上添花，而是本质的探索冲动和永恒的魅力所在。科学家像艺术家一样追求美，是科学取得创新性成果的重要原因之一。

现代物理学的开创者和奠基人爱因斯坦是出色的小提琴手，意大利"文艺复兴美术三杰"之一的达·芬奇在天文学领域颇有建树，我国著名科学家钱学森的艺术造诣也非常人可比……事实上，在人类文明发展史中，科学与艺术一直都是相辅相成、互相促进的。

为了一个可以回去的地方

不少大学博物馆藏品丰富。我在游览斯坦福大学艺术博物馆时，曾目睹一位员工主动给游客讲解藏品。她自豪地说："这是罗丹的作品，你们知道法国雕塑家罗丹吗？除了法国，收藏罗丹作品最多的地方就是斯坦福大学！"一所大学的艺术博物馆收藏了这位雕塑巨匠的 200 多件作品，数量之多，世界罕见。

斯坦福大学艺术博物馆建成于 1894 年，最初的展品大部分来自斯坦福家族的收藏。历史上，它曾历经沉浮，其中包括两次大地震。1906 年，在旧金山湾区 7.8 级大地震中，博物馆约四分之三的建筑物被损毁。1945 年，斯坦福大学出资人之一简·斯坦福的离世使得学校预算吃紧，斯坦福大学艺术博物馆被迫关停。后来，博物馆在社区活动的基础上逐渐修复并对外开放。1985 年，著名的罗丹雕塑花园落成，

然而 1989 年洛马·普雷塔的 7.1 级地震再一次把多个展厅震得面目全非,博物馆再度陷入关停状态。然而,艺术博物馆始终是斯坦福师生和校友心头的牵挂。在各路校友和艺术爱好者的奔走呼吁和慷慨捐赠下,斯坦福大学再次开始对其进行修复与重建,终于在 1999 年重新开放。

在为学业拼命、为社团疯狂、面对未来压力山大的校园生活里,师生们能有一个可以让心灵回归的清净之地就显得难能可贵了。对于斯坦福大学来说,这个地方或许就是它的艺术博物馆——所有斯坦福人的精神家园。

斯坦福大学艺术博物馆

作为世界上诺贝尔奖得主最多的大学之一，斯坦福大学以科研与创新精神闻名于世。从当年的"西部蛮荒之地"，一步步发展到今天"硅谷的中心""世界创新的引擎"，斯坦福大学在重视科学与创新的同时，也执着于对艺术和人文的追求。

近年来，国内的专家和学者逐渐意识到，在应试教育的大环境下，美育与通识教育的缺失总是让我们感到在人才培养上不尽如人意。当前国内的教育体系还是十分重视学科教育，有时也因实用主义的作祟，使得素质教育和审美情趣的培养成为中国学生普遍亟须补上的一堂课。这堂课的缺失在很大程度上限制了孩子作为"人"的长远发展，也使得一些原本很优秀的同学在国际竞争中后劲不足。摆脱传统应试教育的思维束缚，将科学教育与艺术教育融合起来，在这方面，斯坦福大学为我们提供了借鉴的榜样。

在斯坦福大学艺术博物馆逛了两个多小时，我还是有点意犹未尽，似乎有很多问题在脑子里打转。走出博物馆的时候，已是傍晚时分。夕阳西斜，同学们结束了一天繁忙的课程，穿梭在校园里的小径上，有的在说笑，有的在争论，有的沉默不语。他们就像是斯坦福校园里罗丹的群雕一样各具特色，是一帮生动鲜活的人，也是一帮有血有肉有灵魂的人。能有机会在这样的校园度过几年大学生活，他们是幸福的。

不走寻常路的大学特色专业

» ■ 澳大利亚的大学利用地理位置和自然条件发展出特色专业，一方面表明了澳大利亚高等教育的实用性色彩，另一方面，这些专业也为经济社会的发展注入了新鲜血液。

澳大利亚的高等教育起步于 19 世纪中期。1850 年，悉尼大学的建立是其开端。当时，澳大利亚还是英国的殖民地，因其地理位置、人口总量和政治体制等诸多问题，直到第二次世界大战结束之前，整个澳大利亚只有 6 所大学，发展速度相对较慢。从 1946 年开始，澳大利亚的大学如雨后春笋般相继成立。20 世纪后半叶，澳大利亚的大学进入发展的黄金期，包括早期成立的大学，在现代社会高速发展的环境中也获得了新的发展机遇。

两次澳大利亚"探寻世界名校之旅"中，我们一共访问了十几所大学，发现了一个特别的现象：有些大学的优势专业和其所处的地理位置以及周边的自然环境有很大的关系。令我印象比较深刻的有西澳大学的采矿工程、阿德莱德大学的葡萄种植和葡萄酒酿造、塔斯马尼亚大学的海洋与南极学院、昆士兰大学的农学等。这些专业的发展因地制宜、因势利导，逐渐形成了旁人无法比拟的特色和优势。用"近水楼台先得月，向阳花木易为春"来诠释这种现象，是最贴切不过了。

近水楼台先得月

塔斯马尼亚大学是澳大利亚建立较早的大学之一，这所大学位于澳大利亚最南端的城市——塔斯马尼亚岛的霍巴特。

2018年5月下旬，我们来到霍巴特。这里地处南太平洋，南回归线以南、南极以北，南西北三面环山，东面朝海。

此时，南半球已经进入深秋与初冬交界的时节，凄风冷雨中，我们登上惠灵顿山巅，这座山的海拔有1270米，有路可以通向山顶。山巅有观景台，放眼望去，整个城市尽收眼底。通过望远镜，甚至可以看到整个塔岛。据说天气好的时候，能够看到邻国新西兰，甚至连南极也隐约可见。虽然由于天气原因，我们没有在此逗留太久，但还是领略了到整个岛屿的风貌。

在霍巴特的塔斯马尼亚大学，我们参观了商学院和传媒学院之后，到了海洋与南极研究学院，这里是塔大最具特色的研究机构，奠定了它在澳大利亚海洋学的江湖地位。每年有很多南极科考船就是从霍巴特出发的，其中就包括了中国的雪龙号，它们驶向南极，探寻人类最后一块净土的奥秘。我们访问时，这里还停着一艘大船，它是作为开路先锋的破冰船。

停靠在塔斯马尼亚大学旁的破冰船

进入研究院，我们看到走廊上有一张被围起来不让使用的桌子，桌子表面有一些花纹，除此之外看不出有任何一点高贵之处。面对我们的疑惑，负责讲解的汤姆老师介绍说，这张桌子的特别之处在于原材料，它是用塑料垃圾制作而成的。之所

塔斯马尼亚首府霍巴特

以把这张桌子放在研究院走廊，是为了提醒参观者要注意环保。联想到曾经看到的一条新闻，说是如今连世界上最深的海沟马里亚纳海沟中，都发现了被丢弃的塑料袋。确实，环境污染问题已经成为现今社会的痼疾，这需要引起全社会的注意。

塔斯马尼亚大学的海洋学院有个展厅，摆放了一个从一层贯穿到顶层的探测器。这个探测器布满了电路板，可以放到冰层下面，以获取更多海洋数据。展厅走廊上还有一个小型海洋探测器，上面斑痕累累，都是被鲨鱼肆虐撕咬的痕迹。展柜中还有小鲸鱼头盖骨标本，这表明在人与动物的互动中，人类还是占有一定的主动地位。当然，作为海洋与南极研究学院的师生，他们可不止满足于坐而论道，有时还会到南极进行实地考察。这个学院常有招募学生和研究员的项目，被选中者可以到南极去，相信这对很多人来说是一生梦寐以求的经历。

当然，这个学院虽然费钱，但并不差钱。汤姆老师说："我们的经费主要来自两方面：联邦政府和州政府。联邦政府主要支持宏观项目，比如南极科考、生态保护和气候发展；州政府主要支持养殖和渔业这种关系到经济发展的具体项目。"这种宏观长远与微观短期的灵活结合，让海洋与南极研究学院保持着很好的竞争优势。这种地理位置，是"近水楼台先得月"的优势，就连学院的大楼，都建在码头旁。

澳大利亚的国土面积比较大，矿产资源也很丰富。它是世界上重要的采矿和矿产品生产国家，主要生产煤炭、铁矿石、铝锅土、金、银、铜、铅、锌、锡、铀、钻石、铝、钦、稀土以及各种非金属矿。采矿业最发达的州是西澳州，所以西澳大学的王牌专业之一就是和采矿有关的工程系。在世界大学专业排名中，西澳大学的采矿工程稳稳进入世界前十。学校有很好的专业设备和模拟实验室，学生得以在拟真环境中学习和训练。世界上很多与采矿有关的企业都在西澳州设立总部或分部，学生们也很容易找到实习和正式工作的机会。

西澳大学实验室

向阳花木易为春

南澳州位于澳大利亚的中南部，主要地形是山脉、草地和山谷。独特的气候条件、地理环境和丰富多彩的动植物生态，构成了特有的大自然景观。南澳州清洁干净的生态环境是生产高质量谷物、葡萄酒、海产品、肉类、奶制品、水果与蔬菜的理想之地，是著名的"鱼米之乡"。这里的气候和土壤条件尤其适合葡萄种植，故而一举成为澳大利亚知名的葡萄酒产地。

澳大利亚的葡萄酒行业历史悠久，是世界顶尖的红酒输出国，其中南澳州占了整体出口量的 65.5%。最著名的葡萄酒如奔富葛兰许、杰卡斯、御兰堡等大牌子均产自于南澳州。同时，南澳州也是出口散装葡萄酒的主要产地，其产量的 84% 都用于出口。除了英美等传统市场之外，南澳州人也在积极开发亚洲市场，特别是中国市场。澳大利亚葡萄酒协会的数据显示，截至 2019 年 6 月，澳大利亚一年的葡萄酒出口额是 28.6 亿澳元，南澳州贡献了 17.9 亿澳元，占据一半以上江山。这个数据和 8 年前相比，翻了一倍多。

2018 年 5 月，我们抵达南澳州的首府阿德莱德。为了充分感受这里的产业发展现状，我们先来到了南澳标志性的葡萄酒产区巴罗萨谷进行实地考察。那天我们从城中心出发，开车不久就出城，地势不断升高，进入高原丘陵区，很快就到达种植园区。映入眼帘的是拥有上百年历史的一排排西拉老藤葡萄树，它们在雨后的阳光下熠熠生辉。红褐色的沙质土壤上孕育着即将成熟的芳香果实，不时有袋鼠从成片的果子和茂盛的藤蔓间隙跃过，好一派田园风光！据介绍，这里地势高而阳光普照，十分有利于葡萄的种植。除此之外，不同的土质也造就了不同品种的葡萄，由此便能酿出不同口味的葡萄酒。西拉、赤霞珠往往果味饱满，香气浓郁，酸度、单宁柔和，更易入口，且性价比更高，这使它们成为新世界葡萄酒的杰出代表。

这种得天独厚的天然条件，也促进了南澳州大学里葡萄酒专业的发展。南澳职业技术学院、阿德莱德大学都开设了相关专业，它们都成了学校的特色。特别是阿德莱德大学的怀特校区，这里集中了 12 个世界级研究组织，还有自己的农场、葡萄园和酿酒实验室，是全球领先的食品和葡萄酒教学与科技创新中心。

为了更详细地了解专业情况，我们拜访了葡萄酒商业专业副教授史蒂夫·古德曼。

他说："这几年报考葡萄酒专业的中国学生不断增多，我能感受到他们对葡萄酒的浓厚兴趣。在阿德莱德，学生可以在世界一流的酒庄实习或者工作，不仅仅只是商业和销售，他们还有机会实际去参与葡萄种植、酿酒和酒庄管理全流程，大家聚在一起分享对葡萄酒的热爱，这在世界范围内也没有几所学校能做到。"

谈到葡萄酒专业的就业前景，古德曼对此非常乐观，他表示，南澳得天独厚的地理条件为学生们提供了天然的、世界级的就业机会。同时，中国的葡萄酒酿造工艺和品牌建设速度也是惊人的，已经形成了不少葡萄酒特色产区，且市场体量非常之大，然而葡萄酒酿造及商业相关专业人才还比较匮乏。所以，学生不论选择留在澳大利亚还是回中国发展，都会迎来很多不错的机会。中国留学生王同学就读于阿德莱德大学葡萄酒酿造专业，所学课程包括葡萄种植、酿酒、市场推广及财务会计等内容，几乎覆盖了产业全流程。学业完成之后，学生通过努力就能成为全球葡萄酒行业所需的专业人才。

接受我们采访的阿德莱德大学教授

阿德莱德大学葡萄酒专业与澳大利亚葡萄酒研究所共建共享。双方师生在同一座教学楼里学习和研究，学生在校期间即可使用全球顶级的酿酒科学实验室。毕业后，部分同学选择进入知名酒庄，去深度实践葡萄酒酿造及销售的全过程；也有部分同学直接进入研究所工作，成为葡萄酒行业的专业人士。相关数据显示，在过去5年中，阿德莱德大学葡萄酒专业招收的中国留学生人数增长了近3倍，已经成了被争相追捧的王牌专业。得天独厚的地理位置，飞速发展的新兴行业，巨大的全球市场潜力，学界与业界的完美融合，这一切都让南澳"澳洲葡萄酒之都"散发着无尽魅力。

除了阿德莱德大学的葡萄酒专业，昆士兰大学的农学专业也值得一提。

昆士兰大学位于昆士兰州的首府布里斯班，所处的纬度接近于南回归线。这里是典型的亚热带气候，常年阳光普照，日均光照有7个多小时。早上，我们在下榻的酒店醒来，拉开窗帘就可以看到屋外清透的阳光洒落在布里斯班河上。微风轻拂中，波浪闪着金色的光芒。

南澳双掌酒庄员工在介绍酿酒工艺

布里斯班生态物种丰富，城市里遍布着热带植物，植被覆盖率很高。得天独厚的物候条件，让昆士兰大学的农业、农业贸易、动植物产品、热带保健和植物科学等专业在澳大利亚诸高校中独领风骚。

我走访昆士兰大学期间，参观了学校的食品科学与工程实验室。这个实验室主要做两方面的研究：一是基础性方向，如动植物的分子研究；二是应用方向，主要是食品制作和加工等。实验室外面张贴着一张图表，上面展示的是关于奶制品的低脂肪课题研究，非常具有实用价值。

这里多种生物的分布，也让人类和动植物和谐共处。去餐厅的路上，随处可见珍奇动物。白色鹦鹉成群地在大树下散步，如果不是同行的昆士兰大学的老师特意提醒，我们都以为是普通的鸽子。路过校园的人工湖，老师说如果你冲水里招手，就会有乌龟浮出水面。出于好奇，我们尝试了下。果不其然，两三分钟后就看到乌龟冒出水面，还有四五只排队前行。据本校老师介绍，可能曾经有人用这种方式来喂养乌龟，所以它们就养成了这种习惯。

澳大利亚位于独立的大陆，对于资源和生态的保护具有特殊的先天条件。澳大利亚的大学利用地理位置和自然条件发展出特色专业，一方面表明了澳大利亚高等教育的实用性色彩，另一方面，这些专业也为经济社会的发展注入了新鲜血液。教育和社会的良好互动，就像一个涡轮增压的动力系统，推动着澳大利亚稳步发展。

昆士兰大学教学楼走廊

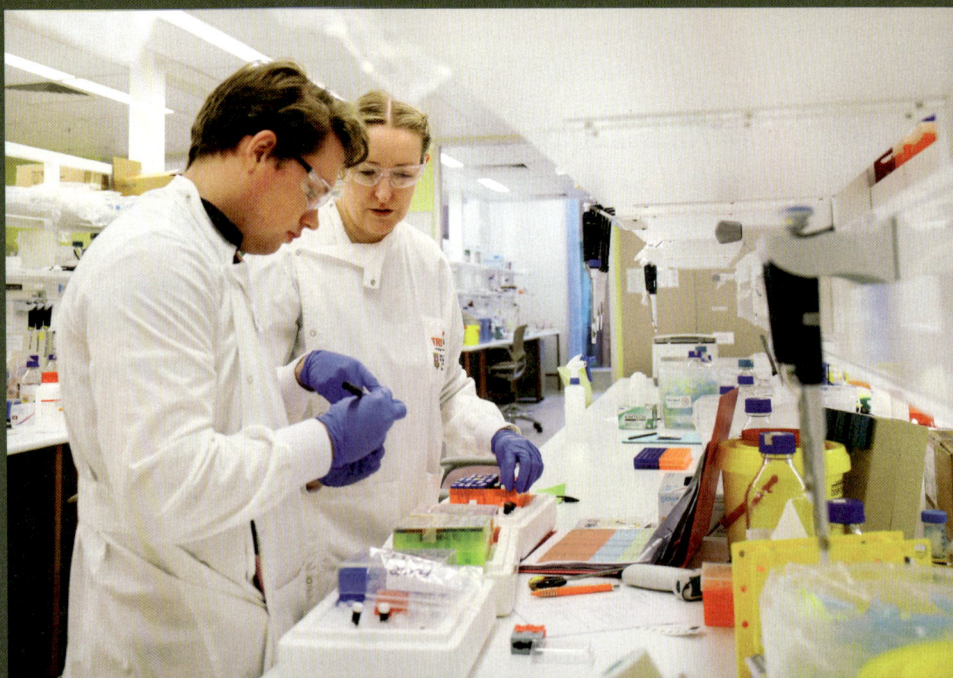
昆士兰大学的实验室

百年蓝带——用美食征服全世界

> 他们在从容中坚持原则，于平淡中寻求神奇，在悠闲中考究品质。他们不慌不忙，用美食去征服全世界的味蕾，让人们在匆忙的现代生活中感受到几分别样的美和宁静，这其实也是一门深刻的学问。

生活在互联网和人工智能蓬勃发展的新时代，我们难免会讨论未来什么样的职业可能会被淘汰。那些可以由机器作业或大数据分析取代的工种，在时代浪潮的冲击之下或许会被颠覆，甚至彻底消亡，但估计没有人认为未来人类会不再需要美食了。民以食为天，我们有充足的理由相信，随着人们生活水平的不断提高，对饮食的追求已逐渐由"吃饱"慢慢进阶到"吃好"，厨师这个职业的地位也会随之不断提升，并且获得越来越多的认可和尊重。

很多人可能都知道，西方有一所著名的厨艺学校，叫"蓝带学校"，被誉为世界顶级厨师的摇篮。我第一次走进蓝带学校是在 2013 年。那是我发起世界名校系列探访活动的第一年。当时我们走访了新西兰，新西兰驻华使馆给予了很多帮助和支持，希望我们尽可能多角度地接触新西兰教育，于是就有了拜访新西兰惠灵顿蓝带学校的机会。

蓝带学校的名师墙

　　新东方是搞外语培训起家的，但是国内还有一家也叫"新东方"的厨师培训学校，我们经常开玩笑说，到了新东方不学点厨艺怎么过得去。所以，当真正有机会走进一所享誉世界的厨艺学校时，我的心情还是挺激动的。

　　拜访那天我们一早就到了，学校的老师和学生特意准备了一顿丰盛的西式早餐，以此来展示他们精湛的厨艺和招待远方来客的热情。从调制新鲜的果汁到浓醇的咖啡，从烹调香喷喷的面包、煎蛋到热腾腾的蘑菇肉肠，以及配菜的厨师、餐桌旁的服务员，都是由学生们一手安排和承担，就连餐桌上精心的布置和考究的摆设也是学生的作品。交谈间，同学们自豪地告诉我们，烹饪业的市场需求很大，很多同学还没毕业就已经找到了工作，还有的准备回国创业，国内的西餐和甜点市场也是方兴未艾。同学们精美的菜品制作和餐桌旁的专业示范，都给我们留下了深刻的印象。在蓝带学校的经历，让我在之后的大学寻访之旅中特别关注这类传统意义上的"非主流"专业。

最早的蓝带学校于 1895 年诞生在法国巴黎，创始人是《蓝带厨师》杂志的出版商兼记者马尔特·迪斯特尔。1896 年 1 月 14 日，在蓝带学校举办的世界上第一场厨艺秀，奠定了蓝带作为世界级厨艺学校的声誉。彼时，马尔特·迪斯特尔只是希望通过这场展示如何在电炉上烹饪的活动来推销蓝带杂志，顺带向世界宣告在巴黎有一所培训厨师的学校。没想到，这场厨艺秀让蓝带声名大噪，世界各地的大厨名厨纷纷前来，加入蓝带的教学和实践，慕名到此求学的人更是络绎不绝，其中不乏社会名流和各界精英。

今天，蓝带在 20 多个国家设有 30 多所分校，遍布巴黎、上海、东京、伦敦、首尔、悉尼等国际都市，每年培养两万多名学员。蓝带学校的日常教学由顶级厨师负责，他们或来自米其林餐厅，或曾在重大厨艺比赛中获奖，或赢得过著名荣誉称号。这些名厨大师致力于将经典的法式烹饪方法与时尚的国际烹饪理念传授给世界各国的学员。蓝带以其高端的定位和独特的发展路线赢得了全世界的肯定与喝彩。

2017 年 9 月，我们的名校探访活动来到了欧洲，我终于有机会拜访蓝带学校在巴黎的总部，一睹其神秘的真面目。蓝带学校总部位于巴黎市十五区，毗邻塞纳河，距离天鹅岛的自由女神像和埃菲尔铁塔不远。在周边中世纪建筑的映衬下，蓝带学校现代建筑风格的教学楼显得格外时尚和前卫。坦白说，走进学校的第一感觉和我的想象完全不同，校园窗明几净，一尘不染，没有一丝油烟味，色彩斑斓的墙壁和富有设计感的陈设别有匠心——这哪里像一个厨艺学校啊，我分明走进了一个艺术学堂。

负责接待我们的是学校行政主厨埃里克，他是法国餐饮业的大咖，做过数任法国总统的御用大厨。埃里克热情幽默，笑容灿烂，在带我们从教室走向后厨的路上，他不停地用典型的法式英语和我们聊天。跟随他的脚步，一个个整洁明亮的操作间展现在我们眼前，法国大厨们正在给学生示范指导，同学们个个全神贯注，目不转睛地盯着老师的一举一动。

烘焙和糕点教室可以容纳 16 名学生，每个学生都有自己的独立操作台，大家一起动手烹饪美味的食物，教室里弥漫着新鲜面包刚出炉的香味，我们都忍不住想要品尝学生们的手艺。埃里克介绍说，厨艺的精髓在于发自内心的热爱和感情满满的

实操，在蓝带学校，老师不仅会把食物的做法详细传授给大家，还会在实操课上手把手地悉心指导，确保每位学生都可以真正做出美味的食物。

埃里克一边说着，一边走到一排电磁炉前。他幽默地说，这是属于他们的"钢琴"。见我一脸费解，埃里克哈哈大笑解释道："我们的每一个学生都是艺术家，作为老师，希望他们用自己的双手在这架'钢琴'上弹出美妙的旋律，给顾客带去最极致的享受。"

法国人真是浪漫，灶台间充满烟火气的琐碎事也能做成艺术。直到今天，国内不少人还觉得厨师这个职业有点"低人一等"的感觉，殊不知在很多西方国家，厨

我和蓝带学校领导合影留念（左一为行政总厨埃里克）

师也可以是家喻户晓的大明星。他们不仅做得一手好菜，还会主持大热的厨艺节目，在社会上非常受人尊重。对待食物和厨师的态度，已经成为很多发达国家评判生活标准的一个重要指标。

值得欣喜的是，有一些中国留学生已经开始突破传统观念，率先跨出了勇敢的一步。我们在蓝带学校就遇到了一位来自四川绵阳的同学，他之前在法国波尔多读过一年的预科，后来获得了机械工程师的文凭。大学毕业后，他在法国找到了一份和专业相关的工作，两年后，他很想趁年轻挑战一下自己，做点真正感兴趣的事情，体验不同的生活。因为平日里爱吃、好吃，又喜欢下厨烹饪，于是毫不犹豫地来到了早有耳闻的蓝带，专门学习制作西式糕点和面包。

这位同学告诉我们，在蓝带的第一堂课就令他印象十分深刻："当时，老师向大家展示刀具，我第一次知道原来刀有那么多的种类和用途。在备菜的时候，中餐的理念是尽量把食材全部利用，西餐却是取其精华，剩下的部分一概扔掉。不过在蓝带学校，扔掉的食材也不会浪费，而是会被放在楼顶一个 800 平方米花园的发酵箱里。经过光照和发酵，这些废弃的食材以及残羹剩饭都会被回收利用起来，既不浪费又环保。"经过 6 个月的学习，他还发现了蓝带和其他法国大学的一个不同之处：师生朝夕相处，每天都在动手制作食物，大家关系非常融洽。"不管做出来的食物是好是坏，老师都会先肯定，然后鼓励大家可以做得更好。我在这里收获的不仅是厨艺，更是做饭的好心情。"谈到未来，他满怀渴望地说："很期待日后可以独立工作，这样更具激情，最好有一天能拥有一间属于自己的餐厅，还有我用心亲手定制的菜单。"这也许是厨艺爱好者共同的心愿吧——你吃得舒心，我做得开心。

埃里克主厨自豪地向我们展示了这位同学提到的那个用来回收发酵废弃食材的花园。在这里，所有的植物都是利用天然肥料生长，用时髦的话说，这些都是有机食材。埃里克顺手摘下西红柿和甜菊请大家品尝，他得意地表示，学校上课用的很多食材都是学生们辛勤耕种的成果。

访问结束后，好客的埃里克先生热情地邀请我们去一家著名的米其林餐厅品尝正宗的法国美食。盛情难却之下，我有了第一次在米其林餐厅就餐的体验。一道道美食次第上桌，从食材、烹饪到摆盘，每个细节都无可挑剔，真是一场色香味俱佳

蓝带学校学生在实战课堂上

的极致享受。席间，埃里克还向我们详细解释了每一道菜肴背后的故事，告诉我们如何去理解法国的美食文化。

法国人对美食的热情由来已久。早在16世纪，法国国王亨利三世用"圣灵勋章"代表法国最高荣誉。这枚勋章将圣灵十字架系在一条蓝色的丝带上，这条蓝丝带便是人们后来所熟知的蓝带。佩戴圣灵勋章的"圣灵骑士团"，是法国最负盛名的皇家骑士，有他们参加的宴会菜肴都极其丰盛，标准也十分严苛，于是"蓝带"就成了卓越厨艺的代名词。

美味佳肴中，觥筹交错间，我们一行10人听埃里克娓娓道来，不知不觉，这顿午餐吃了3个小时。有同事好奇地问："法国人都是美食家吗？"坐在我身旁的蓝

带学校总管凯瑟琳立马回应道："当然不是，前总统萨科齐就不懂美食和美酒，所以说他根本不是一位法国的好总统！"

更让我没想到的是，就在我们准备离席时，餐厅的几位大厨专门过来感谢我们的光临，他们还特意请埃里克大师多多指教，以这种特有的方式向大师致敬，这让我们对蓝带、对埃里克愈发敬重。如今的社会，职业是多元的，需求是复杂的，每个人喜欢的、擅长的也是不同的，那些所谓大热的专业并不是每一个人都适合。为什么不能少几分跟风和攀比，跟随自己的内心，来一场勇敢的自我挑战，追求自己一辈子的热爱，用自己独特的方式去帮助别人、改变社会呢？

法国文化是浪漫的，法国人是精致的。他们懂得生活，知道如何享受生活，追求美味佳肴，热爱人间至味。他们在从容中坚持原则，于平淡中寻求神奇，在悠闲中考究品质。他们不慌不忙，用美食去征服全世界的味蕾，让人们在匆忙的现代生活中感受到几分别样的美和宁静，这其实也是一门深刻的学问。这一蔬一饭间的滋味，也是意味悠长啊。

巴黎协和广场

飞向自己的目标——美澳飞行学院探访记

你有没有想过去考一张能上天的驾照，壮志凌云，飞向自己的人生目标，飞出属于自己的人生精彩呢？

走访美国大学期间，许多学校的老师和同学都会自豪地告诉我，他们学校的某个专业或项目是全美第一甚至是全美唯一。2013 年，我重访密苏里州的圣路易斯大学，有幸受校方邀请参观了他们的工程、航空和技术学院下属的飞行学校，这次真的又遇上了第一——货真价实的全美第一所飞行学校。

那天上午，我和同事们如约走进位于圣路易斯城东郊的飞行学校训练基地，国际项目总监鲁滨孙教授热情地迎上前来招呼我们："欢迎中国朋友来到美国的第一所飞行学校。"虽然早就听说过这所飞行学校，但还是没有想到它竟然是全美第一所注册并获得联邦政府认可的飞行学校，并且获得了美国政府颁发的编号为 1 的航空代理证书。在过去 90 多年的发展中，这所学校为美国的航空事业立下了汗马功劳，也为美国和世界其他地区培养出了许多一流的飞行员。

该学校的创立要追溯到 1927 年。那年 5 月，美国飞行员查尔斯·林德伯格驾驶着一架单引擎飞机，横跨大西洋，从纽约飞到巴黎，飞行用时 33.5 小时。作为世

圣路易斯大学的飞行学校

界上第一个连续飞行穿越大西洋的人，林德伯格也因此成为美国20世纪初最著名的英雄人物之一。

就在查尔斯·林德伯格飞越大西洋两个月后，这所飞行学校成立了，这是美国第一所飞行学校。其创始人奥利弗·帕克斯先生有着敏锐的市场触角和独特的前瞻眼光，他认为在林德伯格之后，飞机设计、维护和飞行安全指导的市场需求即将爆发。

第二次世界大战期间，这所飞行学校为美国训练了很多空军飞行员，同时还输送了数千名机械师。"二战"结束后，帕克斯审时度势，意识到未来的飞行员需要更加广阔的视野和更加扎实的知识功底，于是他毫不犹豫地将这所飞行学校赠送给了圣路易斯大学。

经历了90多个春秋的洗礼，这所飞行学校依托大学的良好平台逐步发展壮大，成了今天圣路易斯大学帕克斯工程、航空和技术学院的重要组成部分。

对许多人来说，飞行员培训既陌生又神秘。初次走进航校的我对周围的一切也都感到新鲜，紧跟在鲁滨孙教授身后边走边问。鲁滨孙教授不仅耐心地一一作答，并且专门带我参观了教练机维修仓库。教授指着一架黄色的教练机漫不经心地说："看到了吗？那架教练机是1929年我们飞行学校的老师和同学联手设计和制造的，当年真是辉煌一时，可不久就要进博物馆了。旧的不去，新的不来，现在我们使用的是新一代名叫'钻石'的教练机，它更科学，更容易操控，也更加稳定可靠。"

看着驾驶舱里令人眼花缭乱的各种仪表盘，我顿时明白了驾驶飞机为什么要求严苛，容不得半点的马虎。面对每次新的出航，无论多么老练的飞行员都要打起十二分的精神，一丝不苟、按规定严格地走完每道程序，检查每一个细节，确保万无一失。

说话不紧不慢的鲁滨孙教授见我一脸困惑，便用轻松愉快的语调向我解释了飞行驾照的不同等级，有初级、中级和高级，有驾小飞机和大飞机的，有驾商用飞机的，有学单引擎的和双引擎的。当然，学习的时间要求也长短不一，要根据实际需求确定。学时短的，尤其是作为非专业的培训，最少只需要几十个小时的实战飞行。

鲁滨孙教授接着说："我们学校不仅有学士学位，还提供硕士和博士生学位。这儿的许多老师既是教授，又是优秀的飞行员，他们现在还经常要升空实战，最重要的是我们培养的毕业生在市场上都是抢手的香饽饽。"想来，美国第一所飞行学校签发的飞行驾照含金量确实很高，无论是在美国还是在其他国家都能得到高度认可，最近几年的毕业生尤其受国际市场的追捧。

我们之前还不大了解，航空业遥遥领先的美国，原来在航空教育方面也为人先，全美竟然有1400多家培养飞行员的航校，其中有纯商业性质的航校，也有大学内为教学服务的航校。今天，我主要想讨论的是美国大学的航校，它们为学生提供与航空相关的各种学位和证书的修习课程，为美国乃至全世界培养出大量的职业飞行员、空中交通管制员和航空业的其他专业人才，其中有些航校的名声可是相当了不起。

普渡大学是世界上第一个登月宇航员尼尔·阿姆斯特朗的母校，它的飞行学院素有"宇航员摇篮"的美誉，是唯一一所在飞行训练中会安排每位学生都要驾驶喷气式飞机的大学。2013年，我有幸到普渡大学采访，但彼时因为行程安排太紧，没

我在飞行学校的飞机上

能去参观该校的航空航天中心，想想颇为遗憾。在普渡大学的技术学院，学生可以主修航空工程技术、空中交通管制、航空管理或飞行等课程。

北达科他大学的约翰·D.奥德加德航空航天科学院一直被认为是美国最好的航空学校之一。学校开设两个航空学位的课程，共有7个学术专业，每个专业都有自己的飞行课程要求。在航空航天科学院学习，学生可以获得机场管理、航空管理、空中交通管制、航空技术管理、商业航空、飞行教育等学位。学院还开设航空科学硕士和博士学位课程，为学生提供进一步深造的机会。

安德里·里德尔航空大学被许多人称为"航空界的哈佛"。这是因为该校在航空大学中不仅课程历史悠久，而且教学规模最大。据该校官网的数据显示，航空公司在这里招募的毕业生数量超过其他任何一所航空大学。

西密歇根大学是美国著名公立大学之一，其航空学院已经有70多年的办学历史，

成为备受航空业推崇的高校。该航空学院也是密歇根州公立大学中唯一的一个综合性航空学院。

美国航校的教学分为141部和61部，141部比61部管理更正规，有系统的地面课教学，拿到商照的最低飞行小时数要求是190小时；61部时间相对灵活，全职学习或者业余上课都可以，拿到商照的最低飞行小时数要求是250小时。有的航校141部和61部都有，而有的航校只有61部。虽然航校没有列出具体的英语要求，但通常至少需要有英语四级的水平，才能跟得上课程进度。有的航校对国际学生会提出明确的英语要求，比如要求达到托福或者雅思多少分的水平，这对大部分留学生来说应该不是问题。至于飞行课程的学费，很大程度取决于打算学飞的机型和时间的长短，一般从几千到几万美元不等。

飞翔是人生中很有意义的一种经历，或许也是很多人毕生的梦想所系。如果同学们能够把自己的潜力、兴趣和市场的需求结合起来，那么这样的职业之路动力会更足、可持续性会更强。同学们完全可以根据自己的实际需求去选择不同的航校，大胆追求自己的梦想。

这几年，新东方帮助不少同学梦想成真，成功去到海外留学。在咨询过程中，我们发现许多家长和同学难以跳出观念的窠臼，一提到留学选专业，脑袋里第一个冒出来的可能就是商科或是和商科有关的专业。无论孩子是不是有这个潜力或兴趣，家长都会不由自主地想推他们朝这条路上走。在做留学决策的过程中，不少家长优先考虑的是孩子毕业后是否能找个挣钱又多又快的好工作。这种短视的实用主义观念往往会遮蔽人的视野，甚至扼杀了孩子的优势，成为孩子职业发展道路上的最大阻碍，以致最终事与愿违。其实，成功的路各有各的不同，我们为什么就不能让孩子特立独行走一回自己的路呢？比如攻读一个航空工程领域的学位，同时还拥有这么一张世界认可的飞行驾照，我相信这样的同学在就业市场上的竞争力一定也会胜人一筹。

2016年我在澳大利亚探访名校的时候，在南澳大学也访问了飞行学院。那次访问更加有力地证明了飞行驾照正悄悄地在中国留学生中流行起来。

南澳大学是澳大利亚5所主要的理工大学之一。这所位于南澳首府阿德莱德的

南澳大学飞行学院的中国留学生

高校以工程科技专业见长，虽然 1991 年才建校，却是全澳大利亚第一所，也是南澳唯一一所提供民用航空本科学位的大学，是全澳大利亚两所拥有自己的飞行培训学院的大学之一（另一所是皇家墨尔本理工大学）。澳大利亚的大学本来就不算多，各个州的大学更加注重利用自身的优势和有限的资源发展特色专业，最大可能地合理安排教学资源，避免盲目跟风和不切实际的攀比。

我们在南澳大学飞行学院采访了几位中国留学生，他们有的在攻读航空专业学位，有的是完全出于个人爱好准备考一张飞行驾照。在学校的安排下，这些同学特意带着我们飞上蓝天，展示他们的学习成果。同学们一边驾轻就熟地操控飞机，一

边热心地给我们介绍南澳的自然地理环境。虽然他们还没有毕业，但很多人已经在外面兼职了。他们在海滩和森林地带执行飞行任务，或者提防鲨鱼靠近海滩，或者帮助监测森林安全。飞机在蓝天白云之间自由翱翔，我仿佛置身于《冲上云霄》这部著名电影当中，帅气、勇敢、沉着的飞行员此刻就在我的身边。

这些幸运的同学都有个放飞自我的梦想。根据学校规定，大一课程结束之后，学生可以选择参加大约 220 小时的飞行训练课程。飞行训练通过后，同学们即可获得澳大利亚商用飞行员执照。毕业以后，参加过飞行训练课程的学生可以继续参加飞行装配训练，成为飞行装配师或包机飞行员，进入世界各大航空公司工作，澳大利亚航空、国泰航空、马来西亚航空、英国航空、新加坡航空、澳大利亚维珍航空等都很青睐这里的毕业生。

近年来，中国的航空业突飞猛进，全国各地的大小机场成倍增加，国内的航空公司每年需要增加 3000 多名飞行员，而中国每年至多培养 2000 名飞行员，近三分之一的人才缺口需要靠其他途径来弥补。也正是由于这个原因，国内的航空公司向飞行员提供了在全球范围内都极具吸引力的薪资待遇和福利。

写到这里，我想问大家一个问题：在中国航空业繁荣发展的今天，在中国私人飞机的时代刚刚开启的今天，你有没有想过去考一张能上天的驾照，壮志凌云，飞向自己的人生目标，飞出属于自己的人生精彩呢？

近乎疯狂的大学体育运动

> 很多世界一流大学没有专门的体育学院或体育系，虽然有必修的体育课，但更多的是把奥林匹克精神融入学生日常活动和比赛之中。

在美国大学访问期间，有很多让人印象深刻的见闻。但最令我难忘，甚至有点不解的，要属美国校园里近乎疯狂的体育运动。

可能很多人并不知道，体育运动在美国校园里的地位是至高无上的，最受同学崇拜的往往不是"学霸"，而是"体霸"（这是我自己发明的词）。挣钱最多的也通常不是教授或校长，而是学校球队的教练。同学们对大学的各种排名并不太在意，但说到体育比赛中学校排名的高低却毫不含糊。

第一次接触美国大学的体育是在 2010 年。当时我家孩子正在申请美国大学，准备出去读本科。他不是学霸，从小跟着我国内国外两头奔波，出国学英文，回国补中文，折腾的生活弄得他有点无所适从，学习也受到了不小的影响，凭高中毕业时的成绩很难去竞争美国排名前 20 的顶尖名校。我们召开了几次家庭会议，大家一起讨论什么样的学校是他最好的选择。有一次，他提出了想试一试纽约州的雪城大学，因为这是一所传统的体育强校，多年来在各类体育赛事上均表现突出。而我家孩子

一直便很喜欢体育，尤其喜欢打篮球，这和学校的精气神相当吻合，他自认为去这里读书会更加自信。

后来，孩子如愿去了雪城大学，我也有机会近距离接触这所学校。观察一所美国学校，你可以去看实验室、图书馆、宿舍和食堂，也可以去看他们的体育中心。雪城大学的体育设施确实是大手笔，可圈可点。首先是设施齐全，除了校队的专用训练场地，这里的篮球场、高尔夫球场、橄榄球场、曲棍球场、网球场、壁球馆、室内游泳馆、跑道、各种功能的健身房等应有尽有。近些年国内很流行的划船机，我便是在雪城大学第一次见到的。该校 1980 年建造的凯利超大型室内运动场，可以容纳 5 万多人，据说是美国大学排名第一的室内运动场。另外，让我印象深刻的还有学生们参与体育运动的高昂热情。我始终感觉，美国成为世界第一的体育强国和全民运动的热情是分不开的。很多大学的体育设施都很棒，也经常向当地居民开放，只收很低的管理费。

孩子去雪城大学后不久就参加了健身俱乐部，随后又加入了中国学生会的篮球队，还当上了队长。虽然学习成绩依旧平平，但我发现体育运动改变了他的精神面貌，他开始感受到运动带来的自信和动力，课外的小爱好也有了用武之地。每当雪城遇上主场比赛的时候，他会自豪地穿上雪城大学的 T 恤，和成千上万的球队粉丝们一起汇入体育馆的人海，为自己的球队呐喊助威。

如果你问美国大学生，他们为什么如此热衷体育运动，他们一定会诧异地看着你："啊？运动就是一切！没有运动，那生命还有什么意义？"访问美国大学时，这种感受变得尤为真切。下面我就分享几段名校探访路上的亲身经历，它们从不同的层面阐释了美国校园崇尚的体育精神。

先说在美国亚利桑那州立大学的经历。我们访问这所大学的那天天气很热，抵达校园的时候已近中午，太阳烤得大家上气不接下气，纷纷埋怨这个时间估计见不到几个人，学生们应该都在宿舍里睡觉呢。正在发愁时，对面忽然传来一阵爽朗的笑声，迎面走过来几位身材高挑、肤色健美、身穿泳装的漂亮女生。我们一问才知道，原来她们都是学校游泳队的。落落大方的姑娘们也很乐意和我们交流，她们说这会儿正要去游泳馆参加训练，这样的训练每周要进行好几次，风雨无阻，雷打不动。

雪城大学健身房

看得出来，姑娘们都是发自内心地喜欢运动。高强度的体能训练不仅让她们精力充沛，还使她们信心满满，不断地去挑战更高更远的目标。最后，她们自豪地告诉我们，要冲刺的目标是奥运会奖牌，另外还透露了她们的游泳教练正是美国泳坛传奇名将、人称"飞鱼"的菲尔普斯。原来如此，一所大学的游泳队竟能请到如此高水平的教练，姑娘们的专业水平就可想而知了。

　　被誉为"公立常青藤"之一的俄亥俄州立大学是一所历史悠久的名校，该校的体育场馆占地面积大，参与运动的学生人数众多，体育热情很高。学校于 1922 年建造的马蹄铁形露天体育场是当时全球最大的体育场，虽然 5 年后被"死敌"密歇根大学的场馆超越，但迄今仍为全球面积排名第 5 的体育场，可以同时容纳 11 万人，比北京的鸟巢还要大。想象一下，每当举行美式橄榄球大赛时，万人空巷聚在一起观看比赛，球场内人山人海的壮观场面，这是你感受美国校园体育魅力的最佳机会。除此以外，学校还有一个面向普通学生的综合运动中心，中心内部的设施相当完善，光跑步机就有 2000 多台，还有两个室内游泳池。健身房里有不同的功能区，每一

个同学都能参与进来。在一所如此重视体育的大学，诞生数十位奥运会金牌得主也就不足为奇了。

　　美国没有国家集训队，参加奥运会的选手大部分都是从各个大学里招募培训的。美国有些大学在奥运会上获得的奖牌数量，甚至是许多国家都不敢奢望的。这不仅是奥林匹克运动精神的体现，更是年轻人挑战自我的最佳表现。说起来，美国大学

迈阿密大学游泳队在训练

生为美国奥运会的奖牌榜打下了半壁江山。在 2016 年巴西里约热内卢奥运会上，美国队派出了 555 名运动员参赛，其中的 417 名运动员已成为或即将成为美国大学生体育协会成员。据了解，这些运动员中有 74% 是来自 130 所美国大学的大学生。

　　重视体育不是美国特有的现象，我们在欧洲很多国家，亚洲的日本、韩国和新加坡，以及澳大利亚采访时，也感受到了不少学校对于体育运动的热衷。

日本小学生在武馆里训练

2019年9月下旬，我走访日本学校。在访问东大阪敬爱高中时，看到校园的草坪上整整齐齐地展示着一列奖牌，仔细一看，全部都是历年来学生在全国空手道比赛中获得的金奖。学校老师开玩笑说："全日本最能打的女生都在这里了！"2014年，敬爱高中的毕业生清水希容曾获得亚运会空手道女子个人型决赛第一名、第22届世界空手道锦标赛女子第一名。在东京奥运会上，清水希容获得了女子个人型的银牌。

在敬爱高中，我看到高中二年级的孩子们在操场上足球课，老师做守门员，和一群男孩们踢得热火朝天；室内体育馆里正在进行高中三年级女生排球课，学生们分成四组，交替上场，每球必争，她们只要赢得一分，就会和队友击掌欢呼。在日本流行的棒球比赛，已成为全民关注的运动，全国高中的联赛可谓层层选拔，竞争激烈，决赛的直播一定是当时最热门的话题。敬爱高中国际交流中心的森内老师告诉我们："日本中学都非常重视体育运动，练过体育的孩子往往身心健康，性格开朗，内心比较强大，能承受一定的压力。体育能力突出的学生代表着积极向上的正能量，他们不仅在校园里受欢迎，也更容易被名牌大学录取。"

学校体育开展好了，也会带动整个社会的参与。2019年我去澳大利亚探访时，第一站是西澳州的首府珀斯。早餐完毕出了酒店，我顿时被眼前的美景吸引住，循着洒满阳光的草地，扣动快门一路狂拍。转过街角，我看到不远处有一群人正围绕着马路跑步，耳边还传来呐喊加油的声音。起初我以为只是普通的晨练，走近一看，没想到竟是正式的跑步。大家都穿着整齐正式的服装，还有啦啦队举着花束加油鼓劲。马路旁边还设有临时水站，为跑步者加油降温。参加者年龄层次比较多元，既有白发苍苍的老者，又有意气风发的少年。当然，主体人群还是精力旺盛的中青年人，更有甚者推着婴儿车在跑步，这可真是一场名副其实的全民健身运动。到了近前，

看到马路旁边的宣传牌。上面有"Leg it for lifeline WA"的字样，大概的意思是让人们"迈开腿"，通过运动使人们感觉到生命的可贵。

在澳大利亚，运动已经成为人们不可缺少的生活组成部分。平时他们参加最多的运动就是跑步、游泳和骑自行车等。我们在西澳大学校园参观时，经常有跑步者从旁边穿过。他们不一定是去正规操场跑步，有的就是围着一个亭子，只要完成了每次跑步的目标计划即可。很多游泳馆早上5点多就有人去锻炼，一个西澳大学就有三个露天泳池，还有一个室内泳池满足师生们的需求。在珀斯的街道上，自行车已经不是通勤工具，很少见到有穿着正式服装骑车上班或办事的人们。从行头上看，骑车者主要出于锻炼的目的，而非将其作为代步工具。

你可能听说过牛津大学和剑桥大学每年在泰晤士河上举行的赛艇比赛。这项比赛并非专属于这两所英国顶尖高校，在英国杜伦大学，划船也是学生社团传统项目之一。1877年，杜伦大学就成立了划船俱乐部。这项比赛后来被哈佛大学和耶鲁大

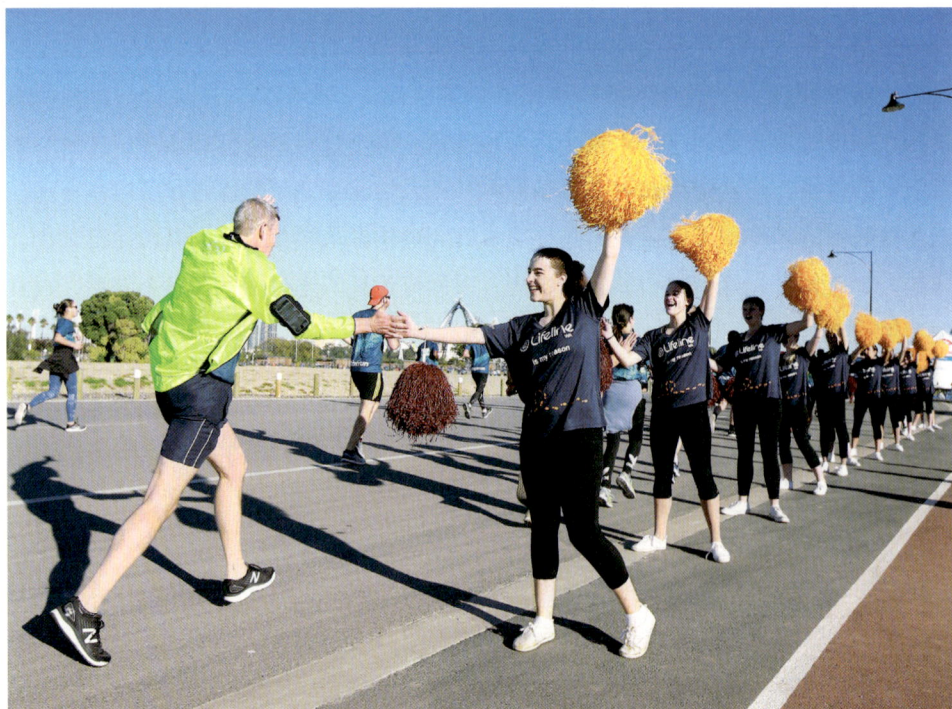

澳大利亚爱心长跑

学借鉴，之后又被日本的东京大学和京都大学仿而效之，一年一度的赛艇比赛也就成为一年一度的盛事。

记得有一次参观美国西点军校，向导告诉我们，西点军校有多达几十个运动俱乐部，在这里，你所有的爱好和才能通通可以得到充分发挥。学员至少有三分之一的时间会花在身体素质的训练上。他们的口号就是"Strong in mind and body"（意志坚定，体格强健）。

你可能会和我一样纳闷，这样会不会培养出一批四肢发达头脑简单的士兵？恰恰相反，从西点军校走出来的，不仅有很多将军和政治家，更多的是成功的企业家。

有一次，一位毕业于西点军校的企业家和我聊天时，终于解开了我心中的疑团。他说，西点的学生一旦走上战场，每一个人都是一名军事指挥官，而指挥官在战场上的每个决定都是生死攸关的。商场如战场，西点人始终追求的是决策的成功概率。西点军校也因此获得了无数美国大学羡慕不已的美誉——"美国企业家的摇篮"。

讲了这么多美国大学及其他国家学校和社会的体育趣闻逸事，你可能会问，这种体育精神和大学的科研学术有关吗？不夸张地说，起源于古希腊的西方文明主要由两大传统组成：一是探究自然奥秘的科学精神；二是强调公平竞争的奥林匹克精神。当今世界一流大学都秉承了这两种传统，既重视科学研究的进步，又崇尚体育精神的传承，两者相得益彰。很多世界一流大学没有专门的体育学院或体育系，虽然有必修的体育课，但更多的是把奥林匹克精神融入学生日常活动和比赛之中。这些大学有体育爱好者或者体育专长生，以体育见长的学生分散在各个院系，跟其他学生一起上课学习，同样要通过各种考试，没有任何特别的照顾。

奥林匹克的格言是"更快、更高、更强——更团结"。这不仅可以用在体育运动上，也可用于科学探索上。事实上，今天的奥林匹克精神就是由教育家发现和倡导而来的。古希腊是现代体育运动和科学技术的摇篮，在人类灿若星河的文明史上，这方不大的土地诞生了很多彪炳史册的哲学家和科学家。但是，随着古希腊的没落，奥林匹克运动会的传统也被淹没在历史的长河里。德国教育家库齐乌斯花了多年时间挖掘古希腊的奥林匹亚村。1852 年 1 月，他在柏林宣读了他的考察报告，建议恢复奥运会。1892 年，法国教育家顾拜旦把奥运会的范围扩大到了全世界。1896 年，

第一届现代奥林匹克运动会终于在希腊雅典正式举行。从此，奥林匹克精神得以传承和发扬光大。

国际奥委会总部位于瑞士洛桑，靠近莱蒙湖，风景非常秀丽。我们去洛桑联邦理工学院探访时，正好遇到市民举行跑步健身活动。为活动鸣枪的是国际奥委会主席托马斯·巴赫。这个活动规格并不太高，但奥委会主席的亲自参与，彰显了全民健身的重要性。应我们的邀请，巴赫先生和我们团队成员合影留念。

今天，在不少国外名校的校园里，无论是凌晨还是深夜，操场上、球馆里、健身房中，到处都能看到大学生参加运动的身影。他们都坚信，不管未来从事什么职业，只要想征服这个世界，就一定需要坚强的意志。而坚强的意志，往往需要强健的体魄，而比赛又让他们学会了团队合作和游戏的规则。

西点军校的学生正在训练

"少年智则国智，少年强则国强"。体育之表是强壮体魄，但体育之内核其实是一种精神，是始终追求更快、更高、更强的奋斗不息，是不断自我超越的自信成长，是坚持到底、永不言弃的坚强意志，是自我发现、自我探索、自我成就和自我实现的一条坦途——这可能是美国大学校园里体育运动如此疯狂的真正原因吧。

穿越队员与国际奥委会主席托马斯·巴赫先生合影

双雄争锋与奥运星光

» ▬▬▬▬ 体育运动不仅能让学生们锻炼身体、增强体魄，而且能够让他们理解学习和生活中更深入、更重要的意义。

美国西部加利福尼亚州的洛杉矶，西濒浩浩荡荡的太平洋，背靠莽莽苍苍的圣安东尼奥山，三面环山，一面临海，让这座城市享有得天独厚的地理条件。这里常年阳光充沛，温度宜人，是体育运动的天然胜地。

洛杉矶申办 2028 年奥运会的口号是"追寻阳光"。洛杉矶奥申委主席沃瑟曼如此解释这个口号："每天，人们都追寻着阳光来到我们这座城市。他们为了追求梦想，在这里激发出前所未有的创造力和发展力。"

在洛杉矶众多的公立和私立高等教育院校中，加州大学洛杉矶分校（UCLA）和南加州大学（USC）可谓是双星闪耀。它们不仅在学术上较量高低，多年来还在体育运动方面既相互竞争又彼此合作，书写着一段段颇值得回味的恩怨情仇。

2018 年 10 月，我们来到洛杉矶，先后参观了 UCLA 和 USC，在感受两校超强学术成就的同时，我们还特别关注了体育在这两所不同体制的顶级高校中的地位和作用。

双雄争锋

　　世界名校之间的竞争，是常见的现象。一般来讲，成为竞争者的双方有两个条件：第一，水平相当。只有实力在同一档次，竞争时才能产生如同火星撞地球一般的感觉；第二，除了拥有相同特色的高校（如同样侧重于理工研究的加州理工学院和麻省理工学院），更常见的是同一区域两强的竞争，激烈程度更甚，趣闻逸事也更多。比如中国北京的清华大学和北京大学，上海的复旦大学和上海交通大学，美国的哈佛大学和麻省理工学院，英国的牛津大学和剑桥大学、伦敦大学学院和国王学院等。在洛杉矶，名校竞争首推加州大学洛杉矶分校和南加州大学之间"剑拔弩张"的对抗。

　　在洛杉矶，加州大学洛杉矶分校是顶尖公立大学，南加州大学则是私立高校中的翘楚，两者之间的关系，从我们访问的一位留学生的表述里可见一斑。这位同学说："UCLA 和 USC 可以说是宿敌一般的存在，就像学术界的泰勒·斯威夫特和凯蒂·佩里。我们国际生以及很多美国学生都觉得，有钱人会去 USC，'敌校'一直给人一

加州大学洛杉矶分校的体育馆内

种财大气粗的感觉；而 UCLA 作为著名的公立大学，则还是以普通家庭的学生为主。而学术表现方面，就我所在的教育与信息研究生院（简称 GSEIS）而言，我们的教育学课程比较有挑战性，学习压力大，注重弱势群体；但 USC 的教育学用时比较长，学习压力也不是很大，时常能看到 USC 教育学专业的同学在朋友圈里晒各种玩耍的照片，而我和我的小伙伴们还在加班加点写论文、做数据分析。另外，USC 教授的教育学内容偏常规一些，不太能感受到那种非常强调形而上的认识论，强调社会行动和发声的愿景。作为 UCLA 的学生，我们觉得自己比 USC 严谨，但也佩服他们注重实践性的教学方式，也就是课程更加以就业为导向，是切切实实的实用主义。"

教育风格和学术特色上的不同，也会延伸到体育方面。USC 和 UCLA 之间的恩怨还得追溯到 20 世纪 40 年代的那场著名的橄榄球竞赛。每年，USC 和 UCLA 都会开展美式足球对抗赛，获胜一方将会赢得胜利钟的保管资格。胜利钟最初属于 UCLA，赛季中，每逢 UCLA 的仙熊队得分时，啦啦队长就会撞响钟声，胜利钟也因此成为仙熊队的精神支柱。1941 年两校对抗赛时，USC 的六名学生偷偷潜入仙

南加州大学校园内的运动雕塑

熊队的大本营，用卡车将胜利钟直接载走，并先后辗转藏在地下室、好莱坞山等地。仙熊队和粉丝们耗时一年苦苦找寻，最后却无功而返。

1942 年，胜利钟照片突然出现在 USC 的杂志上，一时间引起轩然大波。UCLA 学生的愤怒也由此达到了顶峰，他们在盛怒之下多次潜入 USC 校园里，把"敌校"的标志性建筑特洛伊铜像用油漆喷成各种颜色，以示抗议。而 USC 学生也不甘示弱，他们跑到 UCLA 学校的草坪上，在草皮上烧出了"USC"的字样。"如果再发生类似情形将取消两校美足对抗赛"——这场风波最后由 USC 校长出面威慑才得以平息。1942 年，两校学生代表签署了协议书，同意之后的年度足球比赛优胜者可以保有胜利钟一年。在当年的比赛上，夺钟心切的 UCLA 球队在不被看好的情况下，狠狠地痛击了 USC 球队。比赛的前四分之三局时，胜利钟会摆在球场边，一得分便敲响。这种针尖对麦芒的双雄争锋，在客观上刺激了两校体育项目的蓬勃发展。

奥运星光

2017 年 9 月 13 日，国际奥委会正式确认洛杉矶为 2028 年夏季奥运会及残奥会的主办城市，这是继 1932 年和 1984 年之后，洛杉矶第三次举办夏季奥运会。洛杉矶将成为历史上继伦敦和巴黎之后，第三座举办三次奥运会的城市。洛杉矶向世界承诺要举办一届节俭的奥运会，预算仅为 53 亿美元。在设施上，计划尽量利用现有场馆，除了必要的项目之外，不会兴建新的永久性场地。在此背景下，加州大学洛杉矶分校成了奥运村所在地，而南加州大学成为奥运媒体村。两所名校终于为了一个共同的目标而走到一起。

事实上，这两所学校被选中，也是因为它们本身就是奥运金牌的产出大户。据统计，南加州大学的奥运奖牌获得者（学生和校友）至今共摘获了 144 枚金牌、93 枚银牌和 72 枚铜牌，以 309 块奖牌数量高居美国大学榜首，仅仅比东欧传统体育强国罗马尼亚少了 3 枚，单论金牌在排名榜的位置则更为靠前。南加大的洛杉矶纪念体育场，是该校乃至整个美国的宝贵财富。它于 1923 年落成，是美国最好的体育场之一，也是全世界最大的体育场之一，最多能容纳 92604 个席位。体育场位于洛杉矶市大学公园内，它融合了传统与现代的顶级竞技环境，是 1932 年夏季奥林匹克

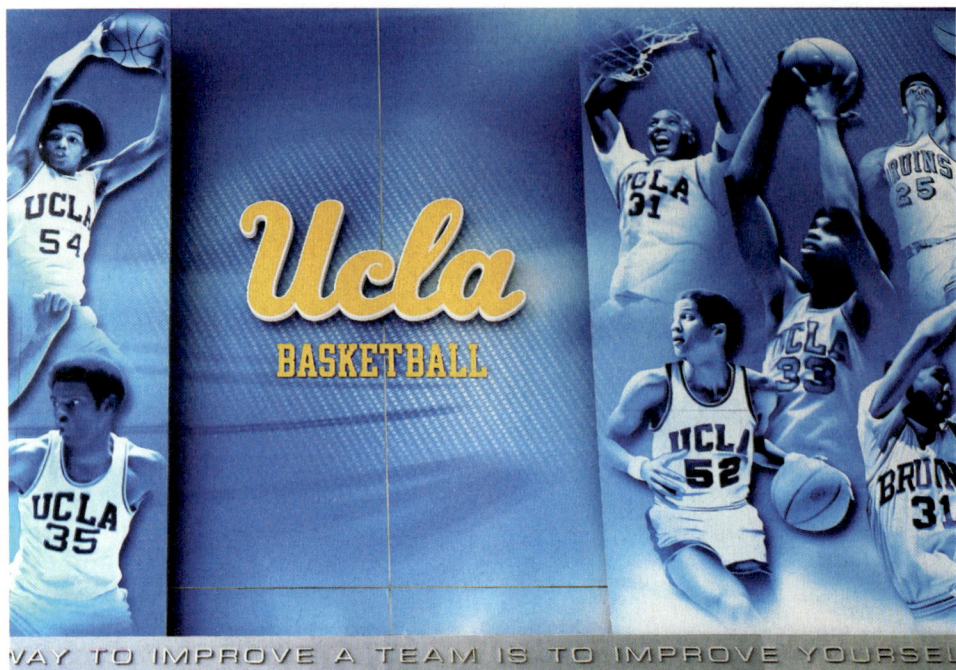

加州大学洛杉矶分校的宣传海报

运动会的场地，当时的开幕式和闭幕式都是在此举行。1984 年奥运会期间，这里又举办了径赛项目，也因此成为世界上唯一一个作为两届奥运会主场馆的体育场。当年奥运会开幕的翌日，洛杉矶纪念体育场就被定为美国国家历史地标。

UCLA 摘得的金牌总数略逊于 USC，在美国大学奥运金牌榜上排第 3 位。在我们参观 UCLA 的旅程中，经过了一个国际级的足球训练场，据说这里也是皇家马德里和曼联这两家世界顶级足球俱乐部的专属夏训期训练场。UCLA 校园里有一个专业级的室内篮球场，它的规模和内饰完全不输给作为洛杉矶湖人队主场的斯台普斯球场；还有一个综合性的健身房，里面的器械种类不下百种，光跑步机就有将近百台，更有室内攀岩设备、奥运级别的泳池赛道等。身着运动装正在跑步，或准备出发去锻炼的年轻人从我身边成群结队地跑过，他们脸上洋溢着的自信笑容是那样的耀眼，他们身体里迸发出来的青春能量是那样的充沛。

UCLA 的室内体育馆里悬挂着两张极其醒目的图片，我们可以从中看出体育运

动的重要性，也能看出体育热在美国校园成为普遍现象的深层原因。

第一张图片上面写着：提升团队的最好方法莫过于提升自己。这句话强调个体要学会对团队负责，而对团队负责的最好方式不是去挑剔别人的问题，而是努力提升自己。在一个团队里面，如果每个人都有这种自我进步的意识，这个团队岂有不胜的道理？所以这恐怕就不只是在谈论体育了，而是可以放到我们的学习、生活甚至是未来的职场中去理解和实践，它阐述的是如何看待个人和团队的思维方式。

第二张图下面写着：让每一天都成为自己的杰作。这句话延伸了"精进"的思想。它没有悲观地告诉你要把每一天当成最后一天来过，规劝大家要努力；而是正向、积极地告诉你，你就是一个艺术家，你在雕琢一个独一无二的艺术品，这个艺术品就是动态的你。每一天，你都会面对一个全新的自己，那么在这一天，你一定要把自己雕琢成一个对得起自己、对得起世界的杰作。请你相信，自己就是伟大且独一无二的作品。

UCLA 健身房大厅的墙上挂着另外一张图片，叫作"pyramid of success"（成功金字塔）。在塔尖上，"competitive greatness"醒目地呈现在大家面前。这是一种价值观，也是一种人生观的宣贯：生命的本质就是竞争。关于竞争，现代社会的人们越来越不再避讳，因为它是人类乃至生物界千百万年来一种常态的现象。只有通过竞争，一个种群才有可能更好地延续。当然，我们提倡的是良性竞争，而非违背良心和普世价值观的恶性竞争。所以大家可以在这张图表中同时看到，金字塔下方是充满了正能量的各种核心要素：自信、团队、自制、友谊、勤奋、忠诚等。也许这个金字塔传递的就是美国大学的教学理念之一——体育运动不仅能让学生们锻炼身体、增强体魄，而且能够让他们理解学习和生活中更深刻、更重要的意义。

体育与教育的完美结合是以 UCLA 和 USC 为代表的美国大学特色之一。UCLA 的招生标准之一是"学生的身体及心态要同样健康"。未来社会的人才，除了专业能力之外，谁能否认身心健康是最核心的必备标准呢？或许，我们能够从这两所学校的成就中找到需要的答案。

南加州大学的励志柱

乔丹纪念馆与美国大学生体育协会

>> 窥一斑而知全豹，通过对这位美国职业篮球联赛（NBA）最著名运动员的了解，我们可以了解美国大学生体育协会和北美体育联盟的特点。

中学时期的我身体比较单薄，为了加强体质，便把大部分业余时间用在篮球和乒乓球上。无心插柳柳成荫，这对于我的体能、精力和品质的塑造都起到了潜移默化的正向作用。30多岁时，我负笈南下，跨越了大半个地球，远赴澳大利亚留学。20世纪八九十年代，改革开放初第一批中国留学生的艰辛生活，相信没有亲身经历的人很难体会。当时除了应付沉重的课业负担外，我还经常半夜爬起来，赶公交车出去勤工俭学。

那段日子，我们大多数留学生虽然没有处于"崩溃的边缘"，但是体力上日复一日的高消耗自不必说，精神上的压力尤其让人感觉喘不过气。这种艰苦的磨炼恰如阿·托尔斯泰在《苦难的历程》中所言："在清水里泡三次，在血水里浴三次，在碱水里煮三次，我们就会纯净得不能再纯净了。"面对这种境况，想要熬过来，就得变得更强、更有韧性。现在回想起来，体育锻炼给我带来的益处非常之大，是它帮助我挨过这段困难的时光。毕业后，无论是在BBC工作还是后来加盟新东方，

工作节奏都非常快，都需要充沛的体力加上平和的心态才能很好地适应。后来有了孩子，我在他很小的时候就鼓励他打篮球。长大后，他去了美国留学，还成了校篮球队的队长，篮球运动给他带来了自信和快乐。

在"探寻世界名校之旅"中，我清晰地看到一个现象，那就是西方名校对于体育活动普遍都比较重视，体育运动在大学日常生活中占有很大的比重。若要论整体发展，美国大学在教学和体育的结合方面，走了不同于欧洲及其他国家和地区的路子，主要表现在美国大学生体育协会的独立发展、职业化体育联盟以及大学生选拔、奥运选手的选拔和培养等方方面面。2018 年 10 月，我们访问北卡罗来纳大学，专门参观了乔丹纪念馆。窥一斑而知全豹，通过对这位美国职业篮球联赛（NBA）最著名运动员的了解，我们可以了解美国大学生体育协会和北美体育联盟的特点。

走访乔丹纪念馆

乔丹纪念馆位于他的母校，也就是北卡罗来纳大学教堂山分校。乔丹之于篮球，意义如同贝利之于足球，他是一种时代的印记，他是一段历史的缩影，他是一个传奇的化身。当年，乔丹和北卡罗来纳大学教堂山分校差点失之交臂。在距离教堂山仅 20 分钟车程的地方，有一个城市叫达勒姆，著名的杜克大学就位于那里。当年乔丹在北卡读高中时，他选择大学的优先意向是拥有一支篮球强队的杜克大学。可惜的是，杜克大学篮球队名师迈克·沙舍夫斯基（老 K 教练）却没有给予乔丹足够的重视。最终，乔丹选择了北卡教堂山分校。在乔丹纪念馆的展柜中，还陈列着 1980 年老 K 教练写给乔丹的拒信，他在信中客气地祝福乔丹在未来的大学运动生涯中一切顺利，没想到杜克大学竟就此遗憾错过了一代篮球传奇。老 K 教练后来在自述中懊恼地提道："当年错过了乔丹，的确是自己这辈子执教生涯最大的遗憾。"1982 年美国大学生篮球决赛中，正是乔丹带领球队绝杀乔治城大学队，以 1 分优势赢得冠军。1983 年、1984 年，他连续两年当选为美国大学生体育协会大学年度最佳球员。

在 1984 年的 NBA 选秀中，乔丹于第 1 轮第 3 顺位被芝加哥公牛队选中，这成

北卡罗来纳大学教堂山分校的运动场

为了 23 号传奇诞生的起点。在新秀赛季，他就帮助球队顺利挺进了季后赛，自己也摘获了最佳新秀奖，毫无悬念地入选了全明星。

1985 年，乔丹完成了地理专业的学士学位后继续在 NBA 打篮球。他在球场上兼具力量和敏捷性，带领球队一举拿下 1991 年至 1993 年三连冠。在棒球小联盟短暂停留之后，他重返篮球场，并于 1996 年至 1998 年连续三次带队荣膺 NBA 总冠军。1998 年，乔丹获得了 NBA 最有价值球员奖，这是他第 4 次获此殊荣，1991 年、1992 年、1996 年和 1998 年该奖项都属于乔丹。2003 年，乔丹在华盛顿奇才队正式宣布退役。2009 年，乔丹收获了篮球界最伟大的荣誉，被选入奈史密斯篮球名人纪念堂。

参观北卡教堂山分校的篮球博物馆时，我们感受到了乔丹在这个学校无与伦比的崇高地位。为了纪念他在北卡时期的"高光表现"，学校专门设立了一个乔丹专柜，用来展示这位天才运动员的各项荣誉和趣闻逸事。通过展馆的介绍，我们认识了一个更加真实的乔丹。

盛名之下，乔丹依然是一个谦逊的人。很多人都知道 23 号是乔丹的传奇号码，但却没几个人知道为什么是这个数字。其实，这个传奇号码的背后还有一个真实的故事。乔丹有一个哥哥，叫作拉里·乔丹。拉里也是一位极具天赋的篮球运动员，但由于其身高只有 1.75 米，先天限制因素太大，最终无法与 NBA 结缘。可是在迈克尔·乔丹的心中，哥哥不仅是最棒的，而且是对自己影响最大的人。他一直以来的目标是，自己只要能有哥哥一半的水平就够了。哥哥的战袍是 45 号，所以乔丹就希望自己的号码是哥哥的一半。由于没有 22.5 这个号码，于是四舍五入变成了 23 号。通过这件小事，大家可以了解到乔丹从小就是一个谦逊又可爱的男孩。

即使天赋过人，乔丹也始终是一个拿命拼搏的人。在 1997 年的 NBA 总决赛中，芝加哥公牛与犹他爵士的第 5 场"生死大战"中，乔丹身患严重感冒仍坚持带病出征，而且一个人独砍 38 分，带领公牛队夺取了胜利。然而在比赛结束后，乔丹因为体力不支倒在了队友皮蓬的怀里。这就是著名的"感冒之战"，如今已经成了一段脍炙人口的传奇佳话，被不少球迷津津乐道。此外，据乔丹的前任私人教练蒂姆·格罗佛爆料，引起乔丹身体如此虚弱的原因，竟然是有人在乔丹赛前吃过的比萨里动

乔丹母校的篮球纪念馆

了手脚！无论这些赛场外的事情原委如何，乔丹在赛场上的拼搏精神与顽强意志都令人印象深刻。

赛场上是一员悍将，然而私下里，乔丹也是一个真性情的男人。大家可能知道关于他的这么两件事：一是乔丹在紧张的比赛中有一个经典的吐舌动作；二是1993年，乔丹在职业生涯鼎盛期突然宣布退役。这两件事情都和一个人有关，那就是乔丹的父亲。老乔丹在修理屋子的时候经常喜欢吐舌头，这个小动作就被乔丹继承了下来。据他自述，这样做有利于集中注意力。但是，1993年老乔丹突然遇害，乔丹陷入了巨大的悲痛，心理阴影挥之不散，于是在职业生涯的巅峰宣布退役。很多人只知道乔丹此次退役是由于对亲人逝世的伤痛，其实不尽如此。因为老乔丹生前一

直希望儿子成为一个棒球明星，为了满足父亲的遗愿，乔丹毅然选择改变自己的体育生涯，转而投入棒球运动。从这件事情中，大家能看到一个有血有肉的乔丹，一个真性情的"篮球之神"。

大学生体育组织：美国大学生体育协会

我很喜欢《弱点》这部励志电影，该影片取材自 2009 年美国国家橄榄球联盟选秀状元迈克尔·奥赫，通过艺术手法讲述了他的非凡人生经历。

费城 76 人队和波特兰开拓者队的比赛

非洲裔美国男孩奥赫自幼父母离异，家庭破裂，他的父亲因犯罪入狱，他自己也离开了生母，独自流落街头，进入了一家孤儿院。奥赫生性木讷，智商不高，但身体强壮，极具运动天赋。在一场排球比赛散场后，因为见到很多人没有带走垃圾，心地善良细腻的奥赫主动帮忙收拾，这引起了陶西家的注意。经过认真考虑后，陶西太太决定收养奥赫，并打算把他培养成橄榄球选手。家庭的温暖和长辈的关心使孤独的奥赫备受鼓舞，他不断地被激发出运动潜能，很快地融入了橄榄球队的生活。在训练队里，他勤奋练习，努力提高成绩，终于获得了大学的入学资格，顺利被陶西太太的母校密西西比大学录取，最后成为一名职业橄榄球队员。

NBA 比赛的紧张时刻

这部接近于写实的电影获得了广泛关注，也收获了良好的口碑。女主角陶西太太的扮演者桑德拉·布洛克也因此片获得了第 82 届奥斯卡最佳女主角奖。

如果你细心看过这部电影，相信会对美国大学生体育协会的人才选拔机制和影响力有一个直观感受。大部分中国学生在前往美国或加拿大的高校学习之前，往往主动了解的是学术地位、研究方向和社团活动等，对于体育文化的了解可能还不够多。事实上，在美国和加拿大，人们对于大学体育赛事的热情超乎想象。每年 3 月的美国大学生体育协会篮球决赛，总能引起全美轰动，其他的大大小小赛事都会给其让路，比赛的收视率连续多年蝉联全国第一，收视人群超过 2000 万人。很多成名多年的美国职业篮球联赛巨星都化身球迷，观看比赛并为心仪的球队呐喊加油，甚至美国总统和政府高官也会抽空前来捧场。据统计，在所谓的"疯狂 3 月"期间，有 86% 的员工会想尽一切办法获取比赛信息，很多人甚至提出病假和换班的请求。

对全世界人民来说，四年一度的夏季奥运会是世界级别的运动盛宴。要说世界第一运动，则非足球莫属。对于美国体育运动，中国球迷最熟悉的莫过于美国职业篮球联赛。但大家可能不了解的是，奥运会在美国还算不上是关注度最高的赛事，足球和篮球也不是北美的第一运动。在美国，公认的国民第一运动其实是橄榄球，第二是棒球，篮球只能屈居第三，第四是冰球，至于足球（英式），在北美就排不上号了。

美国大学生体育协会是美国千百所大学院校都要参与的一个协会，分为三个等级，数十个联盟，进行 23 个运动项目，举办橄榄球、篮球、棒球、冰球等各种球类联赛，以及田径、体操、摔跤等其他项目的比赛。橄榄球、棒球、篮球（男子）和冰球（男子），是最受关注的四个体育项目，也是各校投入最多的运动。很多学校的橄榄球场馆非常巨大，比如密歇根大学、宾尼法尼亚州立大学、得克萨斯大学等学校的球场，有的球场观众座位超过十万个，在世界上都能够排到前十位。美国大学生体育协会赛事，是美国大学生在紧张的学习之余最关心的重要体育盛会之一。学校之间也会有竞争。除了赛事的胜负之外，有的学校还因为办学理念和学生生源争夺而开战。

想要加入美国大学生体育协会的学校，必须有男女各 4 项运动校队才具备入会资格。同时，美国大学生体育协会规定运动员应该是以读书受教育为主要目标，而

不是单纯为了运动。运动员在入学之时，学校对他们的 SAT 和 ACT 都有最低分数限制。在校期间，学生平均成绩需要在 2.0 以上，要是出现不及格的课程，就得被迫出局，不能参加比赛。总体来讲，美国全国大学体育协会和职业联盟相比还是教育为先，保持着"业余"的特点。它是美国大学生读书生活之余活力四射的调剂，是青春生命里光芒夺目的色彩。

NBA 比赛的轻松时刻

和谐、平衡与节奏
——赛艇运动的独特魅力

>   对于赛艇运动员来说，没有名利声望这些外在的推动力，剩下的就只有自身的驱动力。唯有热爱与自律，才能长久地坚持。

《激流男孩》（*The Boys in the Boat*）是根据真实故事改编的纪实小说，讲述了华盛顿大学 9 名出身贫寒的少年在 1936 年奥运会中夺冠的艰难历程。这几个男孩并肩作战，历尽磨难，击败了哈佛大学、耶鲁大学等贵族名校的赛艇强队，赢得了代表美国出征柏林奥运会的资格。之后他们远渡重洋，来到当时被纳粹控制的德国，克服层层险阻，最终勇夺奥运冠军！这是一场苦难重重的不凡旅程，荣誉之路荆棘丛生，故事扣人心弦，情感真挚细腻。2013 年此书一问世，就被认为是决心和毅力的最好诠释，也因此登上了《纽约时报》的畅销书榜单。

读完全书，我被主人公的故事深深地打动，也对赛艇这项看似小众的运动多了一层理解。事实上，这项起源于英国的运动有着悠久的历史和独特的魅力。牛津大学、剑桥大学和美国常青藤盟校都对赛艇运动情有独钟，年年都要大张旗鼓地举行各种

比赛。能够成功进入大学的赛艇队，是各校学生的无上光荣。我们在三次英美"探访世界名校之旅"中，因为探访时间和日程安排等问题，都没能亲眼看到赛艇运动的现场盛况，但在参观大学体育设施时，我们感受到了这项运动的迷人魅力。

赛艇比赛——名校之争的另一战场

船艇作为日常生活的交通应用，很早就出现在英国等地，最初是人们商业运输、救生和战争的工具。在泰晤士河，各种船艇更是附近居民出行的日常交通工具，被称为"水上巴士"。天天在水上摇橹划桨，风吹日晒，辛苦自不必说，枯燥更加熬人。于是，这些英国人就经常比赛打赌，整点乐子，调剂一下生活，这就是赛艇运动的雏形。据说 17 世纪时，为了庆祝国王加冕，英国首次举行了赛艇比赛。贵族们成立了赛艇俱乐部，逐渐出现了专业选手，赛艇也演变成了竞赛项目。

1811 年，著名的私立学校伊顿公学举办了八人赛艇比赛，成为学校开展赛艇运动的首倡者。1829年，两位昔日哈罗公学的

英国大学生在泰晤士河上赛艇训练

　　好友——来自牛津大学基督学院的查尔斯·伍德斯沃斯和来自剑桥大学圣约翰学院的查尔斯·梅里威尔萌生了比赛的想法。于是，剑桥大学赛艇协会向牛津大学下了战书，决定在伦敦组织一次八人单桨赛艇比赛，由此拉开了牛剑赛艇这项百年赛事的序幕。

　　同年 6 月 10 日，牛津大学和剑桥大学的第一场赛事在泰晤士河上如期举行。

华盛顿大学的赛艇队训练基地

最终，牛津队取得了胜利。获胜的这艘战船也成为牛津大学的纪念品，至今存放在博物馆内。自 1856 年始，两校赛艇比赛成为年度盛事，除了两次世界大战期间不得不取消比赛，其他时间一直不曾中断。根据比赛规定，赛道位于伦敦西南部从帕特尼到蒙特莱克的泰晤士河段上，赛程为 6.8 公里。两队比赛所用的赛艇都是八人艇，有 1 名舵手，各方均派 9 人参赛，参赛者必须为在校学生。剑桥大学的队服是浅蓝色，

而牛津大学则是深蓝色。

赛艇比赛看上去就像河面上的水，看似平静无奇，但下面涌动的是激流。每年剑桥大学和牛津大学在泰晤士河举行比赛时，BBC 都会进行直播，场面浩大，万人空巷。100 多年来，每次比赛就这两个队参加，结果总是一个第一名，另一个最后一名，双方都是竭尽全力，为荣誉而战。从历史上的整体战绩看，剑桥大学占优。但进入 21 世纪以来，牛津大学又稍稍领先。可想而知，赛艇竞赛作为大家喜闻乐见的传统，还会继续延续下去。

哈佛大学和耶鲁大学同为美国顶级名校，体育方面的竞争也是不甘人后的，从橄榄球比赛到赛艇对抗赛，两校的交锋每次都会碰撞出火花。

1852 年，第一次哈佛耶鲁赛艇对抗赛在美国举行。1870 年，美国大学赛艇协会正式成立，这是美国大学历史上最早的校际体育协会。协会规定，只有在校大学生才能代表学校参加比赛，这个规定后来也被美国大学生体育协会采用，成为通用的标准。

哈佛耶鲁的赛艇比赛早已是美国大学生体育历史上的经典赛事，在这项赛事上也出现了很多传奇人物，哈佛大学的赛艇主教练哈利·帕克就是个中翘楚。他执教哈佛大学赛艇队 53 年，一共带队赢得了 16 个全国冠军，战绩赫赫，目前无人可与之比肩。

尽管美国各大学之间的赛艇比赛从未间断，但这项运动在很长一段时间内都没有被美国大学生体育协会接纳。直到 1997 年，赛艇才正式成为美国大学生体育协会的比赛项目。目前，美国大学生体育协会全国冠军赛的赛道长度为 2000 米，项目分为八人制和四人制，只进行女子重量级赛艇的比赛，而男子赛艇和女子轻量级赛艇的比赛则由其他大学校际协会承办。由于赛艇运动的技术性很强，所以美国大学生体育协会特别设立了新手组的比赛，为新手学生运动员积累经验。

很多美国大学配备了顶级的赛艇运动设备，还设有赛艇中心，用来存放比赛专用的艇、船桨等器具，队员们可以随时过来训练。在生活方面，美国大学生体育协会为赛艇运动员提供丰厚的奖学金，支持队员心无旁骛地参加这项运动。

"训练辛苦也没有多少个人荣光"

在《激流男孩》的故事开头，造船大师乔治·约曼·波科克直言不讳地说："赛艇是这样一项运动——训练辛苦也没有多少个人荣光，却依然流行于各个世纪。可以说，它必定有一种特殊的魅力，常人无法看见，只有卓越者才能欣赏。"

和其他体育项目一样，赛艇也需要天赋加后天的不懈努力。但相比于其他项目，赛艇运动更加磨炼意志、塑造性格。赛艇手之间流行不少术语，其中一个是"Swiss cheese"（瑞士大孔芝士），这是用来形容手上的水疱和老茧。赛艇训练强度一般是每周 4 次至 6 次，一年四季风雨无休。无数次的动作重复，哪怕是最软的纤维都能将皮肤擦出水疱，戴任何手套都没用；而且即使是最轻薄的手套，戴上后都会影响握桨的手感。有意思的是，赛艇手基本上都以 Swiss cheese 为傲，因为这意味

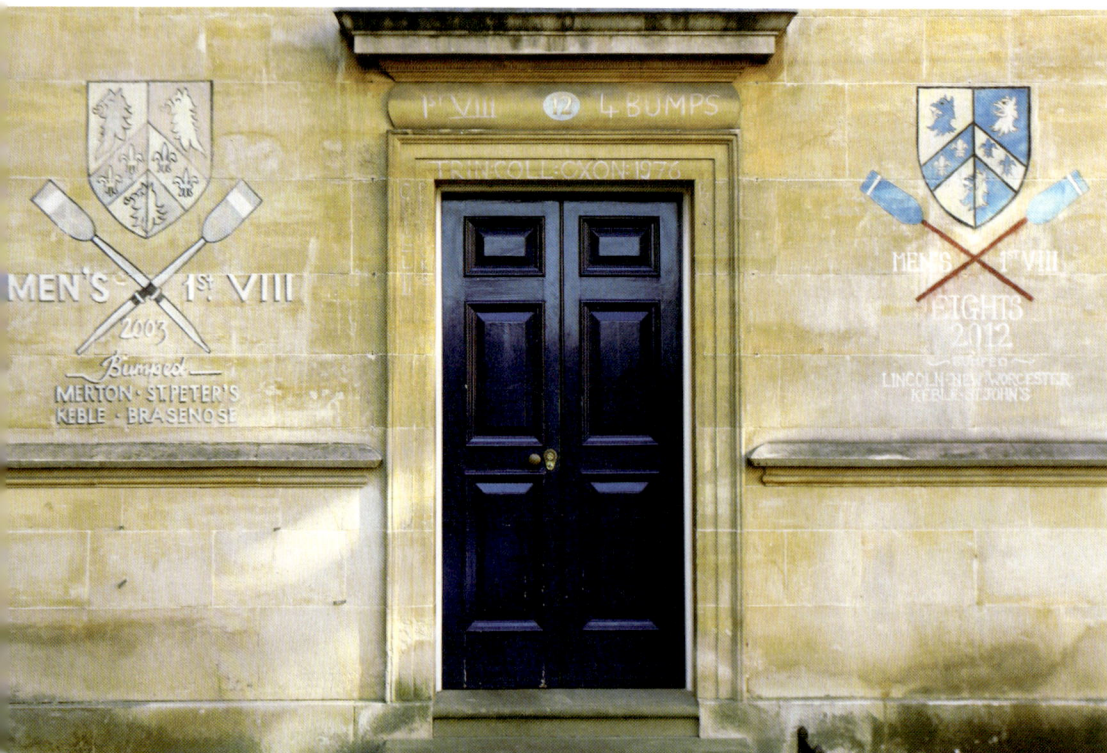

牛津赛艇队获得的荣誉

199

着自己已经克服了对疼痛的恐惧，意味着背后千百个小时的辛苦练习，意味着自己对这项运动执着的热爱和心甘情愿的付出。

另外一个颇有趣味的术语是"cotton mouth"（棉花嘴），这个就更形象了，指的是已经划船划到了口吐白沫的境地。如果在比赛中超过终点线的那一刻，赛艇手还保有一丝余力却没有拿到第一，那可是要抱憾终生的。用"Give it all you have"（掏空你自己）来形容赛艇项目是最贴切的。就像《激流男孩》书里描述的那样，不论外部环境如何恶劣，运动员每次都必须拼尽全力——"今天可能下暴雨、下大雪或是刮着刺骨的寒风，但他们一直在划船。雨水淋透了他们的背，模糊了他们的双眼，灌到船里浇湿了座椅，他们一直在划船。"

八人单桨有舵手两公里项目的世界纪录不到 5 分 30 秒。在这短短的几分钟内，任何一名队员都不允许有丝毫的懈怠，团队也不允许有任何的不和谐。很多赛艇运动员都说过这样的话：在他们尝试过的各种体育项目中，赛艇是最难的一项。

在理解了赛艇运动的独特之处后，我们也更加明白为什么英美名校格外青睐这项运动，多年来不计回报进行大手笔投资，全力支持它的持续开展。美国举国上下都很重视体育，相信这与体育磨炼意志的价值观念密不可分，体育也因此得以在美国形成一个超级产业。大学运动队教练的一项重要工作就是到中学发掘有潜力、有天赋的运动苗子，然后把名单交给招生委员会，后者在录取和奖学金发放等方面对这些学生进行不同程度的倾斜。

赛艇运动还被认为是团队精神的终极体现。体育世界里有很多集体项目，譬如篮球、足球、排球等，这些项目的队伍里无一例外都有耀眼的明星队员，他们能够在关键时刻力挽狂澜，靠一己之力使队伍反败为胜。而赛艇项目没有明星队员，团队的成绩是由最弱的选手决定的，最终取得胜利除了靠实力，更需要每一个队员毫无保留地信任队友，把自己融入整个团队之中。赛艇比赛也没有关键时刻，因为每分每秒都是关键时刻。

此外，赛艇运动员靠的基本上都是内驱力。赛艇运动受到的关注不多，基本不具备商业潜力。即使是世界冠军，也不太可能挣到高额的薪水，更没有产品代言的机会。普通观众最多记得某年某个国家或者某个大学拿到第一名，根本记不住队员

是哪几位。对于赛艇运动员来说，没有名利声望这些外在的推动力，剩下的就只有自身的驱动力。唯有热爱与自律，才能长久地坚持。

最后让我们回到《激流男孩》这本书，用其中的一段话来形容赛艇运动对一个人的深远影响最恰当不过——"和谐、平衡与节奏，这三件事会一辈子留在你的生命中。文明所能教给我们的也就大抵如此。这就是为什么当一个赛艇手进入生活后，赛艇运动教会他的这三件事，可以让他成为生活的勇者，并牢牢把握住自己的人生。"

牛剑的赛艇比赛是一年一度的盛事

校园里的创业孵化器

>> ████ 毕业生的成绩就是学校的荣耀，也是学校最重要的口碑。这样的良性循环让滑铁卢大学始终充满着创造力，鼓舞着一代代学子勇于自我挑战，发挥自己的最大潜能。

曾经能否走出国门的问题，现在已经不再是问题了，人们对海外教育的认识也早就变得更加理性和成熟。今天，家长们开始普遍关注孩子留学后的就业问题和职场发展前景：选择哪个专业更适合市场需求？留学期间能否有实习的机会？学生该从哪些方面提升自己的竞争力？学校会提供哪些资源？这些问题我们也关注着。在走访世界名校过程中，我们发现有些大学在培养学生就业力和创业力方面可谓用心良苦，舍得大投入。其中尤为值得一提的是加拿大的滑铁卢大学，这所大学首创学生在读期间的"带薪实习"培养项目，可谓独树一帜。

在世界性的大公司里，滑铁卢大学的实习生得到了"优厚"的待遇。根据求职与招聘网站 Glassdoor.com 的统计，在微软公司中来自滑铁卢大学的实习生们，平均月薪高达 862 美元，微软还为他们提供往返机票，外加 3000 美元的住房补贴；而苹果公司的滑铁卢大学实习生平均月薪则是更高的 1031 美元，此外也同样得到来自苹果的往返机票和 3000 美元房补；加拿大皇家银行的滑铁卢大学实习生，平均月薪亦在 1000 美元到 2000 美元之间。

滑铁卢大学

　　滑铁卢大学位于加拿大安大略省西南部的滑铁卢市，是一所中等规模的公立大学，创建于 1957 年。2016 年至 2018 年，滑铁卢大学一直稳居加拿大最权威的大学排名杂志之一——《麦克林杂志》评选的加拿大综合性大学排行榜第二位。而在 2015 年国际高等教育研究机构做出的世界大学排名中，滑铁卢大学 QS 评分为 5 星半，并获得了加拿大国际型大学中的最高分数。《麦克林杂志》曾经评价道，滑铁卢大学"最强的是数学、工程学和计算机科学方面"，并且称滑铁卢大学为"国际上被认定的空前未有的成功"。

　　滑铁卢大学有带薪实习系统，即学生在校读书期间，拿出一段时间去外部公司做专业相关的实习工作。本科生基本是一个学期上课，一个学期实习，如此一来，学生在毕业时就已拥有两年的工作经验，且可能体验过 4 到 6 个不同的工作岗位。

　　滑铁卢大学在全球已拥有近 3000 家合作的雇主企业，其中有知名北美企业如谷歌、微软、IBM 以及加拿大五大银行和四大保险公司等。目前，世界上没有任何其他一所大学将带薪实习系统做得像滑铁卢大学一样成功，也正是因为扎实、科学、

有效的带薪实习系统，滑铁卢大学超过了哈佛大学、斯坦福大学、麻省理工学院等世界名校，成为微软公司每年新雇员来源最多的学校。

该校 2010 级数学系的中国留学生袁磊说："很多同学在校期间已经可以依靠带薪实习在经济上自立，减轻家庭负担。另外，实习工作期间带给同学们眼界、人脉和经验的积累与拓展，对于大家毕业后的就业或者创业会有很大的帮助。"

滑铁卢大学的同学们在校期间就已经对市场、行业、职场有了比较深入的感知和了解，积攒了一定的工作经验，对自己今后要从事的行业认识越来越清晰，学生创业比例连年居北美高校前列也就不足为奇了。

从滑铁卢大学开车仅需 5 分钟，我们就来到了学校与当地创业孵化器深度合作的创业园。在校生和已经毕业的校友都可以在这里进行创业初期的筹备和孵化工作，这里有专人提供项目咨询指导，以及发布并对接投资和后期营销辅导等服务。创业园共有 3 层开放式办公空间，呈现出工业化风格，显得自由而充满活力。办公区内有人在写项目策划书，有人在用 3D 打印机制作模型，有团队在讨论产品研发方向，也有创业者在向投资人介绍自己的创意和思路……创业园负责人对我们说："滑铁卢大学免费向学生和校友提供场所、设施和各项支持，项目在市场上获得成功后，学校不拿一分钱。毕业生的成绩就是学校的荣耀，也是学校最重要的口碑。"这样的良性循环让滑铁卢大学始终充满着创造力，鼓舞着一代代学子勇于自我挑战，发挥自己的最大潜能。

无独有偶，在南半球有一所大学，他们的学生在创新创业方面的成绩，可以与加拿大的滑铁卢大学一较高下。这所学府以理工科著称，号称"南半球的麻省理工"，它就是位于澳大利亚悉尼的新南威尔士大学。

1949 年，新南威尔士大学建校，最强势的学科是工科。因为新南威尔士校友之中著名工程师众多，这所学校也因此被称为"工程师的摇篮"。近年，该校商科发展强劲，拥有澳大利亚排名前列的商学院，还曾因其校友在澳大利亚 50 强企业 CEO 中人数高居全澳第一，而被称为"CEO 大本营"。这所学校非常注重实践，形成了工科和商科双星闪耀的学科布局。这种"弯道超车"的做法，让它很快在新兴高校中脱颖而出，跻身澳大利亚八大名校之一。走访结束后，我和同事们都纷纷

滑铁卢大学数学系图书馆

惊叹，这所大学太有活力了！

新南威尔士大学是全球知名孵化器"ATP创新"的创始成员，拥有澳大利亚最大的学生创业项目，并且还在澳大利亚高校中最早开设了以大学为基地的创业法律中心和女性创业辅导中心，成为培养创业团队的沃土。导师机制、专业性优势产业结合、与风投及大企业的紧密合作、人才管理的软性服务等，吸引着校园里的创业者，

并最终助力不少创业者走向成功。学校的迈克尔克劳奇创新中心还为在校生和校友提供场地、设施、资金和人脉资源，帮助学生实现创业理想。

我们在悉尼访问期间，正值 2019 年缤纷悉尼灯光音乐节，这是全世界最大的灯光、音乐和创意节。艺术家们运用色彩缤纷的创意"画布"，点亮城市地标，勾勒出悉尼这座海港城市的独特魅力。"新南威尔士大学的同学们就在创新中心进行设计和创意，你们在悉尼看到的灯光秀，很可能就出自某位同学之手。"新南威尔士大学创新中心的工作人员骄傲地告诉我们。此外，在一年一度的机器人世界杯足球锦标赛中，全球有数以千计的大学参赛，新南威尔士大学已经连续 8 年荣获前三名，创新实力不容小觑。

我们在创新中心参观时，遇到 4 位同学正在这里讨论项目，其中有一位是中国留学生。他告诉我们，自己手头的这个项目做的是以 UGC（用户内容生产）为基础的翻译类软件，在学校的创意比赛中获得二等奖，目前中心的老师正在协助联系投资方，争取产品研发支持。创新中心还设有女性创业辅导班，主要以案例研究的方式授课，鼓励女性争取更加自信、多元的职业选择。

"分享、回馈、互助"，这是新南威尔士大学创新中心坚持的理念。丹尼尔和马克是已经毕业的校友，他们目前仍在这里进行自己的微信小程序项目，并且义务辅导在校学生的创业项目。

学校里处处都充满着鼓励创新、支持创业的宽松氛围，将理论与实践的结合真正落到实处。商学院的"就业创业加速器"项目有效链接校友网络和雇主平台，为在校生提供了各种实习与实践机会，致力于把学生培养为能快速适应市场变化的职业经理人。

工程学院主楼被称为校园里的"绿色建筑"，它的楼顶铺满了太阳能发电板，能够提供整座大楼里的用电，而这个构想的实现完全由学生在老师的指导下完成。走进大楼，楼里一半是教职员工办公室，一半是博士实验区，学校对学生能力的重视可见一斑。工程学院的院长热情地邀请我登上顶层参观太阳能发电板，他说："学生们用课堂上学到的东西解决实际问题，带来更多清洁能源产品，让这个世界变得更好，这是我们最引以为豪的。"

"二战"结束之后，世界各地成立了许多大学，这些学校的风格往往现代、明快，在教学上更加注重应用科学，与市场接轨，着力培养学生就业与创业的能力。这些大学虽然没有悠久的历史，却同样赢得了极高的声誉和口碑！

新南威尔士大学的教授介绍其绿色建筑

活力四射的校园社团文化

>> ■■ 大学社团文化由来已久，学生们为了共同的爱好、兴趣或基于相似的理想与责任，自愿自发地组织起来，就形成了社团。

2018年9月，我们来到美国，开启为期21天的名校探访活动。早在2013年，我已经带队走访过很多美国的重要大学。时隔5年，不知道美国的大学又取得了哪些新的成绩？教育理念和思想发生了什么样的变化？中国的留学生们与5年前相比有何不同？我们期待在这次的旅途中得到一些启示。

抵达美国的第一晚，我们与美国西南部中国学生学者联谊会的年轻人进行了一次聚会。短暂的一顿晚饭的时间，我惊喜地发现这年轻的新一代竟有着超乎我期待的成长和蜕变。聚餐的召集者是一位"90后"的小伙子，名叫高宇同。他是留学生学费跨境转账平台"易思汇"的创始人，这个平台与新东方也有业务合作。这次我们来美国探访名校，高宇同特意邀请了美国西南学联的学生干部们和我们共进晚餐。大家一起聊了聊国内教育行业的发展趋势，以及留美中国学生的学业和职业规划。

来自美国西南部各大知名院校的中国学联主席，纷纷向我们诉说了自己留学生活中的酸甜苦辣以及各自在社团管理工作中的思考。听着他们的故事，我也深受感染。

南加州大学

最令人印象深刻的，是你能明显感觉到这群孩子身上过人的胆识。他们大部分才 20 岁出头，还在攻读本科学位，却都已经在学联里有过多次组织大型活动的经验，在同学中的号召力不可小觑。这才是年轻一代该有的特质，这股拼劲、闯劲和决断力，一定会更好地为他们未来的发展助力。

还让我深受触动的是他们每个人都非常努力。美国名校的学业本来就已经很紧张了，可这些同学还需要组织和协调好学联的各项工作，有的甚至同时在执行自己的创业计划或在运营上初见成果的创业项目。这些年轻的生命，让我明白稻盛和夫经常说的那句"付出不亚于任何人的努力"对于个人发展而言，依然是一条黄金法则。

除此之外，通过与他们的交谈，我发现这些同学们内心信念坚定，并且有着清晰的自我认知。他们有能力抵挡外界的诱惑，从而心无旁骛地朝着自己的目标努力。这是一种本能的坚守，一种简单的执着，同时又需要有强大的执行力。这种生命的成熟度，对于这个年纪的学生而言弥足珍贵。

中国学生学者联谊会是海外留学生自发成立的学生组织，是与中国学生联系最为紧密的学生社团之一，也是大多数中国留学新生最希望加入的组织之一。而社团管理经验对个人能力提升的重要性，在南加州大学再一次得到了有力印证。南加州大学中国学生学者联谊会要服务近 6000 名中国学生和 150 多名访问学者，中国留学生小乔是该校联谊会的外联部部长，平时负责联系和拓展校外的商业合作。回忆起加入学联的初衷，她爽朗地说："我当时目标很明确，想在大学期间进入较大规模的社团来锻炼自己，提升个人能力，为未来职业发展开拓人脉关系。我的性格进入外联部也比较适合，提交申请后很幸运被选中了。"进入外联部门后，她参与组织了中秋晚会、春节晚会、中美商业峰会等大型活动，将与学校的合作商户拓展到 150 多家，涵盖了租房、餐饮、旅行、通信、求职、自媒体等各个领域。同时，她还要承担起内部人员的管理工作，解决好内部沟通、合作和人员安排上各种可能遇到的问题。

　　南加州大学的学业任务非常繁重，这也意味着小乔需要更科学的时间管理，并且付出更多的精力才能获得学业和社团生活的平衡。不过据她介绍，南加大的学生都不是只会读书，很多人再忙也要参加社团："南加大有上百个学生社团，除了中国学联，还有演讲俱乐部、话剧社、辩论队、合唱团、极限运动队等，大家都可以去选择自己感兴趣的社团活动，这样一来留学生活会更加丰富多彩，还能从中认识更多不同专业的老师和同学，提高自己的沟通和组织能力。"

　　社团通常分为学生组织、学术研讨、体育运动、文娱活动、哲学宗教、志愿服务等多种类别。大学社团文化由来已久，学生们为了共同的爱好、兴趣或基于相似的理想与责任，自愿自发地组织起来，就形成了社团。

　　在社团里，你可以学习一门新的语言，也可以让身体动起来，或者去为社会做贡献。当然，玩得开心也很重要。毕业于哥伦比亚大学的沈同学曾是哥大国际关系咨询委员会的一员，他回忆说："哥大作为曼哈顿岛上的常青藤，各种委员会的工作开展是享有得天独厚优势的。我们曾经邀请到诺贝尔文学奖得主、华尔街资深金融分析师、炙手可热的政治家、知名律师等各种社会名人来学校举行讲座或研讨会，通过与各界名流的沟通交流，在校学生也对当下全球的政治、经济、文化生态有了更深和更全面的认识。"

丰富多彩的校园生活

国际文化俱乐部也是留学生参与度很高的社团之一。对日本文化感兴趣的学生，会选择加入学校的日本文化俱乐部，这些来自不同文化背景的年轻人会一同体验日本传统茶道，一起欣赏日本动画，携手浸润在日本文化的古典和现代艺术氛围之中。有的时候，韩国学生联合会会与中国文化俱乐部、越南学生联合会一起组织新年的演出活动，让大家感受东亚文化圈里各个国家文化传统的异同，并从中认识和结交有着不同文化背景的同学，各美其美，美美与共，共同体验这个丰富多元的现代世界。

我们在很多影视作品中见到过美国大学生活里的兄弟会和姐妹会。有些社团甚至已有 100 多年的历史，众多政界、商界知名人物都曾作为其中的一分子，这些社团也因此声名远扬。

骷髅会是耶鲁大学 12 个学生社团中历史最为悠久、成员也最为精英的组织。1832 年，一位名叫威廉·罗素的耶鲁学生创办了骷髅会，基地位于耶鲁大学一座名为"墓穴"的大楼。每年春天，在骷髅会那幢气氛阴沉的总部，也就是人们所说的"墓穴"中，都会迎来大学三年级的 15 名新成员。除了会员自己，甚至连耶鲁大学的资深教授都不知道谁是该会会员。

骷髅会有一套极其神秘复杂的入会规则，并且定期举行宗教色彩浓厚的社团仪式。这个著名组织的会员名单可谓是名流云集。据部分公开资料显示，这个小小的同学会里先后走出了 3 位美国总统、2 位最高法院首席大法官，多位美国参议员、众议员和一些作家、艺术家等文化名人。据传言，布什家族中至少有 9 人是骷髅会成员。当年布什和克里开始竞争美国总统宝座时，人们意外地发现这两位总统候选人居然都是骷髅会的成员。因此，这场竞选被戏称为"骨头对骨头"的竞争。事实上，骷髅会的创办宗旨之一就是要给美国精英分子打造一个秘密的兄弟会，通过这个兄弟会形成庞大的、盘根错节的互助网络，给成员一个"通向财富和权力的捷径"。

不仅是在美国，"无社团不大学"是海外很多大学校园的真实写照。很多大学院校拥有上百个学生社团，开学前一周的新生周是各个社团集中纳新的时间，校园的大草坪上会出现各种各样的帐篷，招兵买马，呼朋唤友，好不热闹，"百团大战"的盛况总会成为校园新闻头条。在幽默文化盛行的英国，有些奇葩社团也是令人大开眼界。例如，伦敦政治经济学院的鹰嘴豆泥社团、苏塞克斯大学的双关语社团、

基尔大学的绅士风格社团、卡迪夫大学的蛋奶糊摔跤社团、约克大学的连体衣社团、巴斯大学的咖喱品鉴社团……单看这些名字就足以令人捧腹，颇有些荒诞不经。但是只要有共同爱好的学生们聚在一起，社团活动就可以开展起来。

2019 年 9 月，我们来到澳大利亚，位于墨尔本的蒙纳士大学同样令我们印象深刻。蒙纳士大学成立于 1958 年，历史并不悠久，校园建筑风格也是简洁、现代、明快。凭借清晰的定位和务实的办学理念，它一路打拼，短短 60 年的时间就成为澳大利亚八校联盟创始成员之一，近年来一直稳居世界百强名校之列。精湛的世界级科研水平，以学生为中心的人文教育理念，重视实践的务实教学风格，开放而多元、充满创造

蒙纳士大学赛车社团成员和我们在一起

力和活力的校园文化，都让这所大学发展迅猛，紧跟世界潮流，吸引了世界各地的优秀学子。

来到这所学校后，我们参观了学校的工程系，几名该系的本科生热情地向我们介绍了自己一手打造的杰作——蒙纳士版的 F1 赛车。这辆赛车从头到尾都由学生独立设计、生产、组装、完成调试，最终为他们捧回了"世界大学生方程式赛车"的金奖，这真是太酷了！学生介绍说，这件作品是学校赛车社团的心血，社团由 100 多位来自不同专业的同学组成，大家根据兴趣和特长来分工，最核心的事情就是研发产品和参加比赛，此外社团还有外联和商业等部门，简直像一个小型公司一样有条不紊地运作。因为屡屡在全国乃至世界级的比赛中斩获奖项，这个社团吸引到了外部公司的持续投资和大力支持，如今已越做越强。

美国著名教育家杜威先生曾提出"通过实践学习"（learning by doing）的教育理念，这一点在蒙纳士大学被演绎得淋漓尽致。从花巨资设计的世界级翻转图书馆，到高精尖的工程实验室，再到形形色色的学生自治社团，全都以学生的兴趣和实践为出发点，让学生乐在其中，知行合一。

大学社团是丰富年轻人校园生活的重要平台，也是学生和社会之间的一个缓冲器。只要不影响正常的学业，留学生们都可以去体验一下海外社团文化，在那里结识一帮志同道合的好朋友，了解世界多元文化，锻炼沟通、表达、组织能力，也为毕业后进入职场积攒经验。更重要的是，这一段宝贵的经历会让你的留学生活更加闪耀，为你点亮不再重来的青春，给予你终生难忘的宝贵回忆！

有趣的灵魂会闪光

>> 京都大学就像一片原始森林，没有所谓的核心教育方针，大家都在做感兴趣的研究，自由地参加活动，完全自主地学习和探索。

吉田寮是日本京都大学一所与众不同的学生宿舍。有人说，它是全亚洲最破烂的学生宿舍。不过，吉田寮早已作为精神的乌托邦蜚声海内外，表面上的"脏乱差"反而成就了最自由的绽放。自1913年开始，吉田寮便成为京都大学的指定学生宿舍，距今已有100多年的历史。这几幢日本现存最古老的木结构学生宿舍，至今仍住着100多名学生，年迈的建筑在岁月的风雨中轻声讲述着自己的故事。

这次在韩国、日本和新加坡的亚洲三国名校探访日程比较紧凑，采访的学校只能有所选择。2019年9月24日在首尔的行程结束后，我和同事们马不停蹄赶往日本。在日本短暂逗留的三天里，我们选择去探访东京大学和京都大学两所国立大学，以及私立名校早稻田大学。而我向往已久的京都大学吉田寮宿舍也被安排进了行程中，这次终于可以一睹它的庐山真面目。

提起京都大学，我想先谈一下东京大学。这两所国立大学在日本都是数一数二的高等学府，前者在古都京都，后者在日本第一大城市东京。京都大学简称京大，东京大学简称东大，我和团队的人开玩笑说一不小心就会说成"京东"。两者都是

京都的金阁寺

日本七所旧帝国大学中的佼佼者，难分伯仲，各有所长，颇有几分哈佛大学和麻省理工学院的意思。名校总会被人贴上标签，东京大学常常被称为"自由的百科全书"，意指学校倡导自由思想。东大各个学科实力都很强，尤其在理学、医学、文学、工学、政治学等领域，拥有世界级的学术影响力，还培养了一大批学术名家、工商巨子、政界精英，在日本的影响力和知名度难有学校可与之匹敌。就连流传最广的东京大学代表歌曲，名字都叫《独一无二》。每当有人开玩笑说日本学生不爱学习时，总会补上一句"东大除外"，可见东大的口碑以及不可撼动的影响力。

不过，京大也不甘示弱，他们自诩本校才是真正拥有自由学风的名校。京大的教授和学生性格鲜明，他们都有自己的思想和主见，绝不会随大流。京都大学自创建以来就有独立自主办学的优良传统，建校时的文部大臣、京都大学首任校长木下广次特别强调，京都大学一定要办出自己的特色，要"比东大更尊重学生的独立自主精神"。虽然历史上培养的首相不如东大多，但京大至今已收获 10 次诺贝尔奖，因此在日本享有"科学家摇篮"的美称。

走进京大校门，我们迎面看到一棵郁郁葱葱的大樟树，它在阳光之下显得格外挺拔。京都大学的建筑外观都很朴实无华，校园也不算大，漫步其中时看不到摩登的教学楼、大片的草坪和熙熙攘攘的人群。日本大学教授的行事风格普遍低调内敛，平时也不太喜欢接受媒体采访，不过这次我们找到的经济学教授关口先生却是个例外。一个多小时的访谈中，教授侃侃而谈，和我们聊得最多的是京大的自由思想，一再强烈建议我抽空去看看吉田寮，从另一个角度去体察什么是京大的自由。

吉田寮紧挨着大马路，它距离京大的本部校园并不远，入口处是几幢新修建的学生宿舍，再往里面多走几步才能看到原汁原味的吉田寮，那就是另一番天地了。早已听闻过这个大名鼎鼎的吉田寮，我们都知道它"臭名远扬"，不过当真正走进这里，才感觉就是有再充分的思想准备都是远远不够的。首先是一股特殊的味道扑鼻而来，烂纸箱、脏衣服、旧家具、泔水、汗水和成堆香烟头的气味混杂在一起，称之为一百多年前的腐朽味都完全不为过。

昏黄暗淡的灯光，歪歪斜斜的家具，陈旧落灰的器皿，杂乱无章的告示牌，俯拾皆是的空瓶罐，墙上乱七八糟的涂鸦，满地的纸片塑料袋……要不是事先知道这是学生宿舍，你一定会以为走进了什么废弃的危房或者是垃圾回收站，很难想象这

京都大学的大樟树

里还住着一帮个性十足的大学生。

从厨房继续往里走，有个小乐队正在自得其乐地排练。从公用厨房和会客室出来后，我屏住呼吸，踮着脚尖，小心翼翼地穿过走廊，来到宿舍楼里的一个图书室。图书室里有两个学生正在里面专心地读书，见我们这些外来的参观者挤在门口张望，他们一点也不感到吃惊，反而操着一口典型的日本腔英语和我们热情地交流。他们告诉我们，这是他们自己的选择，一个月只需付相当于 24 元人民币的低廉房租让他们感到满足。更重要的是，他们选择的不仅是一种生活方式，而且是一种我行我素的生活态度。

吉田寮是京大学生自由思想的奔放表达，也是京大个性张扬的文化孕育地。有的同学在杂草丛生的小院里养鸡、羊、孔雀和鸵鸟；有的同学天天身着和服，以此来弘扬日本传统文化；也有同学醉心于流行文化，在食堂里不定期举办各种戏剧、音乐实况录音和小型电影节等文艺活动；甚至有同学在一只水桶里读书生活。这些自由不羁、富有创意的活动还吸引了很多京大学生以外的人。虽然不同于美国 20 世

纪 60–70 年代的嬉皮士文化，但在这栋有 100 多年历史的老建筑里，他们展示了几代日本人积累起来的特立独行的新个性，这种新与旧的碰撞本身就足够让人回味无穷了。

吉田寮是学生自治宿舍，全部事务由学生自己管理，学校不会插手这里的任何事。吉田寮不仅聚集了一批京大最"穷"的学生，还是有名的"左派"学生集会场所。这些年轻人标榜民主自由，同时也设立等级森严的管理规矩。他们每周都要举行会议，有时候甚至要通宵达旦地讨论吉田寮的大小事宜。每学期结束时，他们还要开一次全寮总会，选举议员组成最高决策机构，来代表住宿生处理事务、应对危机。曾经校方计划拆除吉田寮，原因是这栋百年木屋存在着很大的安全隐患。但京大学生对吉田寮十分热爱，他们专门在校园里发起了一场轰轰烈烈的运动以示反抗，最终成功保住了吉田寮。

20 世纪 90 年代，不少中国留学生在吉田寮住过。当时，吉田寮每月房租 400 日元，加上水、电、煤等各项杂费，也只需月付约 2500 日元，是整个京都大学最便宜的宿舍。虽然大家入住后都感觉有点意外，但这段不平凡的经历帮助他们度过了最艰难的留学时光，也多了几份记忆的佐料。有留学生在网上回忆说，新入住的大一新生就像是小白兔，他们只能住在 30 人一间的大通铺上，晚上睡觉人挨着人，翻个身都要酝酿好久。有时半夜起来上个厕所，回来就找不到自己的铺盖了。在大通铺熬够 2 个多月后，他们才有资格住进小屋子。虽然只是 3 个人挤在两间只有 8 张榻榻米大小的房间里，一间晚上睡觉，一间白天看书活动，但相比大通铺这也算是"豪华套间"了。

由于条件的限制，吉田寮目前只能容纳 150 人。申请入寮十分困难，入住者无论男女都需要首先向管理小组提出申请，再通过面试、集体投票后才能加入，所以能如愿入住的都是"出类拔萃"的京大学生。每年 10 月份的校园开放日，吉田寮会把大家在后院养的各种动物拿出来展览，场面好不热闹。不过，有些动物并不是作为宠物在饲养，而是学生们赖以改善伙食的对象，院子里的鸵鸟便成了盘中美餐，大家饱餐一顿之后还啧啧赞叹。

在京都大学留年留级不毕业属于非常正常的现象。学校会负责提醒，但不会整天督促，这和东京大学非常不同。京大规定本科生在入学后的 8 年之内毕业即可，

正在吉田寮创作的小乐队

正在吉田寮小图书馆里看书的学生

除此之外没有更多的条条框框，墨守成规不是京都大学的行事作风。同学们也不关心毕业后能找到什么样的工作、挣多少钱，世俗的功名利禄不是京大人的价值取向。有意思的是，这帮视金钱为粪土的家伙往往受到日本不少大公司的青睐，常常接收到各大名企争相递来的橄榄枝，这是因为他们做事专心负责，在做人上又与世无争。

京大的关口教授接受了我的采访

一直在京都大学从事经济学研究的关口教授对我说，东京大学培养的综合性人才比较多，在接受资讯方面也可能会比京都大学更加便捷。不过，京都大学的师生具有更客观、更全面的分析能力，喜欢深入研究、孜孜不倦寻找问题答案的人比较多。有趣的灵魂、奇才和天才都聚集在这里，这是一帮个性分明、天马行空的家伙。

京大秉持的教学理念是：重要的不在于学校为学生提供什么，而是学校从来不做无谓的干预。京都大学就像一片原始森林，没有所谓的核心教育方针，大家都在做感兴趣的研究，自由地参加活动，完全自主地学习和探索。另外，京都大学的国际化程度很高，学校积极接受有不同教育背景的外国教授和留学生，多元化也是它们的特色之一。京都大学总长（即校长）山极寿一曾在新生入学仪式上说过："自由不是轻易可以获取之物，必须在希冀与他人共存之中，通过相互了解而产生。"

目前的日本已经拥有一个高度发达的公民社会，各项制度都趋于成熟，阶层流动日趋固化，大家过着安定平和的日子，很多人会觉得没有必要再去拼搏。创业失败后再就业的年轻人常常遇到歧视，导致做出不一样人生选择的成本很高。20世纪70–80年代的经济泡沫破灭之后，日本的发展速度逐渐放缓，年轻人看不到太多近年来成功创业的先例，愈加缺乏寻求改变的勇气。现在，日本的年青一代变得越来越佛系。在这样的社会大环境下，京都大学的自由风气犹如一道靓丽的风景线，显得尤为可贵。已故日本小说家梶井基次郎和诺贝尔物理学奖得主赤崎勇等个性鲜明

京大博物馆中的部分展品

的名人就是从吉田寮走出来的。

梶井基次郎 1901 年生于大阪，自幼身染肺结核，是少数生前籍籍无名、死后得到高度肯定的日本作家，他曾与中岛敦、太宰治并称为"三神器"。梶井基次郎擅长以象征的手法及病态的幻想钩织出病者忧郁的世界及理想，他不受一般阶级社会观念的影响，而是专意于捕捉和描绘刹那的错觉与细微的感受，作品深受后人拥戴。梶井基次郎喜欢凋零萧条的街道，喜欢烟火俗气的色彩，喜欢舔尝玻璃弹珠的味道，这些嗜好几乎都与世俗的价值观不同，但他完全忠实于自我、忠实于内心。走在吉田寮过道里，我仿佛感觉到了这位作家的身影——看似光怪陆离，实则真实坦率的写作风格，不就是吉田寮的真实写照吗？

赤崎勇，这位 1929 年出生的著名科学家也毕业于京都大学，他几十年如一日地醉心于研究，内心从来没有放弃自己的科学梦，行为上十分我行我素。2014 年，

赤崎勇因为"发明了高效的蓝色发光二极管",和他的学生天野浩等共同获得了诺贝尔物理学奖。这一了不起的发明让明亮、节能的白色光源成为可能,如今 LED 灯已经走进千家万户,大大方便了寻常百姓的生活。他的创造似乎印证了吉田寮存在的理由——让每一个鲜活的灵魂散发出一道蓝色的高光!

2019 年诺贝尔化学奖的三位获奖者中,也有一位曾在京大就读的学生,他就是京大 1970 届的毕业生吉野彰。更有意思的是,日本 TBS 电视台在直播采访吉野彰的节目中,偷偷跑去采访了吉野彰年轻时经常光顾的夜店的妈妈桑,妈妈桑甜蜜地回忆说,早在二十几年前吉野彰就一直在说自己能获得诺贝尔奖,这是一幅多么生动而有趣的京大学生典型画风呀!

京大校园

牛津千年变迁的奥秘

>>>>>>>　 牛津演讲者俱乐部（Oxford Union）以其悠久的历史和深远的影响力独树一帜，成为牛津的一张名片，也是牛津精英教育的有力体现。

古老的牛津大学，恰如近现代英国的精神图腾，在凝固的建筑里演奏出历史长河中一曲优美的乐章。这所大学历史之久，以至于没有资料记载它的确切建立时间。唯一明确的是，有史料记录的授课历史将指针指向了 1096 年。

漫步牛津大学，随处可见古色古香的建筑、有年头的植物。从 13 世纪开始，牛津大学每个世纪都会留下标志性的事物，在岁月中一笔笔刻下自己的名字。如今，牛津大学依然作为世界顶尖学府发挥着现代功用，同时又已经成为举世闻名的历史遗存。这种奇妙的混搭气质，在历史和现代之间的微妙平衡，吸引着我们去一探究竟。

2014 年 10 月，我们的名校探访团来到了牛津，走进了这个大学和城市完美结合、静谧和繁华融为一体的魅力空间。在感受校园氛围的同时，我们也通过和师生们的交流，寻找这所英语世界最古老大学千年变迁的奥秘。

阅读牛津的历史，我们不难发现，这座城市和大学无数次扮演了时代的弄潮儿。这里盛产思想家、怀疑者和改革家，这里发生过宗教改革、政治改革和牛津运动。

牛津大学是一所重视文字的学府，这里的人们对于语言无比地热衷。牛津大学认为高贵的人是文学家、诗人、哲学家和自然科学家，而不是工程师和企业家。

在牛津最受鼓励和称赞的，并不是那些最顺从和听话的学生，而是那些敢于反抗和挑战权威，甚至能和教授激烈辩论的学生。演讲和辩论是牛津学生的必备技能，也是他们的核心标签。正因为如此，在牛津大学的诸多学生社团中，牛津演讲者俱乐部（Oxford Union）以其悠久的历史和深远的影响力独树一帜，成为牛津的一张名片，也是牛津精英教育的有力体现。

演讲者俱乐部

前几年，牛津大学的一场辩论赛在网上引起了极大关注。辩论的主题是——科技帝国的兴起是否对社会形成了威胁？从主题来看，并没有什么特别，但在这场辩

牛津大学演讲者俱乐部大门

论中，有一位华裔女辩手的表现非常引人注目。来自牛津大学圣凯瑟琳学院的塞西莉亚·赵，以独特的东方气质和美貌、强大的气场和自信流利的表达得到大家的认可，现场赢得多次掌声，视频点击量在网络平台有几十万次之多。而她，就是牛津演讲者俱乐部的一员。

牛津演讲者俱乐部的全称是 Oxford Union Society，它成立于 1823 年，迄今已经有两百年的历史，是世界上最负盛名的顶级演讲和辩论俱乐部，其影响力早已经不局限于牛津大学，而是遍及全球，具有很强的号召力，爱因斯坦、丘吉尔、尼克松、卡特和撒切尔夫人等国际知名人士都曾在此发表过演说。20 世纪 70 年代，尼克松总统在"水门事件"之后的首次公开演讲，就选择了牛津演讲者俱乐部，他在演讲中承认自己搞砸了——并为此付出了代价。1975 年，在关于英国是否加入欧洲经济共同体的全民公投前几天，牛津俱乐部以"本议院同意入欧"为辩题组织了一场辩论，结果是 493 票对 92 票，正方取得了压倒性胜利。英国政界普遍认为，这场辩论对全民公投的结果影响甚重。

牛津演讲者俱乐部是会员制俱乐部，牛津的学生均能申请，得到批准后方可加入。入社后，成员都戴着白领结或黑领结，互称为"荣耀的成员"。因为需要经费周转，俱乐部也收取会费，据说有超过一半的牛津大学本科生都曾为俱乐部掏过腰包。

我们在访问时，在一个古老的大门旁边看到一个铜牌，上书"OXFORD UNION"，还特别标注只有成员才可以进入。这儿通常在每周四举行一次正式演讲，而正式辩论之前还会有一场"紧急辩论"。另外，俱乐部中还会有每半年举行一次的舞会、美国大选通宵晚会、爵士乐和巧克力晚会、夏季花园派对等丰富多彩的活动。

牛津演讲者俱乐部的辩论模式效仿英国议会辩论，但形式上有很大变化。辩论时分正反方，双方各有 3 名辩手，相比英国议会辩论，辩手人数和发言时间会相对缩减一些，从而留出更多的时间让观众可以深度参与。主持人会为正反方随机挑选 3 名观众，通常正反方的一辩是由牛津大学的学生担任，一辩发言完毕后，每位观众有 3 分钟的发言时间。如此一来，更多的人就能参与进来，这也提升了观众的热情和积极性。观众参与的环节叫作 Floor Speech，之后才是二辩和三辩继续发言。这些辩手一般都是社会各行的精英，比如知名企业家、律师、政府官员等，他们都

牛津大学演讲大厅

有深厚的社会经验和丰富的人生阅历，看问题的角度自然和象牙塔内的学子们不同。加上他们妙语连珠的雄辩能力，辩论现场高潮迭起、精彩不断。

对于辩手来讲，有三个方面非常重要：首先是内容，要清晰了解主题和己方的立场，确定论点，用清晰的逻辑梳理论证过程；其次，确定风格，包括如何呈现辩词、着装、语音语调和肢体动作等，这在临场表达时非常重要；最后，确定应对策略，根据对方的表现随机应变，针对可能出现的情况做好反击准备。

当然，在演讲和辩论中，内容并不是最终胜出的绝对因素，关键在于给予观众的感觉。大多数观众并不细究逻辑或沉迷于细节，而是凭感觉做出判断，因此，讲故事的能力非常重要。一个好的故事容易引起观众的共鸣，而能讲好故事的人，在其他场合往往也会应付自如。在牛津求学期间活跃于演讲者俱乐部的很多人，在日后都成为英国国内甚至世界级别的杰出人物，譬如英国历史上最伟大的首相之一格拉斯顿，当年就是俱乐部的一位核心人物。

牛津大学演讲者俱乐部的图书馆

牛津大学的精英教育

牛津大学在英国政坛具有无上的荣耀，它的毕业生是唐宁街（英国首相官邸所在地）的常客。2019 年保守党领导人竞赛首轮，在竞选成功的 10 名候选人中，有 7 人曾经在牛津大学学习。最后脱颖而出的两位候选人鲍里斯·约翰逊和杰里米·亨特，都是牛津大学的毕业生。这使得首相之争变为牛津毕业生的内战。最终约翰逊胜出，成为"二战"之后第 11 位入主唐宁街的牛津毕业生。毫不夸张地说，2019 年的英国首相之争，早在 20 世纪 80 年代两位候选人就读牛津的时候就已经开始了。而一所大学能够产出这么多国家领导人，不只在英国，放眼整个西方世界也绝对是个特例。

就拿与牛津大学齐名的剑桥大学相比，在迄今历史上 57 位英国首相中，毕业于牛津的有 30 位，剑桥仅为牛津的一半，只有 15 人。而在"二战"之后的 15 位英国首相中，有 13 位毕业于牛津。当然，在诺贝尔奖获得者数量方面，二者的情况则

完全反转，剑桥大学的诺奖得主数量遥遥领先于牛津大学。形成这种局面的原因总体来讲有两个方面：一方面，牛津偏文、剑桥偏理，通常文科生走入政坛的相对更多；另一方面，牛津大学最早创立了 PPE 专业，即政治、哲学和经济，这个专业被认为是人文社科领域最顶尖的综合性专业，是专门用于培养未来领袖的专业，也是牛津大学录取率最低、最难进的本科专业之一。该专业的毕业生中有很多赫赫有名的政坛人物，如美国前总统克林顿、澳大利亚前总理阿博特、英国前首相卡梅伦等。

除此之外，则还要归因于上文提到的、牛津大学鼎鼎有名的演讲者俱乐部。俱乐部所举办的演讲和辩论模仿英国下议院的风格，对立志从政的年轻人来说有很强的预演作用，因此俱乐部素有"政治家摇篮"之称。这一历史悠久、富有传奇色彩的学生社团，久而久之也开始承担起英国上流社会的社交功能。演讲和辩论并不只有学生参与，经常有各界成功人士莅临。试想一下，在演讲晚宴中，一位 20 多岁的俱乐部主席或辩手，发现自己的邻座可能就是内阁高官、成功企业家、知名律师等社会名流，他便有机会近水楼台先得月，让这些成功人士认识自己、了解自己，今天坐在身边共进晚餐的人，明天就可能成为自己进入上流社会的梯子。牛津大学经过数世纪积累的名誉和强大的校友网络，已经形成了一种"传帮带"的校风传统：毕业生容易得到优秀校友的提携，想要从政的学生也更倾向于选择牛津大学。

1983 年，英国前首相鲍里斯·约翰逊从伊顿公学升入牛津大学之后，便确立了大学阶段的三个目标：获得一等学位；找到一个妻子；成为牛津演讲者俱乐部主席。1984 年，他竞选俱乐部主席不幸失利。越挫越勇的他在第二年卷土重来，终于成功竞选为俱乐部主席。如今看来，这或许是他日后首相之路的关键一步。20 世纪 80 年代，保守党政治家迈克尔·赫塞尔廷公开评价：这个学生社团的职位，是"成为首相的第一步"。俱乐部主席生涯让约翰逊形成了独特的个人风格：他的语言极富控制力，讲话具有很强的修辞技巧，以及可以克服任何困难的强大自信。

牛津大学有一个学院，通常被称为堂屋（The House），那就是基督教堂学院。1525 年，这所学院由红衣主教沃尔西创建，如今已培养了 16 位英国首相。学院规模不大，本科生人数维持在 400 多人。在教学理念上，基督教堂学院非常追求精英主义，也很讲究贵族主义。他们选择学生也会看分数，但更重要的是面试，主要的考核标准在于是否具有独立的、原创性的思想，对所学的知识和所做的事情能否有

清晰的自知。当然，更重要的是要学会辩论和演讲，如果你语言表达能力极强且富有感染力，就能让人了解你、喜欢你、尊重你。遇到问题时，其他大学的学生可能是去图书馆查询资料寻找答案；而在牛津，最好的方法是找到感兴趣的人，提出自己的困惑并且辩论，从中得到真正的领悟和体会。在牛津，即使学的是理工专业，也需要成为会讲故事的人。尤瓦尔·赫拉利在畅销书《人类简史：从动物到上帝》中说，人类因为会讲故事而站上了食物链的顶端。或许，牛津大学也是因为培养了一代代会讲故事的年轻人，所以历经多个世纪仍然岿然不动地屹立于世界名校之林，依然自信而强大地奋力奔向更加美好的明天。

牛津大学基督教堂学院

柏林音乐学院和布雷拉美术学院

>>> 学习一门音乐，乃至学习一个新的知识领域，你都需要更多地了解其背后的历史和文化。

　　欧洲有许多大学都在大城市，受地理条件的限制，在校园面积和规模上一般都比不过美国的许多综合性大学。不过，这些欧洲的大学并没有因此就被束缚住手脚，反而是越发锐意进取，利用自己的优势，走自己的路，打造自己的品牌，在世界名校之林里独树一帜。在欧洲探访期间，我们造访的柏林音乐学院和布雷拉美术学院就是两个最好的例子。

　　我们习惯称呼的"柏林音乐学院"，现在其实叫作柏林汉斯·艾斯勒音乐学院，它是德国的一所公立音乐学院。这个学校的历史不算太长，1950年建校时被定名为德国音乐学院，1953年成为欧洲第一个除器乐、声乐外，还提供歌剧和音乐剧培训的音乐学院，1964年又改名为柏林汉斯·艾斯勒音乐学院，以此纪念德国音乐史上这位了不起的音乐家。汉斯是欧洲乐坛享有盛名的一位作曲家，也是德意志民主共和国国歌的作曲者。汉斯一生产出佳作颇多，他两次获得奥斯卡金像奖原创配乐提名，两次获得德意志民主共和国国家奖。用这样一位杰出音乐家的名字来命名这所音乐学院，确实让人心悦诚服。

罗德里格斯教授和名校探访团队的队员在一起

　　柏林音乐学院地处德国首都柏林的城市中央区，它和剧院以及中心建筑相邻，有着优越的人文环境和地理位置。学院的原址在德国国王弗里德里希一世创立的音乐殿堂，说它把当年德国王室对音乐的痴迷和今天德国百姓对音乐的热爱结合在一起，可谓再恰当不过了。相传在距离柏林40公里以外的波茨坦，弗里德里希一世还建造了一座专门用于音乐和艺术创作的行宫。这段历史开启了德国人，特别是柏林人对于音乐的认知大门，并将这份热情延续至今。柏林这个欧洲的音乐重镇，至今仍以其独特的魅力吸引着许多慕名而来的音乐家。我们在柏林音乐学院采访的罗德里格斯教授，就是一名来自巴西的音乐家。

　　罗德里格斯教授早年曾在里约热内卢从事一份与音乐无关的工作。在旁人看来，能够找到一份不错的工作，每天朝九晚五地上班，已经是一件很体面的事情了。但教授却并不满足于这种生活，他一直想追求内心的梦想。终于有一天，他辞掉工作，背井离乡来到德国，追寻自己的音乐梦。转眼之间，教授已经在德国执教了20多年，他对自己的工作和柏林的生活感到满意，因为每天都有许多新的东西等待被欣赏和

柏林爱乐乐团音乐厅

学习，他对音乐的钻研也日益深入，自己在艺术道路上不断进步，因为一直在做热爱的事情，生活也变得更有意义。

谈到对中国孩子来德国学习有何建议时，罗德里格斯教授诚恳地提醒大家："学习一门音乐，乃至学习一个新的知识领域，你都需要更多地了解其背后的历史和文化。每一段乐曲的背后，都是音乐家基于当时的大环境完成的艺术创作。对乐曲的理解，离不开其诞生的时代背景。同学们不仅要专注于乐器练习，更应该多花时间去学习历史和文化，将自己的心灵和思想沉浸在那段历史中，努力去体会艺术家创作时的心境。只有这样，演奏出来的作品才是真正富有生命力的，而这一点恰恰是中国同学们常常容易忽视的。柏林正是这样一片可以深耕的艺术土壤。"

我们采访了柏林音乐学院一位来自中国西安的留学生，她在国内学了 12 年的古典吉他，如今来到这里继续深造。谈到当初为何选择这个专业时，她的眼神中透露出由衷的热爱。采访里提及这里的学习对她的影响时，这位同学深有感触地说："西方关于音乐的教育和中国有很大区别。在德国学习音乐，你需要了解很多音乐背后的东西，我印象最深刻的是如何演奏巴赫的作品。以前我在国内学习了很久，依然很难抓住巴赫乐曲的线条。但是来到德国，在对音乐历史和背景文化了解更多之后，经过教授的点拨，我现在特别能理解巴赫的乐曲了。所以，我认为最大的挑战可以概括为以前练的都是技术，现在才是真正地学习音乐。你可以将一门音乐学科比喻成一个新认识的朋友，我非常高兴现在的我正和新朋友进行着心与心的交流，当然未来还需要更深入的切磋。"

柏林音乐学院几乎每天都有演出和交流活动，同学们在这不仅有机会展示自己的作品，也有机会接触世界一流的音乐演出。因为这座城市也是柏林爱乐乐团的驻地，柏林音乐学院与柏林音乐厅、柏林爱乐乐团的合作十分紧密，这为学子们提供了诸多难得的学习机会和耳濡目染的艺术环境。音乐厅和音乐学院相互促进和成就，把音乐教学付诸实践，又把美的实践带入人们的日常生活。

为了更加近距离地感受一番柏林的艺术氛围，我们当天晚上专程去听了一场柏林爱乐乐团的音乐会。位于波茨坦广场附近的柏林爱乐乐团音乐厅，是集建筑设计和声响效果之大成者。主体建筑和室内乐厅于1963年建成，是一座不对称的帐篷形式建筑，内部音响效果堪称世界一流。前来听音乐会的大多是年长的德国人，这是一帮古典音乐的铁杆粉丝，他们个个身着正装，仪式感十足。两个多小时的演出期间，他们正襟危坐，只在每一首曲子结束后报以热烈的掌声，可容纳几千人的音乐厅里竟座无虚席。我相信，这不是他们一时的热情，而是流淌在血液里的对音乐的诚挚热爱。

艺术是相通的，音乐如是，美术亦如是。在意大利参观米兰布雷拉美术学院时，我也深有感触。凡是对欧洲艺术感兴趣的人，想必对米兰布雷拉美院应该也不会陌生。无论是迷恋西欧的绘画雕塑、建筑设计、时尚美学或是胶片光影，这所院校总能与你的兴趣点发生关联。

布雷拉美院位于米兰这块历史圣地，学院在一所两层楼围成的建筑里。16世纪之前，这里是一个修道院，16世纪末改为学校，为时人提供包括自然科学、语法学、修辞学、哲学和神学等科目的大学教育。直至1772年奥地利女王玛丽亚·特蕾莎统

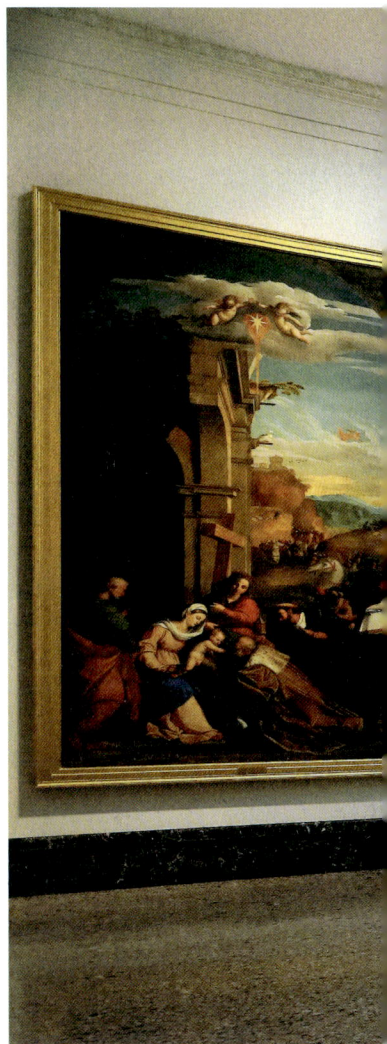

布雷拉美术馆

治时期，由于不想让教会垄断教育资源，才将这里收归国有。1776 年，布雷拉美术学院正式诞生。布雷拉美术学院的主要建筑都出自大师之手，有文艺复兴时期的艺术家弗朗西斯科·玛利亚·里奇尼，还有新古典主义时期的代表人物朱塞佩·皮耶马里尼。时至今日，信步在这个长方形院落的中庭时，我们仍可清晰地辨认出当年的宿舍与学堂，院子被双层拱式长廊环绕，参观者可以通过连接院子和拱廊的台阶

拾级而上，走进这个著名的美术学院。

布雷拉美术学院一直是影响整个欧洲，乃至全世界艺术潮流趋势的先锋，从这里诞生的艺术大师灿若星河。1997 年的诺贝尔文学奖得主达里奥·福，空间主义创始人卢齐欧·封塔纳，古典主义绘画代表人物弗朗西斯科·海耶兹，抽象主义运动先锋玛吴若·雷贾尼，著名雕塑家名古奇，著名艺术家福斯托·梅洛蒂，著名诗人、雕塑家、设计师阿里克·卡瓦利烈等，都是从这里走出来的。

布雷拉美术学院一直致力于教学质量的提高和教学理念的创新。著名的"图兰朵计划"是一个专门针对中国艺术、音乐、美术学生的官方计划，目的是让中国的艺术类学生能顺利进入意大利大学，通过该计划申请的学生可免除意大利语要求。它是布雷拉美术学院为了加深与中国学生的联系，而专门设立的一项学术交流工程。布雷拉美术学院希望世界各地更多的人了解艺术、学习艺术，让艺术为普罗大众服务，而不仅仅是少数特权阶层享受的专利。一位留学生在接受采访时说："意大利的艺术氛围和文化底蕴比我们想象得更加深厚。这里随处可见几百年前甚至更早的建筑，而且很有自己的特色，包括路上行人的打扮都是一种文化的体现。意大利对我来说，最开始是一个完全陌生的环境，而现在几乎像是我的第二故乡，它见证了我几年的成长。每次从欧洲其他国家旅行回到意大利，听着熟悉的意大利语，我就会有一种回家的感觉，也更让我明白艺术和我们的生活是息息相关的。"

现任院长博尼尼先生告诉我们："美院的楼上就是世界闻名的布雷拉美术馆，它原来是美院的一部分，是我们的女儿，但是孩子长大了总要离开父母。"话语间流露出几分自豪，又带着几分伤感。如今，美术馆仍对美院的学生免费开放，其他人则需要预约。我们在美院老师的带领下走进了这个艺术殿堂，馆内的藏品确实令人啧啧称赞、流连忘返。这里有大量 15—18 世纪的伦巴第派和威尼斯派的经典作品，包括拉斐尔的《圣母的婚礼》、提香的《忏悔的圣杰罗拉莫》以及镇馆之宝海耶兹的《吻》等。

离开院长办公室的时候，我发现在他秘书的办公室墙上也挂着几幅油画原作，感觉学院的每一个角落里似乎都有艺术的影子。陪同参观的老师和我们道别时还补充说："其实美院里最厉害的是教室管理员，他们会按时来教室赶人关门，学生和

教授经常会把自己课堂上创作的作品丢在教室里，有些作品自然就成了管理员的囊中物。历史上有不少作品就这样流传了出去，其中还有价值不菲的名画呢！"

是的，这个美术学院有很多艺术家的故事和传说，处处弥漫着艺术的气息。这所欧洲顶尖艺术院校，正迈着矫健的步伐，用美的力量影响着人们的精神生活，让我们在繁忙的生活节奏中能有片刻远离尘嚣，荡涤心灵，感受几分艺术的宁静和美好。

布雷拉美术学院

Explore
探索的勇气

3

威廉·冯·洪堡将大学在"教育"的功能之上赋予了"研究"的职能，使得大学不仅是对既有知识的传承，而且也是对新知识的探索、追求和发现，这对整个人类文明的进步都是功不可没的。

◎ 罗丹的雕塑作品加莱义民

探索与决断

>> ■■■ 批判性思维是对于世界的一种探索能力。这种闪现着理性之光的能力，能够让人在纷繁杂乱的世界中游刃有余。

1921年，爱因斯坦首次访问美国，当时他已经斩获诺贝尔物理学奖，盛名之下，引起了美国社会各界的热切关注。当他在波士顿接受媒体采访时，有记者故意问爱因斯坦，请他回答"声音的速度是多少"这个问题。爱因斯坦果断拒绝应答。他说，这种问题的答案在任何一本物理学教科书上都能找到，没有必要非得记住，并且讲出了那句广为人知的名言："大学教育的价值，不在于学习很多事实，而在于训练大脑会思考。"

在中国教育界，有一个难题始终没有被真正破解。这个难题，由中外两位著名学者不约而同地提出。李约瑟是英国著名学者，主要研究中国科技史。在其编著的15卷《中国科学技术史》中，他提出一个论题："尽管中国古代对人类科技发展做出了很多重要贡献，但为什么科学和工业革命没有在近代的中国发生呢？"1976年，这个论题被美国经济学家肯尼思·博尔丁称为"李约瑟难题"。中国著名科学家钱学森先生生前在不同场合也提出过类似问题。2005年，温家宝看望钱老时，钱老提出"这么多年培养的学生，还没有哪一个的学术成就能够跟民国时期培养的大师相

比。"钱老又发问："为什么我们的学校总是培养不出杰出的人才？"

在"探寻世界名校之旅"中，我们有意识地通过所见、所闻、所感对这个问题进行探索。在和世界名校校长、教授以及学生的面对面访谈中，我发现他们都不约而同地强调批判性思维和创造性思维的重要性。两者好比一个硬币的两面：创造性思维强调想象力，即怎样在一件事情上能够有更多的选择，探讨更多的可能性；批判性思维强调判断力，关乎如何对一个结论进行理性判断以及在不同结论之间做出选择。这种思维的训练，一定程度上能够回答"钱学森之问"，破解"李约瑟难题"。

创造性思维：想象力是真正的智慧

古希腊哲学家苏格拉底独创了"产婆术"的教育方式，这实际上是一种启发式教育。针对问题没有预设的标准答案，教师和学生共同讨论，寻求合理解答。这种教学方式的好处在于学生参与度很强，他们可以主动运用已经掌握的知识，建立已知和未知之间的联系和桥梁，推动学生自主思考问题的积极性和主动性。亚里士多德称这种教育方式为"归纳的论证"。

德国是教育发达的国家之一。德国大学设有预科，大学生的专业素质相对较高。但在幼儿阶段，德国人却主动选择"输在起跑线上"，严禁学校进行知识教育，专注保护孩子的好奇心和想象力。他们认为，这样无拘无束成长的孩子到了一定的发展阶段，丰富的想象力和充沛的创造力一定会迸发出来，成为德国孩子们的核心能力。

美国中小学生的基础知识普遍比较薄弱，这和他们在中小学阶段接受的教学方式有直接关系。美国教师很少给学生讲解全面系统的知识点，而是侧重于提出各种各样的问题，引导学生自己得出结论。美国学生很少去背诵知识，但阅读、思考和写作量很大。在这里，教育是观察、发现、思考、辩论和体悟的过程，让受教育者能够掌握一套学习的方法。这种以"问题"为核心的教育模式，集中于发现问题、思考定位、寻找资源、解决问题、得出结论并总结提升。知识的获取不是被动接受，而是主动悦纳，一旦掌握就很难忘记。这种方法论，在变化速度极快、信息数量极大的现代社会，是人才最需要掌握的核心能力之一。从习得知识的角度看，美国学生输在"效率"，而赢在"效果"。

　　我们在美国中学访问时听过一堂示范课，课堂内容是关于美国内战。老师提前布置好阅读任务，学生们课前做好准备，待到上课时，老师没有讲解美国内战发生的时代背景、地点人物、影响意义等基本史实，而是基于课前让学生阅读的那些资

斯坦福大学

料提出一些问题，让学生们针对问题发表自己的看法和观点。最重要的是，老师要
让学生表达出他们支持这些看法和观点的史实依据是什么以及如何论证得出结论的。
学生可以畅所欲言地发表看法，老师通过提问的方式不断追问"为什么""如何看""还

有什么"，并不断对孩子们的看法加以肯定，鼓励远多于否定。这节课下来，知识点虽然不多，但课堂气氛极其活跃，学生状态很好，感觉也不错。

北欧小国芬兰，国土面积不大，比我国的云南省还小，人口仅 500 多万，大致相当于我国一座二线城市的规模。然而就是这块弹丸之地，创造了很多世界级的著名品牌，这很大程度上归功于走在世界前端的芬兰国民教育。芬兰的学校基本上不实行千篇一律的标准化教育，而是设置了个性化课程表，让孩子们各得其所。学校很重视实践课程，注重锻炼学生的综合能力。在没有压力的教育中，老师可以放开手脚，尽心施教；学生也可以根据自己的兴趣和爱好主动学习，这种教育方式有利于点燃孩子们的学习热情。

斯坦福大学和硅谷关系密切，可以说斯坦福大学孕育了硅谷，而硅谷又反哺了斯坦福，二者相辅相成，彼此成就。支撑硅谷发展的两个轮子是科学研究和风险投资。创新和研究这个使命，主要由斯坦福大学和其他高校来完成。硅谷，则为创新之路提供保障。在这里，你冒险的创新梦想有人愿意倾听并为之买单。创新会带来改变，也会产生不确定性。创新未必好，但守旧肯定不妙。在墨守成规的社会中，教育更多地指向"不要犯错"，会在有意无意间被设计成阻碍个人创新和扼杀好奇心的利器。现代精神的核心是创新，也是冒险，想要做出创造，需要一点不怕犯错的勇气和在错误面前不会气馁的精神。在世界其他地方，如果创业者失败了可能会被打入冷宫，很难翻身。而在硅谷，只要你的梦想还在，就会有打个漂亮的翻身仗的可能，能够拿到更多的创业资金。当然，那些能够拿到资金的人，也是因为他们的本事，那些创新的点子能够支持到创业的项目。

创新需要专注力。专注就像龙卷风，外面可以掀起狂风暴雨，但风暴中心却无比平静。事实上，放松而专注是创新的卓越状态。大家都很熟悉的著名系列小说"哈利·波特"是在一家咖啡馆里写就的。这家咖啡馆位于爱丁堡，名叫大象咖啡馆。我们在爱丁堡探访时亲临其境，还专门喝了咖啡，体会一下 J.K. 罗琳在这个宁静而充满诗意的环境中专注写作的感觉。

相较于科学和理性，想象力才是真正的智慧。就像波兰裔英国作家约瑟夫·康拉德所说："唯有想象力，才能发挥真理的价值与真实性。想象力，实乃艺术与人

生的超级大师。"想象需要相当大的思想自主性，而将想象转化为创新，需要极度专注、持续专注状态下才能完成，绝不仅仅是"想当然"，很多突破都来自对前沿领域长久的钻研和深入的了解。原来我们认为"需求带来创新"，现代社会更多的其实是"创新带来需求"。很多富有新意的想法和产品，往往不是基于经验或市场调研，而是在长期专注所产生的内在驱动的创造力基础上达成的。

批判性思维：回归教育初心

谈到"批判"，很多人的第一感觉是很负面，认为是批评和挑刺，容易引起不愉快。其实，这里所谈的"批判性"和"批判"根本是两回事，前者不包含任何恶意，也不是毫无理由的否定，而是建立在基本事实基础上，基于逻辑的一种推断和判断。

很多发达国家的基础教育（K12）阶段教学内容相对简单，教学的方式活泼多样，孩子们的学业负担不重。在高等教育阶段，更重视考察学生会不会思考、如何思考。譬如在SAT和GRE等考试中，很多内容其实都是专门为考查学生的批判性

斯坦福大学的老师在给我们上创新课

思维设计的。据历年《中国 SAT 年度分析报告》统计，在 SAT 考试中，中国学生失分最多的板块之一是批判性阅读。美国大学理事会针对 SAT 的阅读讲过这么几句话："SAT 考试是独立于美国高中课程，针对美国大学学术能力要求的考试。SAT 阅读测评的是考生通过批判性思维对文学和非文学分析方法的掌握程度。"

大学是很多人一生中殊为难忘的时间段之一。这是一个人最好的年纪，是精力旺盛、求知欲强、精神自由和心智开放的时期，像一块海绵如饥似渴地吸纳知识，读想读的书，听想听的课，学想学的东西。2013 年，哈佛大学推行了新的通识教育计划，其中包括很多知识板块，如艺术与诠释、文化与信仰、经验推理、伦理推理、生命系统科学、物理世界科学、世界中的社会、世界中的美国等，共计 400 多门课。

除了五花八门的通识课，哈佛大学的本科生还有主修课和选修课，加上写作课和课外活动，学习范围具有足够的宽度。在此基础上，主修课负责培养学生在某一专业领域扎根的深度，培养学生对专业的深入钻研和探究能力。这种深钻不但要求能够发现问题和解决问题，还需要清晰地阐述出解决问题的过程和方法。这种思维习惯一旦养成，把具体学科或知识抽离出来，用这套方法也可以应对其他学科和知识。这样训练出来的人，能够从容应对社会上诸多情况，成为解决现实生活中复杂问题的高手。从实践的角度看，这种教育方式也取得了很好的效果。哈佛大学前校长德雷克·博克在《回归大学之道》里提道："与大一学生相比，大四学生……更善于抽象推理和批判性思维；更善于运用逻辑推理和事实证据回答'松散结构问题'；思考的灵活性更强；更容易看到复杂问题的多面性；在分析复杂问题时建立更成熟的思维框架。"

在教学方式上，国外名校大多采取的是讨论模式。在这种课堂模式下，学生的参与感更强，学习效果也更佳。更为重要的是，知识可以忘掉，但训练出来的心智模式会永远留存在脑袋里，变为思考的武器。曾任耶鲁大学校长达 20 年之久的理查德·莱文曾说过："真正的教育不传授任何知识和技能，却能令人胜任任何学科和职业。"

在德国这个向来有哲学思辨传统的国度，有的大学哲学系开设的课程并不多，但却有足够的深度。比如经典研读，学生在整个大学期间需要精读的经典著作可能

只有五六种。这种精读课进行的实质上是一种核心训练，让人的思想高度专注，从字里行间捕捉思想的引信，点燃思想的火花。很多伟大的思想就是在这种细微训练中不断累积产生的。

批判性思维是一种心智模式。一个具有批判性眼光的人，最重要的品质是能够处理复杂多变的事务，坦然面对自己的局限，等到有确凿的证据时再做判断并得到有理有据的答案。一个人工作中接收到任务或者生活中遇到问题，是如何看待和解决这些事情的，其实取决于他的心智模式。具有批判性思维的人看待问题相对冷静客观，更有可能会深入分析，找到突破的路径。面对多种选择时也会通过理性思考，找到最适合的选项。

批判性思维是对于世界的一种探索能力。在不确定的情况下，寻找一种确定性的答案；在很多可能性的选择中，找到一条最合适的路径——这是尤其需要建立在知识、能力和思维模式基础上的一种综合能力。这种闪现着理性之光的能力，能够让人在纷繁杂乱的世界中游刃有余。

大学生小组研讨

麻省理工学院 "叛逆的创新"

>>> 对世界满怀好奇，充满想象，不按照常规方式出牌，迸发出无尽的创造力；同时勇敢无畏，勇于挑战未知世界，寻找世界上最难的课题然后攻克它，体现出真正的意义和价值——这就是典型的麻省理工学院的思维。

　　麻省理工学院与哈佛大学相邻。相比已有 380 多年历史的哈佛，建校 150 多年的麻省理工学院像是一位年轻的后生。因为建校时间较晚，麻省理工学院虽然是公认的世界顶尖高校，但它并不是常青藤联盟（Ivy League）的正式成员校，只是编外成员，属于 Ivy Plus。但在美国乃至世界大学体系中，麻省理工学院的地位举足轻重，它与哈佛大学、斯坦福大学、加州大学伯克利分校并称为"美国社会不朽的学术脊梁"。在世界大学主流排行榜上，它从未掉出前五名。麻省理工学院的创新能力，亦是闻名寰宇。很多创新称得上脑洞大开，有时候甚至让人感觉匪夷所思。大名鼎鼎的麻省理工学院恰如一个顽皮的少年，思想上天马行空，行为上无拘无束，不受任何条条框框的限制，随心所欲地做出很多常人难以想象的发明创造。

　　2013 年 9 月，我们踏入麻省理工学院的校园，目光所及，思维都被狠狠地撞击，就像当年梁启超初读龚自珍文集时通体"若受电然"之感。校园中奇特的建筑和雕塑，历史上新奇的发明创造成果，以及实验室中想象力不拘一格的教授和学生们，这一

切都让人感觉麻省理工学院不仅仅是一所以理工类见长的大学，还是一个奇思妙想的孵化器。

命运多舛的早期校史

麻省理工学院由著名自然科学家威廉·巴顿·罗杰斯创立。罗杰斯本人曾经就读美国建校历史第二悠久（仅次于哈佛大学）的威廉玛丽学院，但没有取得任何学位。因为在学术上的卓越成就，他取得了威廉玛丽学院的一个教席，几年后被弗吉尼亚大学任命为自然哲学首席教授。弗吉尼亚州的最高峰，就是以他的名字命名的。

罗杰斯本人一直有个愿望，那就是适应时代需要，在当时经济社会快速发展的美国建立一所自由的学院。1861 年，麻省理工学院获得建校批准。但不幸的是，南北战争爆发了，招生计划被迫搁浅。1865 年，学校才迎来了第一批学生。罗杰斯本人是自然科学家，学校最初打上了他个人的深深烙印，自然和工程领域笼络了很多成就斐然的学者，发展非常迅速。

但学校的发展并不是一帆风顺的，历史上几次面临被吞并的危险。麻省理工学院的非正式别称为"波士顿理工"，在早期岁月里，学校位于狭窄的后湾区，校园很局促，资金上面临不足，可谓举步维艰。况且在大波士顿地区，还有哈佛大学在"卧榻之旁"，于是合并的声音甚嚣尘上。1904 年，麻省理工学院陷入财政困境。曾经的麻省理工学院教职员查尔斯·艾略特时任哈佛大学校长，出于对麻省理工的特殊情感，他曾经六度提议要把麻省理工学院并入哈佛大学的劳伦斯科学院。

这个提议自然遭到麻省理工学院师生和校友们的强烈反对，校方严词拒绝了哈佛大学合并的邀请。他们积极筹措资金，填海建造新校园，1916 年迁移到查尔斯河剑桥市的岸边。新校园沿岸延伸一英里，由著名的建筑师博斯沃思设计，最终成为充满新古典主义建筑风格的"新理工"校园。

新校园建设受惠于一位匿名的好心人的捐助。从 1912 年开始，捐助者开始为校方提供资金。到 1920 年，他前后捐助的现钞及股票共计 2000 万美元。如果按照现在的美元价值折算，高达 2.3 亿美元。在不断的寻访下，直到 1920 年 1 月，这位好

麻省理工学院的 32 号楼

心人的身份才曝光。他是来自纽约州罗切斯特市的工业家乔治·伊士曼——卷式感光胶卷发明者，伊士曼柯达公司的创始人。

伊士曼是位成功的企业家，也是乐善好施的捐助者，一生捐款超过了一亿美元。除了照顾员工和进行社会捐助之外，大学是他主要的捐赠对象。他一直感恩和尊重学校，他的企业里雇用了很多麻省理工学院的毕业生，其中很多人都成为其得力助手。

捐助起初都是以"史密斯先生"的名义匿名进行，很多年里，神秘的"史密斯先生"的身份多方一直加以猜测，甚至被写进麻省理工的校园流行歌曲中。

麻省理工学院的早期发展史是否使它有了不同的基因，已经无从考证。但学校的整体气质确实有一种少年感：对世界满怀好奇，充满想象，不按照常规方式出牌，迸发出无尽的创造力；同时勇敢无畏，勇于挑战未知世界，寻找世界上最难的课题然后攻克它，体现出真正的意义和价值——这就是典型的麻省理工学院的思维。

事物不应该是"该有的样子"

进入麻省理工学院的校园，从著名的"32号楼"到承载无限想象力的麦克劳伦大圆顶，再到备受争议的克雷斯吉礼堂……你会感觉每一处都是"凝固的音乐"，而且是节奏动感、自由随意的爵士乐。

"32号楼"又被称为"斯塔塔中心"（Stata Center），在校园里非常引人注目。它是"建筑界毕加索"弗兰克·盖里的得意之作，他本人形容这座建筑为"一堆喝醉的机器人一起庆祝狂欢的派对"。尽管它在外形上没有循规蹈矩，但却是非常严谨的建筑作品，在保持独特审美的基础上也注重物理受力的极限，墙上每面镜子的角度和材质都是经过精密计算和精心设计的。这也是麻省理工精神的另一面：在创新中糅合了严谨和自律。

这种建筑设计是一种很好的隐喻，赋予人们极大的想象空间，让人不要被事物"该有的样子"所束缚。我们随机采访了一位留学生，他是麻省理工学院电子系的博士，

就在楼里的机器人实验室工作。实验室主要研究机器人设计，大型机器人身高1.8米，是个"灵活的大个子"，可以快速学习并完成很多高难度的动作。小型机器人就更多了，每个都有自己的特色。当然，需要解决的技术难题也很多，我们采访的这位电子系博士主要研究的是机器人行走中的平衡问题，尤其是遇到障碍或路面打滑时

麦克劳伦大圆顶

如何更好地保持平衡。

　　麻省理工学院的主楼麦克劳伦大圆顶是一座仿罗马万神殿式建筑。建造者是本校毕业生威廉·伯斯沃茨，原型是哥伦比亚大学的洛氏图书馆。建筑倒是规规矩矩，没有什么特别出格的地方，但在它顶部发生的事情可是出乎意料了。麻省理工学院

虽然以理工科见长，但从不盛产书呆子，学校甚至鼓励学生搞一些体现高智商的恶作剧。1994年的某一天，路人纷纷抬头仰望，麦克劳伦的穹顶之上居然"停"着一辆警车！消息很快传遍了剑桥市，惊动了波士顿各大媒体，记者们蜂拥而至，数架直升机在主楼穹顶上空盘旋直播。原来，学生们不是用大型装卸机把警车直接吊上去的，而是卸下警车外壳后将其机械拆解，用木头搭建成警车内部框架，趁着夜色在主楼穹顶完成了组装。除了这个点子比较特别之外，操作起来还有一定的技术难度，既要精确计算每个模块的体积，还要设想出最便捷的组装方式，赶在天亮前完工。参与这个"恶作剧"的学生们为了体现"爱心和智商"，还特意在车里留了一本教警察怎么拆卸模型和清理现场的指南。

　　自此以后，学生们每年都会在麦克劳伦的圆顶上展现天马行空的想象力，上面

麻省理工学院校园雕塑

可能出现一个电话亭，或者在毕业典礼时出现戴毕业帽的奶牛。1999 年，学生们把大圆顶改成了《星球大战》里的 R2-D2。不只大圆顶，校园中其他任何地方都有可能成为年轻人淋漓尽致展现想象力的舞台。2012 年，学生们制造了一出别出心裁的恶作剧，把校内建筑的一整面外墙搞成俄罗斯方块游戏的显示屏，并通过无线遥控操作这个"史上最大的俄罗斯方块"。校方对这些创意十足的把戏无限"纵容"，甚至在官网搭建了一个二级域名网站，可以做游戏排名。

在麻省理工学院，校园建筑个个不同凡响。克雷斯吉礼堂是美国第一个大型薄壳混凝土建筑，在吻合麻省理工学院校园气质的基础上做了技术创新，使其成为校园文化、社会和精神内核的一部分，承担着集合交流的功能。礼堂建成后，围绕它的讨论就一直没有停止过，批评者和支持者分成两派喋喋不休，意见分歧强烈。批

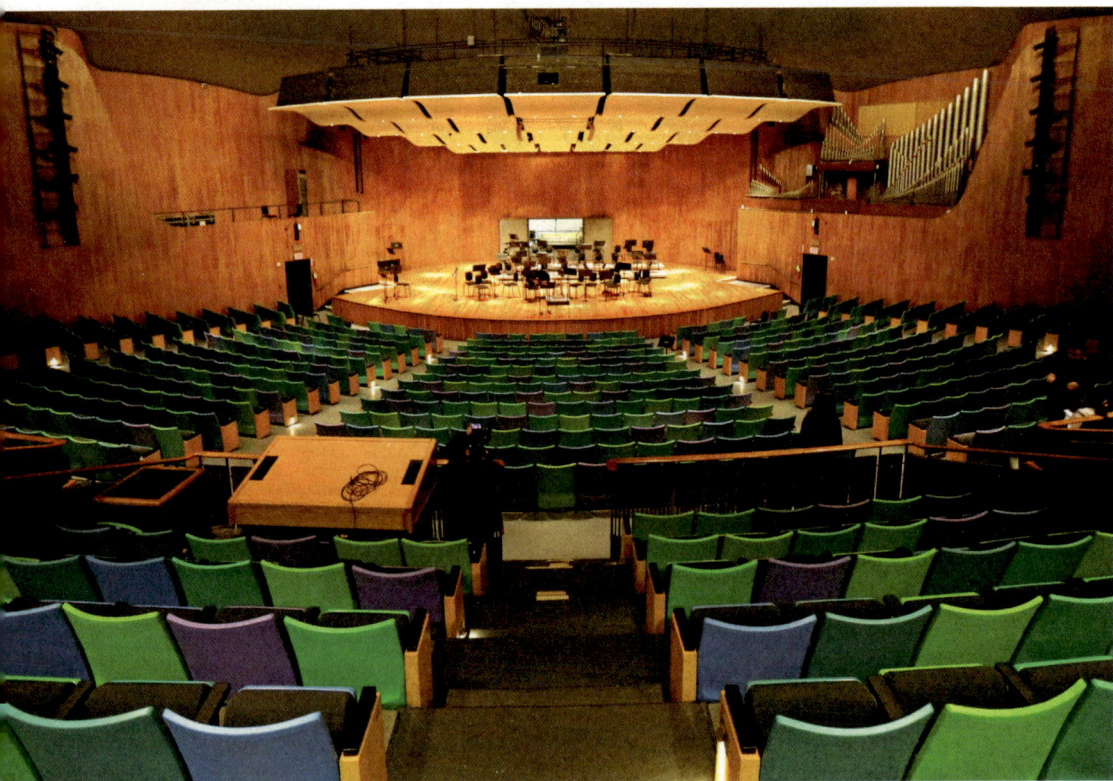

克雷斯吉礼堂的报告厅

评者认为它没有和场地融合，结构上有缺陷，建筑形式和礼堂的功能不匹配，色调过冷等。但在 1956 年，美国著名建筑杂志《建筑实录》将其评为"百年最显赫建筑"第 15 名。2008 年，在波士顿十大建筑的评选中，克雷斯吉礼堂顺利入围。

此外，麻省理工学院的校园里还有一座硕大的"炼金术士"雕塑，它是麻省理

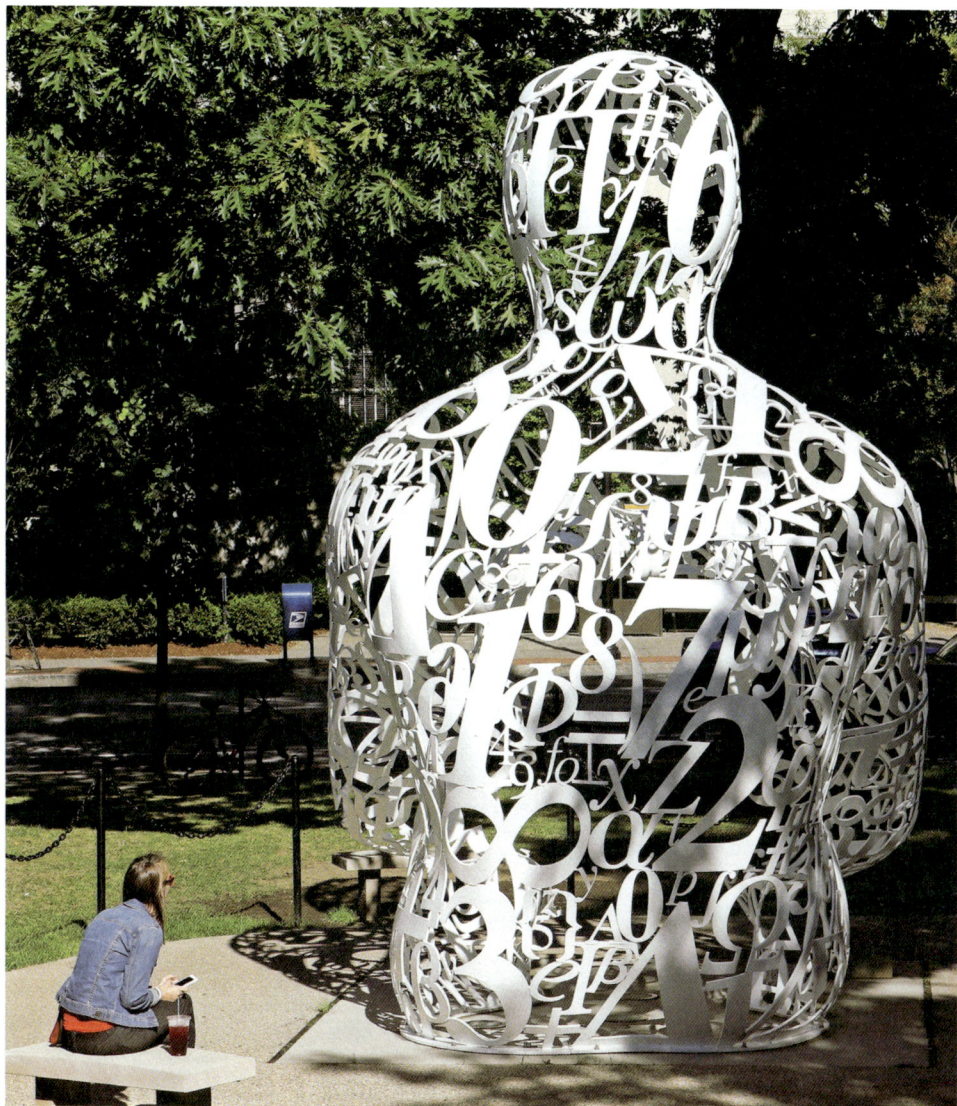

炼金术士雕塑

工学院最著名的雕塑之一。2011 年，西班牙艺术家乔玛·帕兰萨完成了这件作品。雕像用不锈钢字母（包括阿拉伯数字、希腊字母和数学符号等）构造了巨大的人体形象，你在欣赏它的时候，可以感受到拟人的艺术空间，似乎面对的就是一个具有想象力的、正在思考的真实的人。用它来比拟麻省理工学院的师生，或许再合适不过了。

创新没有边界

麻省理工学院的创新包罗万象，大至对宇宙的探索，小到对一个闹钟的改变。著名的阿波罗登月计划，麻省理工学院是深度参与者之一。2009 年，麻省理工学院的校长苏珊·霍克菲尔德在纪念登月 40 周年研讨会上的讲话指出："今天的学生们在挑战世界面临的种种难题时所需的勇气，部分来自'阿波罗'计划，它让我们相信天空不再是限制。"

1914 年，麻省理工学院开设了美国大学里的第一个航空工程课程，并为课程建设了一个大型风洞，如今仍然作为学生实验室在使用。美国太空探索历史上的很多基础技术都是来自麻省理工学院，迄今为止，学院培养出 34 名宇航员，其中有 4 位登月宇航员。从月球到木星再到火星，在这里从未停止过对于太空的探索。

麻省理工学院的教授们也致力于改变人们的日常生活。媒体实验室的教授和工程师们发明了一个会跑的闹钟，取名为"落跑闹钟"。这种闹钟带有轮子，响的同时会满地乱跑，人们不得不打起精神与其斗智斗勇，费很大力气才能抓住并关掉它。这种小玩意儿在很多人看来上不了大台面，但发明者不以为忤，反而扬扬得意、自娱自乐。天下大事必作于细，如果一个人能够通过闹钟安排好自己的早晨，养成良好的生活习惯，或许能够成为一个不一样的人。

这种小的改变，带来一个人的大改变，进而促进世界更大的改变。这就是麻省理工学院创新者的想法——不关乎大小，只在乎创新。

吹向世界的北欧风

≫ ▆▆ 北欧被认为是世界上幸福指数最高的地方，人们享受着纯净优美的自然风光、健全完善的公共设施、丰厚的社会福利以及高水准的教育。在这里读书，简单纯粹、宁静平和、安全舒适。

朋友曾送我一台丹麦品牌的家用音箱，打开包装就令我眼前一亮：圆盘状的黑色机身、烟熏色橡木腿、黄铜色铝环，色彩搭配协调，造型浑然一体，设计感十足，从任何角度看都不像是传统的音箱，摆在客厅里就是一件简约精美、有浓厚艺术气息的家具。音箱操作也很简单，通过蓝牙连接至手机后就可以播放音乐，低音效果强劲，还能根据房屋结构和周围环境优化声音效果，简直是视觉与听觉的双重享受。

近年来，北欧风在国内很受欢迎，除了改变了人们家居观念的瑞典品牌宜家，还有很多北欧设计品牌别具特色，能让人眼前一亮。知乎上关于北欧风的回答中点赞最高的一条如是说：注重生活的每个细节和瞬间，崇尚原始和自然，还有对夏天的珍惜以及对冬天的淡然。如今，"北欧风"俨然成为简约和品质的代名词，符合当代人快节奏生活里对审美的坚持和追求。在北欧探访期间，我专门去当地家居店和装饰店转了转，对北欧设计风格有了更多的了解。

冰岛的雷克雅未克大教堂

"每个单品都可以用一辈子"

诞生于1873年的芬兰品牌Arabia以陶器制造闻名，乍看普普通通的陶瓷杯碟，细看却用料考究，做工精良，釉面柔和细腻，色泽温暖光亮，造型饱满圆润，线条柔和简约，完美地兼顾了艺术性、设计性和实用性。他们的设计师自豪地说，因为注重品质，所以每一个单品都能用一辈子。

"风格质朴，却不失生活的诗意和美感"

Lucie Kaas是来自丹麦的家居设计品牌，善于从过去的时代中寻找灵感，回归生活本真，从而设计出新的经典。很多动物造型的家饰小物选用天然烟熏的板栗木，按原工艺纯手工切割、打磨、拼接而成，圆滑坚实，而且每一个成品的纹理及颜色都是独一无二的。风格虽然质朴，却不失生活的诗意和美感，可谓时髦且经典，有趣亦有品。

芬兰北极树屋酒店

"一切从人的感受出发"

曾有人戏称，"如果瑞典的设计师不做设计了，他们很可能会去做解剖"，足见这些设计师对人体构造学的痴迷。OFFECCT 品牌的椅子、沙发让人看到就有试一试的冲动。他们的品牌宣传册上写着一句话：我们做家具，但我们不是一家普通的家具公司，我们更像一家设计公司，把创造力作为一切行动的核心。

Fiskars 来自芬兰，是世界级的刀具设计品牌，也是欧洲最古老的铁器品牌之一。据说，打开芬兰随便一个家庭厨房或工作间的抽屉，你都会发现一把橙色手柄的 Fiskars 剪刀，由此可见它在芬兰国民中的普及度。这家做小物品的大公司有个特别人性化的设计——剪刀是分左右手版本的，即便左撇子也能轻松使用。

自从 1900 年在巴黎博览会上引起世界级轰动，北欧风已经红了 100 多年了，简约的风格并没有牺牲产品的功能性，反而极尽包容，把多种元素融合并删繁就简，设计得恰到好处，暗藏着一种不动声色又优雅动人的北欧风情，让观赏者为之着迷。

赫尔辛基的康比静默教堂

2017 年，我们来到欧洲，把行程的第一站安排在了以设计见长的芬兰名校阿尔托大学，我终于有机会亲身领略北欧设计的魅力，探究其背后蕴含的理念和思想。

阿尔托大学由三所大学合并而成——赫尔辛基理工大学、赫尔辛基经济学院和赫尔辛基艺术设计大学。三所大学都是各自领域内的翘楚。2010 年 1 月 1 日，三校合并运行，以毕业生阿尔瓦·阿尔托的名字命名。

阿尔瓦·阿尔托是现代建筑的重要奠基人之一，也是现代城市规划、工业产品设计的代表人物。他在建筑与环境的关系、建筑形式与人的心理感受等方面都取得了突破性成果，是现代建筑史上举足轻重的大师级人物。阿尔托在设计中力求实现一种理想，即平等地为每一个人提供更好的环境。他认为这是作为设计师的责任，同时也表达了自己内心深处对社会变革的诉求。他曾说："建筑不能拯救世界，但它可以为人们做出一个好的榜样。"

走进阿尔托大学的校园，一座在阳光下闪闪发光的银色现代建筑立刻吸引了大家的目光，同学介绍说，那是曾获 2017 年芬兰建筑奖的阿尔托大学图书馆。图书馆内部色彩明快，带有天窗的中庭空间直接下沉至地下区域，让整个空间灵动起来，并带来充足的自然光线。20 世纪 60 年代标志性的太空球形椅状的软垫嵌入墙内，围合起来的空间，是专为需要静谧环境去学习或研究的同学设立的一处隐秘场所。紫色的地毯上，红色、橙色的座位带有脚轮，可以在地毯上移动，为学生们创造了随心所欲的活动场所。圆形壁龛嵌在不同的墙体内，为私人学习提供了舒适的阅读角。

芬兰建筑奖评审团给出这样的评价："地下空间部分设计精湛，内部设计尤为突出，给建筑带来了一种充满未来感的动态形象。建筑师们表现出一种充满勇气与真诚的态度，在建筑本身的美学和各种新时代功能需求中找到了平衡。"

我们从图书馆出来，外面是北欧少见的暖阳，放眼望去，绿树掩映下的教学楼、实验室、学生公寓看起来温暖而柔和。我们总能在校园里不经意地发现一些巧妙的设计构思，让人不禁感叹真不愧是设计院校的顶级学府。一位学生带我们来到一处校园餐厅吃午饭，深紫色的地毯，错落有致的桌椅布局，精致的灯具和酒杯让我们难以相信，这竟是学生餐厅。更为难得的是，餐厅的设计和装饰都是学生独立完成的作品！

在 2023 年 QS 世界大学艺术与设计专业排名中，阿尔托大学名列第 6，甚至超过了美国艺术中心设计学院和英国格拉斯哥艺术学院，是世界艺术设计院校中的顶

芬兰阿尔托大学图书馆

斯德哥尔摩地铁站

级学府。探访期间，我们也采访了在阿尔托大学就读的中国留学生——王帅中，他本科就读于西安交通大学建筑系，大学期间参加设计竞赛获奖后被主办方邀请至欧洲短期游学。他回忆说，那是自己第一次亲眼看到多位大师的建筑作品，那些建筑或在历史的沉浮中熠熠生辉，或是凭借独具匠心的创意让业界惊叹，他完全被迷住了，萌生了要来欧洲深造的想法。

他说："可能大家觉得芬兰的阿尔托大学比较小众，其实在有志从事设计，尤其是认可北欧设计理念的人群中，它可谓大名鼎鼎。这里的设计专业在斯堪的纳维亚地区的地位很高，大部分学生在校期间就已经被招进当地甚至国际知名设计公司。"

谈起自己所在的设计学院，王帅中的自豪之情溢于言表。他说："学校给我们提供的首先是国际化的交流平台，我曾在研究生一年级时远赴哈佛大学、麻省理工学院以及香港学院的设计工作室交流，多元的设计理念开阔了我的视野。其次，学院学制灵活，学分设置合理，专业可混选，学校鼓励并培养一专多能的人才。后来我逐渐发现，其他领域的经验和知识对我的建筑设计工作也很有帮助。最后，学院以帮助学生的成长为办学宗旨，设计实践材料全部免费，鼓励我们勤于动手，把想法落实于实践。比如国内已经不大重视的木建筑，在这里的工作室是动手设计和制作的常规材料。"

在阿尔托大学的艺术设计与建筑学院，很多学生读书期间就已经从事相关工作，一方面了解市场需求、积累从业经验，同时也能赚取一些生活费。王帅中在芬兰读书享受学费全免的政策，生活费每月需要 500 至 800 欧元。他在研一时就进入了芬兰最大的建筑设计公司 JKMM 工作，主要做室内设计，每月薪水 2500 欧元左右，完全可以负担自己的开支，还有余力做一些自己感兴趣的事情。

北欧被认为是世界上幸福指数最高的地方，人们享受着纯净优美的自然风光、健全完善的公共设施、丰厚的社会福利以及高水准的教育。在这里读书，简单纯粹、宁静平和、安全舒适。我们喜欢北欧风格的建筑和设计，也是对那种简约而不简单、纯粹且极致的人生态度和生活美学的向往。如今，很多年轻人在更加开放和更加国际化的环境中长大，接受过现代美学熏陶和互联网信息的洗礼，这批在新环境下成长起来的年轻人，无论从审美情趣还是消费观念都发生了巨大的变化，再加上快节奏的生活，使得他们更加追求简单、方便又不失品质的生活。

芬兰阿尔托大学的教学楼

北欧风格主要分为两种：一种是充满现代造型线条的现代风格；另一种是贴近原生态的自然风格。20 世纪 50 年代开始，北欧风作为一种主要的设计风格而被世界广泛接受。这种设计的核心价值是：大众应能享受美好且有用之物。其诞生和北欧社会的民主主义以及由高税收支撑的公共福利体系是分不开的。它们受欧洲社会运动和大规模工业生产的影响，产品设计不再局限于富人阶级，而是走更亲民的路线。无论哪种北欧风格，设计总是理性而细腻、民主且大众，保持功能性的同时兼顾美感。这种以人为本的设计理念不仅关注普罗大众的需求，也会考虑到小众群体的特殊情况，比如在设计上注意避免残障人士在使用上的不便。

人性化的设计传达了北欧追求社会公平，对全社会关心周到的人文情怀。北欧国家在地理条件和市场需求方面都没有明显的优势，社会资源也相对有限，但是它们凭借独特的社会发展理念和教育思想，走出了一条属于自己的创新之路，成为 21世纪设计领域的一股清流，在全球带动起重要的生活哲学思潮。这种思潮在未来相当长的一段时间内无疑将继续影响很多人的生活和工作，因为它所追求的自然、和谐与纯粹，恰恰是这个时代向往的生活。

巴塞罗那的建筑奇才——高迪

> ≫ ▇▇▇ 有这样一位天才和疯子，他让其他著名建筑师都成为陪衬。他的建筑作品有 7 处被列为世界文化遗产。他，就是安东尼奥·高迪。

位于伊比利亚半岛的西班牙，有一块濒临地中海的地区，叫作加泰罗尼亚。这里的艺术创造力举世闻名，被称为"艺术的王国"。可能有人对加泰罗尼亚这个名字感到陌生，但它的核心城市巴塞罗那的名声响彻世界。1992 年的夏季奥运会就在这里举办，让世界上更多人透过荧屏领略了它的风采。这座城市有天然的魅力，很多人来过之后还有再度探访的欲望。2017 年 9 月，我们来到巴塞罗那，很快就被这里的热情所感染。

此行的目标是巴塞罗那大学。在从酒店去往巴塞罗那大学途中，我们看到布拉大街上人潮涌动，外地游客和本地百姓都自得其乐，享受着城市带来的乐趣。途经水果和海鲜市场，五颜六色的新鲜食物让人垂涎欲滴，逛街和购物都成了最惬意的享受。道路边的街头艺人打扮成中世纪人物的形象，伫立在街边纹丝不动，宛如一尊雕塑，敬业的表演吸引路人驻足欣赏。

宜人的气候、旖旎的风光、斑斓的生活固然让人牵绊，但当看到巴塞罗那的建筑时，心灵深处瞬间被深深震撼。在巴塞罗那老城区，建筑史上的各个经典作品鳞

巴塞罗那远眺

次栉比，仿佛穿越到了两个世纪之前。巴塞罗那迷人的城市风貌是各个建筑师集体成果的结晶，如蒙塔内尔设计的加泰罗尼亚音乐宫，被联合国教科文组织列为世界文化遗产。但有这样一位天才和疯子，他让其他著名建筑师都成为陪衬。他的建筑作品有 7 处被列为世界文化遗产。他，就是安东尼奥·高迪。

高迪是土生土长的加泰罗尼亚人，他一生中的大部分时间都在巴塞罗那度过。他留下了私人住宅、学校、居民楼、公园以及大教堂等多类建筑作品。很难说清，究竟是一座城成就了一个人，还是一个人成就了一座城。但毫无疑问，这些美轮美奂、实实在在的建筑，给巴塞罗那烙上了高迪的印记。

"有才气的天才像个疯子"

1852 年 6 月 25 日，西班牙加泰罗尼亚小城雷乌斯，在一个普通的家庭，安东尼奥·高迪呱呱落地。这个家庭中规中矩，父母都是虔诚的天主教徒，一向过着简朴、

平静的生活。高迪排行老五，是家里最小的孩子。地中海人通常个性独特，富有创造性，天生具有艺术感和设计意识，加泰罗尼亚的自然条件和人文环境对高迪影响很大。他曾说："幻想来自幽灵，那是北方人所拥有的。我们是具体的，我们的画面感来自地中海。"

小时候高迪性格内向，不喜欢社交，朋友圈很窄，但他也有亲密好友——他小时候所在的托儿所所长的儿子。这段友谊持续多年，此人后来成为高迪非常倚重的助手。高迪自小就对绘画艺术产生了浓厚的兴趣，并展现出了很高的绘画天赋。他最早的一份作品，是替中学生创办的手抄本杂志《滑稽周刊》绘制插图。

成年之后，因为身体不太好，高迪服兵役期间不得不经常请病假，因此避免了直接上战场。后来，他进入巴塞罗那的一所建筑学校读书。不久，家庭忽遭变故，他的母亲、大哥和姐姐相继去世，父亲带着姐姐的孩子来到巴塞罗那和高迪一起居住。高迪一边如饥似渴地学习知识，一边努力赚钱养家糊口。

当时，巴塞罗那正值建筑的黄金时代，巨额资本涌入城市改扩建工程。这里毕竟是艺术的世界，业主们在营造时都希望别出心裁，凸显出自己建筑的独特性。因为风湿病，高迪无法随意和小朋友玩耍，只能离群索居，静静观察大自然。和大自然的亲近对高迪的建筑设计观念影响很大。他在设计时更倾向于自然主义，而不是挖空心思去"发明"。他认为，"只有疯子才会试图去描绘世界上不存在的东西"。读书期间，高迪已经参加了一些当地建筑的设计和建造，有一些设计工作都是独立完成。

1877年，高迪为一所大学设计礼堂，这是他的毕业设计作品。方案出来后，引起了各方不同意见的碰撞。经过激烈的讨论，高迪的设计最终打动了大部分老师，方案顺利通过。校长感慨地说："真不知道我把毕业证书发给了一位天才还是一个疯子！"

事实证明，高迪是个天才而不是疯子。1878年，毕业仅一年的他就获得了建筑师的称号，有资格自行设计建筑。他结识了好友欧塞维奥·古埃尔，后者成为他的保护人和同盟者。古埃尔对于高迪十分宽容，他认为："正常人往往没有什么才气，而天才却常常像个疯子。"

高迪终生未娶，平日里与其他人有些格格不入。除了古埃尔之外，他没有其他亲密的朋友。他常年留着大胡子，表情经常让人捉摸不定，阴沉的眼神给人天然的疏离感，除了工作，高迪别无他求。他不讲究饮食，经常忘记吃饭；穿着很随便，经常不换衬衫，一副穷酸打扮。走在大街上，甚至有人曾认为他是乞丐，还丢给他几块零花钱。

　　十分欣赏高迪才华的古埃尔把他介绍给上流社会。高迪很快成为名流界的设计明星，大家纷纷请他设计公馆和别墅。他先为一位工业家的遗孀建造了富丽堂皇、巴洛克式的巴特罗公寓，后来又建造了类似哥特式城堡的贝列斯瓜德别墅。

　　1884年至1887年，高迪设计、古埃尔出资建筑了古埃尔庄园。这座私人度假别墅，最终成为西班牙乃至全世界的建筑艺术杰作。在古埃尔的支持下，高迪不用顾虑财务成本，可以尽情地释放天性，自由地展现创意。古埃尔庄园在建筑史上确实是个成功的作品，高迪遵从自然主义建筑的哲学，把大自然和人工建筑有机结合成一个完美的整体。看似普通的红砖建筑中，透露出高迪对几何图形的喜爱和超高的图形变换应用能力。庄园的选址距离市区较远，地势较高，要走很长的陡峭山路才能到达。高迪便利用地势，将小桥、道路和长椅都巧妙地嵌在山坡上，一路蜿蜒曲折，就像飘荡灵动的音符，构成诗一般的意境。中央广场的柱廊，没有一根是笔直的，远远看去宛如天然森林中的盘曲树干。古埃尔庄园就像一副悬挂在天空中的艺术品，在建筑艺术上是个伟大的创新。但当时庄园在经济上并没有获得很大的成功，因为路径设计不甚方便，庄园中原本打算用于私人住宅建筑用地的16块土地仅售出了1块。

　　后来，高迪改造了巴特罗公寓，赢来了更响亮的声誉。富翁佩雷·米拉偕妻子参观了巴特罗公寓后羡慕不已，当即决定请高迪为自己设计建造一座公寓。高迪接下了这份工作，设计出了今天位于巴塞罗那扩建区狄拉西亚大道上的米拉之家。

　　1906年，米拉之家开始动工。工程开始后，工地上进行得热火朝天，而它的主人米拉却心急如焚。原来，公寓直到动工之时还是个"三无工程"：没有图纸、没有方案、没有预算。后来米拉实在熬不住，向高迪询问设计方案。高迪从口袋里摸出一张皱巴巴的纸片，原来这就是他的设计方案！

这一切看起来毫不靠谱，让米拉很抓狂，但高迪还是淡定自若。他向米拉保证说，这座房子的独特造型一定会和四周千姿百态的群山相呼应。事实上，我们在巴塞罗那看到这座六层高的建筑时，确实觉得是一场视觉的盛宴——波浪形的外观，扭动回绕的铁条构成的阳台栏杆，搭配造型奇特的雕塑、宽大的窗户、高低错落的屋顶，浪漫的曲线自地面贯通至天棚的各个角落，极富创意和动感。

6 年之后，房子终于在 1912 年完美竣工。在高迪的眼里，这是他建造的最好的房子，是用自然主义手法在建筑上体现浪漫主义和反传统精神的最有说服力的作品。可惜的是，这座公寓出身名门却"红颜薄命"。米拉之家命运坎坷，一度沦为赌场，也曾成为补习班和分租公寓。1984 年，米拉之家与高迪的另外两件作品一起被联合国教科文组织宣布为世界文化遗产，当地老百姓亲切地称之为"石头房子"。直到被定为世界文化遗产之后，米拉之家才在 1986 年被卡沙文化基金会买下，花费巨资整修，以崭新面目重新面世。如今，米拉之家是巴塞罗那市的地标之一，被认为是 20 世纪世界上最重要的建筑之一。

高迪之死与未竟事业

1926 年 6 月 10 日，巴塞罗那举行有轨电车通车典礼。在这场的盛大的城市庆典中，发生了意外。电车撞倒了一位老人，此人穿着寒酸、形容枯槁，大家纷纷猜测是一名街头乞丐。

老人被送进医院后不久去世，这时有位老太太认出，他就是高迪。这件事惊动了全城百姓。当时，高迪早已成名，是公认的巴塞罗那最伟大的建筑师之一，是整

座城市、整个地区乃至西班牙的骄傲。高迪出殡那天，街上人头攒动，大家都自愿
为他送行。高迪被安葬在他的未竟事业——圣家堂的地下墓室，设计了一辈子建筑
的他，算是给自己提前找好了最终的归宿。但对于高迪而言，圣家堂可能是让他死
不瞑目的遗憾。圣家族大教堂又译作"神圣家族教堂"，简称"圣家堂"。它现在
仍是巴塞罗那的地标性建筑，也是唯一一座没有竣工就被评为世界文化遗产的建筑。

教堂是一位书商倡议修建的，并得到了圣徒约瑟夫崇敬会会员的支持，聘请建筑师弗朗西斯科·德比里亚设计并主持建造。但因为设计理念不合，德比里亚后来撒手不管，在古埃尔的建议下，高迪接手主持此事。

可能最初谁也没有料到，这座教堂是跨越两个世纪的浩大工程，从19世纪80年代开始修建，计划在2050年竣工，最乐观的估计也要在2026年才能看到成品。高迪的晚年基本上都投入到这座教堂的建造中，在他去世的时候，仅完成了工程的四分之一。教堂三个立面被高迪分别赋予了"诞生""受难""荣耀"三大主题，东门是讲述耶稣基督诞生的故事，西门则描绘基督在耶路撒冷受难的过程，南门彰显上帝的荣耀。高迪在世时只完成了诞生门的建造，20世纪80年代，受难门完成，目前荣耀门还在建设中。

教堂的整体设计以大自然为灵感，大量采用洞穴、山脉、花草、动物等元素。整个教堂以螺旋、锥形、双曲线、抛物线等各种曲线变化组合。高迪曾经说过："直线属于人类，曲线属于上帝。"在教堂内部的装饰上，高迪尽可能把《圣经》里的故事、人物描绘得真实可信。他到处寻找真人做模特，甚至包括死婴，有的民众称之为"石头构筑的梦魇"。高迪将自己的建筑设计风格——哥特式和新艺术运动的风格融为一体，到过圣家堂的人无不惊叹于其宏伟、迷幻与瑰丽，这是一份超乎人类想象的杰作。

值得注意的是，这座世界闻名的圣家堂竟然是"违章建筑"。1885年，高迪向当时的圣马蒂普罗旺斯市议会申请教堂的建筑许可证，但未得到任何答复。据2018年10月英国《每日邮报》报道，圣家堂被巴塞罗那市政府处以3600万欧元（约2.8亿元人民币）的巨额罚款。好消息是，2019年6月，西班牙巴塞罗那市议会向负责承建圣家堂的委员会授予了建筑许可证，这座世界著名的教堂终于拿到了合法证明。这也是对高迪最好的慰藉吧！

还未竣工的圣家堂

新加坡教育的求变之道

>>> ▓▓▓▓ 纵观新加坡教育的发展，保持开放的心态，吸收不同教育体系的精华，走出一条中西融合之路，是新加坡教育不断发展、一路领先的重要原因。

提起新加坡的教育，令人印象深刻的有亚洲教育"金字塔尖上的明珠"新加坡国立大学，有被称为时代传奇的莱佛士书院，以及短短几十年时间里发展为世界一流研究型大学的南洋理工大学……这块弹丸之地涌现出如此多的教育奇迹，让我对这次新加坡名校探访之旅充满期待。

在此之前，我去过新加坡好几次，但大部分都是出差，来去匆忙。这次的名校探访之旅，让我终于有机会在新加坡的校园里悠闲地走一走，和同学、老师聊聊天。

新加坡国立大学依山势而建，绿树成荫，宛如一所花园中的学校。大学没有校门，只有一面橙色的牌子提醒我们已经进入校园。国大博物馆和李光前自然历史博物馆坐落在最显眼的地方，诉说着这所百年名校的成长历程。

国大商学院让我印象极为深刻，一楼大厅里悬挂着一系列巨幅海报，原以为是学生活动的宣传，走近一看才发现海报里展示的是商学院的师生及教职员工，有明星教授、已经毕业的校友，也有在学院里工作的普通清洁工。学院尊重每个人的工作，为他们感到同样的骄傲和自豪，照片里的每个人看起来都阳光积极、乐观开朗，

新加坡国立大学

海报上还标注了他们的业余爱好：卡拉OK、攀岩、萨克斯……如此平等、如此生动。

走出商学院，我们一行人来到李光前楼，这次采访的对象是新加坡国立大学校长陈永财教授。陈教授走进会谈室，带着和蔼的笑容与我们一一握手，询问我们此行的计划和安排，说一定要让中国学生知道国大很欢迎他们来这里学习。

陈教授是一位典型的学者，谈笑间处处流露出迷人的儒雅风度和谦逊的态度，采访进行得十分顺利。

终身学习依靠机制创新与保障

陈永财教授一直倡导终身学习，我们的交流也就这个问题展开。世界发展日新月异，人工智能、5G、大数据、云计算……不断涌现出的新鲜理念和先进技术让人目不暇接。据世界经济论坛预估，未来几年，由于人工智能的发展，7500万个传统工作岗位将消失，同时还有1.33亿个新的工作岗位等待人才填补。于是问题来了：

新的工作需要新的知识和技能，大学如何帮助年轻人做好应对未来变革的准备呢？这对现有的教育理念是一个很大的挑战，需要我们重新定义学习的内容和人才的标准。

在交谈中，陈永财教授多次强调终身学习在 21 世纪的重要性。他说："今天，某个领域的知识或技能的生命周期可能只有 5 年的时间，这意味着我们的每一位毕业生都要成为终身学习者。在一个人的职业生涯中，他可能需要不少于 10 次的再学习来更新自己的知识体系，才能掌握符合时代发展和市场需求的技能。即使退休之后，让自己的大脑保持激活状态也很重要，不断学习可以帮助我们过上优雅、高产的老年生活。"

今天，我们都清楚终身学习的重要性，然而新加坡的做法并不多见——通过政府和大学的机制创新，为学生毕业后再学习提供支持和补贴。2018 年，新加坡国立大学推出了"终身学习者"项目，鼓励学生在毕业后的 20 年间通过返校或在线的方式持续学习，以更新认知、拓宽视野。毕业后的学习可以很放松，比如每年选修 1 门到 2 门课程，20 年就可以修完 20 到 40 门课程，完成知识体系的更新迭代。"以前的大学教育是确保学生掌握工作中需要的一项谋生技能，如今的教育必须将学生培养为终身学习者，不断适应新事物、新环境。"陈教授说。

为了提供更有针对性以及和市场更为接轨的课程，新加坡国立大学与各领域的企业合作，了解业务前线的最新发展和需求，不断调整课程设计。合作公司的雇员可以在大学的课程库中自由选择内容来学习，自助餐式的选课方式项目大受欢迎。

新加坡政府对"后大学时代"的继续教育一直都很支持，早在 2015 年就推出了"技能创前程"项目，目的是鼓励国民不断学习，持续提升劳动力素质。政府提供相应的学习经费补贴，40 岁以下的公民返校或在线学习，政府承担 70% 的学费；40 岁以上的公民，政府承担 90% 的学费——新加坡政府把终身学习计划落到了实处。

集各家所长，打造世界一流学府

新加坡国立大学杨潞龄医学院每年只招收全国顶尖、最合适的约 280 名学生，培养了许多杰出的医学人才，在海内外享有盛誉。学校的成就源于不断向外界学习，

新加坡国立大学艺术中心

选择更适合自己发展的路径。2005 年，新加坡国立大学和杜克大学签署合作协议，成立杜克－国大医学院，是新加坡第一所美式医学院。国大的学生可以在线听杜克大学教授的讲座，线下完成小组讨论和临床实践。陈教授表示，学校管理层看重的是杜克大学实践与科研并重的课程体系和培养模式，医院、研究中心都可以成为学生们的课堂，能培养出很多科学家和大师级的医生。

纵观新加坡教育的发展，保持开放的心态，吸收不同教育体系的精华，走出一条中西融合之路，是新加坡教育不断发展、一路领先的重要原因。最初沿用英国教育模式的新加坡，在 20 世纪 90 年代开始向美国教育体系学习，同时加强同亚洲国家的交流，博采众长，不断推进教育改革。陈教授说："新加坡是一个小国，我们明白需要不断向外看，所以总是充满好奇，并不会把自己简单地定义为东方或者西方的风格，而是在一个更广泛的框架中去做教育。我们在 20 世纪 90 年代就提出了全球化的学习，鼓励学生去世界上其他地方感受多元文化，积攒社会实践经验。"

新加坡国立大学的海外学院项目至今已经在旧金山、纽约、多伦多、斯德哥尔摩、慕尼黑、雅加达、深圳、上海、北京等 12 个城市展开，与海外高等学府共建初创企业实习项目及创业培训项目，帮助学生们获得宝贵的实践经历和市场经验，培养创新思维，体验多元文化，感受世界各地不同的市场需求。一系列的创新项目真实诠释了国大的使命：去教育、去激发、去改造！

激烈竞争下的全人教育

陈永财教授毕业于新加坡莱佛士书院，回忆起那段经历，他透露："身边的很多同学都比我聪明，和那些最优秀的人一起学习对我提升很大，激烈竞争又互帮互助的环境将我的潜力最大限度地激发了出来。'我一定会闪耀'是每位莱佛士人内心的信念。"

我和新加坡国立大学校长陈永财教授在一起

在新加坡，莱佛士书院是一个家喻户晓的名字，也是一个传奇般的存在。如果孩子能在书院求学，那将是每个家庭最大的荣耀。学校成立于 1823 年，由新加坡的发现者及首任总督、英国人斯坦福·莱佛士爵士创办，原名新加坡书院，是新加坡历史最悠久的一所学校。1868 年，为纪念莱佛士爵士更名为莱佛士书院，现在 2 元新币的背面图案就是书院最初的模样。

作为新加坡历史最悠久的学府，莱佛士书院在两个世纪的发展历程中，始终以"更好的时代"为己任，在新加坡教育改革中发挥了举足轻重的作用，为这个国家培养了数不清的优秀政商界人士，其中包括新加坡"国父"李光耀和前总理吴作栋。莱佛士书院是英国本土之外为牛津大学、剑桥大学输送学生最多的学校，每年大约有 50 名到 70 名学生会被这两所顶尖学府录取。在 2019 年的申请中，有 40 名学生申请到牛津大学本科，4 名学生被哈佛大学本科录取，这在非常强调校园多样性的哈佛大学实属难得。

优秀的教师是莱佛士学院最引以为傲的资本。在参观的过程中，我的第一印象是学校教室非常朴素，只有黑板和课桌椅，与传统的教室并无二致，这实在有点出乎我们的意料。副院长何女士对我们说："莱佛士相信最好的老师仅靠粉笔和黑板也能带来精彩的课堂，一些不必要的电子设备或技术反而可能会干扰学生们的注意力和思考的连贯性。教室里最炫目的不应该是电子产品，而是闪耀的思想。"

除了优秀的教师资源外，莱佛士学院还拥有全国最优质的生源。书院招生的标准很简单，那就是学习成绩——只招收在 PLSE（新加坡教育部举办的一项国家统一考试，以评估小学六年级学生升读中学课程的能力）和 O-LEVEL（初中生的毕业会考）中成绩最优异的学生。这意味着不论家庭贫富，学生都享有平等的入学权利，政府官员、学校教职员工、富人阶层的孩子不享受任何特权，连总理的孩子都不能例外。

自由的学制和丰富的选修课资源也是这所书院脱颖而出的原因之一。这里的中学生没有固定的班级，孩子们像大学生一样自主选课，受欢迎的讲座往往有七八百名学生同时到场。课程涵盖 Beat Box（电子鼓）、攀岩、童话赏析、食物的发展史、金融与推理数据、逻辑和悖论的乐趣、药剂学入门、电子游戏编程等，五花八门，学生甚至可以自己设计课程。求变、创新的力量在这里再一次得到印证。

器大者声必闳，志高者意必远。学院图书馆墙壁上，篆刻着这所低调而实力超群的名校一直坚守的理念："在学术追求上，我充满热情，同时严以自律；在个人成长中，我珍视正直的品质，尊重个体的意志，怀着善意去服务他人和社会。我以此来坚守并弘扬莱佛士的荣耀。"

参观校园的时候，我们看到走廊里的墙壁上展示的都是学生们创作的美术作品，有意境悠长的山水画，也有抽象晦涩的现代艺术，还有用于自我激励的幽默漫画。何女士介绍说："莱佛士书院并不希望培养只会读书的人，我们提供四大类丰富的选修课程和社团活动——性格与领导力、社区与公民、体育与健康、艺术与美学。此外，我们还通过寄宿制度和间隔学期项目培养学生们的独立意识和实践能力，使他们成为人格健全、具有批判性思维、懂得回馈的人。学术中的超人和生活中的正常人并不矛盾。"

在新加坡，男性公民在年满 18 周岁后需要服两年的义务兵役，也就是说，男

莱佛士书院走廊里展示的学生美术作品

生在高中毕业后都要去当兵。许多人可能认为这是浪费时间，但是新加坡的老师和家长对这一点都非常认可。何女士的孩子正在服役，她不无自豪地将这段经历称为"从男孩到男人的蜕变"。据了解，服兵役期间不只是接受体能训练，还很强调军事专业性和技术含量，比如战斗中的物流保障就是很受欢迎的学科，两年过后，修习合格者还将获得相应学位。

1903 年，原本私立的莱佛士学院成为公立学校。直到今天，莱佛士书院依然是新加坡教育部管辖下的一所政府中学，不过它要比其他很多中学享有更高的自主权。莱佛士书院、莱佛士女子中学和莱佛士初级学院（两年制高中）彼此之间拥有特殊的联系，尽管课程和管理相互独立，但是三所学校组成了一个强强联合的教育联盟，校友都将自己称作"Rafflesian"（莱佛士人）。

我们也看到，激烈的竞争和过早的分流使新加坡的学生面临不小的压力。陈永财就此也分享了自己的看法。他说："其实不是每个人都适合学术，但这并不影响

莱佛士书院行政大楼

莱佛士书院图书馆

他们在其他方面表现出众，我们目前的教育体系太看重学术表现，这或许有些狭隘，会让一部分学生失去自信。我们也在改革，在全人教育的框架下去追求更加科学和平衡的教育模式，我对这个方向很有信心。"

如果要用一个字来总结我对新加坡教育的印象，那就是"变"。永远保持开放的头脑和心态，永远带着忧患意识追求更优质的教育模式，尝试不同的机会，体会世界的多元，这就是新加坡教育的发展之道。

就在我们离开新加坡一周之后，2019 年 10 月 10 日，世界经济论坛发布的《全球竞争力报告》中，新加坡首次登顶，获评为全球最具竞争力经济体。报告指出，新加坡是世界上最开放的经济体，在基础设施、卫生水平和劳动力市场方面排名第一。新加坡很小，但在这片土地上发生的故事越来越奇妙。我想，新加坡人对教育的高度重视以及与时俱进的作风，也是新加坡能够延续传奇的一个重要的原因吧。

世界名校间的相爱相杀

>>> 不仅是北大和清华,国外也有很多名校保持着彼此之间互相恶作剧的"优良传统",真可谓"相爱相杀",这中间的一些剧情可能比宫斗剧还要戏剧化。

当被问到哪所学校是中国最好的大学时,北大的学生会说:"出清华西门,往南走300米即可。"而清华的学生的回答是:"出北大东门,往北走300米即可。"在我们心中,名校的学霸们似乎总是一副三好学生的乖模样,但是在对待竞争对手时,他们可是一点都不留情面,调皮指数爆表,想方设法捍卫母校的尊严。

不仅是北大和清华,国外也有很多名校保持着彼此之间互相恶作剧的"优良传统",真可谓"相爱相杀",这中间的一些剧情可能比宫斗剧还要戏剧化。

加州理工学院 VS 麻省理工学院

这两个大学之间的往事竟然还有专门的维基百科词条——Caltech - MIT rivalry!可见它们之间的较劲儿早已不是什么新鲜事。加州理工学院和麻省理工学院的最大争议在于:谁才是美国最好的理工科学校。不同于北大和清华的300米之隔,麻省理工学院位于美国东部的波士顿,而加州理工学院在西部的帕萨迪纳市,两地

相隔 4000 多公里，时差都有好几个小时，但是双方的明争暗斗并没有因遥远的距离而有丝毫的减弱。

2018 年 9 月，我们来到了加州理工学院。这所被称为"科学家摇篮"的名校居然没有一个明显的校标，更不用说是气派的大门了。学校面积比较小，走完一圈可能也不超过半个小时，在校生总共只有 2000 多人。整个校园温暖、恬静，给人一种大隐于市的感觉。

加州理工学院的弗莱明加农炮

在校园参观时，一位加州理工的学生给我们讲了加州理工学院和麻省理工学院这两所名校之间有趣的故事。2005 年 4 月，当时加州理工学院的学生在麻省理工学院的新生校园参观周搞了一场恶作剧，他们向新生们发放了 400 件 T 恤，T 恤的反面写着"Because not everybody can go to Caltech"（因为并不是所有人都能进入加州理工学院），也算是高级黑了。一年后，麻省理工学院的学生们为了一雪前耻，竟然偷了加州理工学院的镇校之宝——弗莱明加农炮。麻省理工的学生从东海岸一路来到西海岸，进入加州理工校园，伪造了建设合同和搬运协定，以此通过了学校安保的检查，然后再千里迢迢将大炮从洛杉矶运回波士顿。

哈佛大学 VS 耶鲁大学

耶鲁大学的创始人因不满哈佛大学对新教徒的接纳，自行离开并创立了耶鲁大

加州理工学院

学，这两所学校悠久的历史渊源和雄厚的实力也注定了它们会把彼此视为死对头。除了学术上的"谁是第一"之争，这两所学校在橄榄球比赛上的较量也十分引人注目。早在 1875 年，"哈佛绯红队"和"耶鲁斗牛犬队"就开始了第一场比赛，到现在两队已经"厮杀"了 130 多场。每到赛季，大家津津乐道的往往不是赛事成绩本身，而是两所名校之间各种让对方出丑的小手段。

1933 年，在橄榄球大战前夕，哈佛大学的学生偷偷把耶鲁大学的吉祥物斗牛犬绑架到了哈佛大学。在哈佛大学击败耶鲁大学后，他们在哈佛大学第一位捐赠者约翰·哈佛铜像的脚上抹了肉末，耶鲁的斗牛犬立马跑去舔舐铜像左脚，照片迅速在全美传播开来，这对耶鲁大学来说真是奇耻大辱！

而在 2004 年的橄榄球比赛中，耶鲁大学的学生们化装成哈佛大学的学生，鼓动近 2000 名哈佛大学的球迷一起举起纸板，在观赛区拼出了"We suck"（我们很差劲）的字样。哈佛校友被骗得团团转，以为自己举起的是"Go Harvard"（加油哈佛）……

剑桥大学 VS 牛津大学

在相当长的一段时间里，英国只有牛津和剑桥这两所大学，而在此后的英国大学排名中，它们也始终占据着前两名的位置。据说，剑桥师生从不直呼牛津大学其名，每次都用"the other place/ school"（另外那个地方/学校）来指代。除了学术研究之外，这两所学校的较量可谓全方位、无死角。双方在学术上互论短长，牛津大学盛产首相，剑桥大学多诺贝尔奖得主。两所名校参与的赛艇比赛更是"泰晤士河上的罗密欧和朱丽叶"，有近 200 年的历史。还有一些出格的比赛，更是吸引眼球。

剑桥大学举办的"年度美臀大赛"引来社会热议，牛津大学也不甘落后，在另一个学生网站"Oxford Brookes Tab"上举办美臀比赛，声称候选者比剑桥的"更棒"，要与剑桥大学争夺"年度美臀"。

悉尼大学 VS 新南威尔士大学

究竟谁才是"悉尼之光"？同样位于澳大利亚第一大城市悉尼，都是八大名校成员，同属世界名校50强的悉尼大学和新南威尔士大学展开了长达几十年的较量。

作为澳大利亚历史最悠久的大学，悉尼大学似乎名气更大一些，这让新南威尔士大学的同学很是不满，他们创作了一首歌曲，细数悉尼大学的种种"不是"：名字里沾了悉尼就像嘴里含了金钥匙，我们在辛苦实验你们在夜夜party……悉尼大学则毫不留情地回击，称"戴眼镜的 IT 理工男们找不到女朋友只能酸溜溜"。

悉尼大学古色古香的校园方庭内有一株美丽的蓝花楹，每到期末考试前，恰逢蓝花楹花季，淡紫色的鲜花十分美丽，学生都会来到树下祈祷自己逢考必过，因此蓝花楹树又被称为"考试树"，已经成为校园地标。然而，2016年10月28日晚，

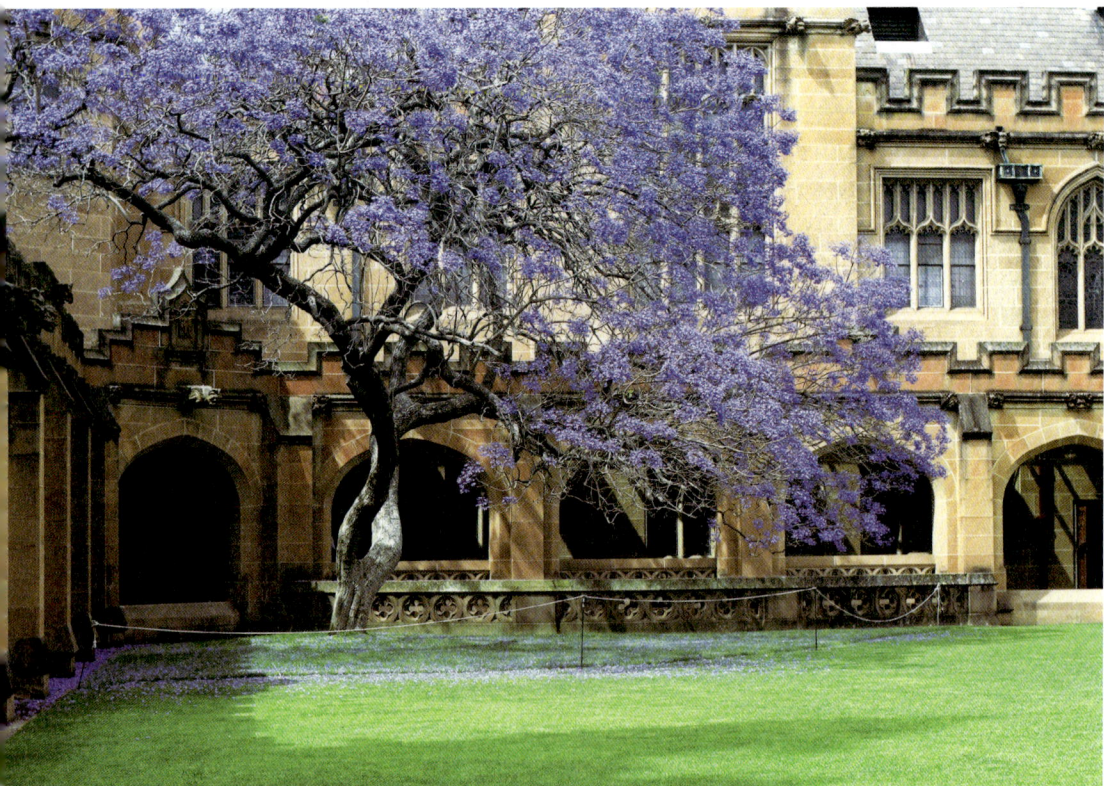

悉尼大学校园方庭的蓝花楹

这株蓝花楹在一场风雨中突然折断，让学生们伤心不已。悉尼大学的同学们认为，蓝花楹枝繁叶茂不可能经受不住当晚的风雨，认定是新南威尔士大学做了手脚，目的是让更多的悉尼大学学生挂科。当然，这一说法遭到了新南威尔士大学的学生们的坚决否认，他们还说，把考试成绩寄托在一棵树上，这才是学渣所为。

其实走进校园你会发现，这两所学校的建筑风格完全不同，治学思路也有些许差异。悉尼大学校园古朴厚重，学术气氛浓厚；新南威尔士大学校园充满着现代气息，各种创业园和实践项目层出不穷。真是各具特色！

高丽大学 VS 延世大学

高丽大学与延世大学都是韩国私立高校的翘楚，它们之间的竞争，在世界大学排行榜上便可感受到"火药味"，两所学校都曾交替领先过对方。都说"文无第一，武无第二"，如果在"文争"方面不分伯仲，那就"武斗"，在体育赛场上一争高低。

1946年开始，两校定期举行体育对抗赛，被称为"高延战"，比赛项目主要有足球、冰球、棒球、篮球和橄榄球等。延世大学的象征是蓝色的雄鹰，高丽大学的象征是红色的猛虎，两者间的竞争，犹如雄鹰与猛虎天地间的对决。

"高延战"在韩国民众，尤其是韩国大学生中可谓人尽皆知。每年的赛况会在各大电视台和新闻网站进行实时报道。我们走访高丽大学时，正值比赛尾声，邻近校园的一整条街上挂满横幅，为各自学校的运动员加油打气，也不乏关于对手的调侃和讽刺，这也来源于韩国很有特色的传统应援文化。比赛结束后，两所大学的同学们都是以彻夜狂欢来收尾，东道主学校旁的一些餐馆甚至会为学生提供免费的食物和饮品。

事实上，这种火星撞地球般的竞争一方面促进了韩国高校体育事业的发展，选拔出了一批又一批优秀运动员，对于体育意识和精神的培养意义重大；另一方面，这种竞争也带来了高校间交流与合作的平台，大家惺惺相惜，彼此进步，相互成就。正如我们采访的同学所说，"高延战"其实也是"高延情"，在赛场上，大家为了

延世大学的雄鹰雕塑

母校的荣誉去奋力拼搏，私下里很多两校的同学却可能成为要好的朋友。名校之间这种你来我往的捣蛋行为还在持续进行中，但学校之间总体还是保持着善意和尊重。学生利用恶作剧找乐子，可以缓解学习压力，或许还能碰撞出创意火花。学校的管理人员也看得开，适当的恶作剧反倒显得校园文化更加开放、有活力，只要不带来永久性的损害，便任凭学生们自由去折腾。

柏林洪堡大学及其光荣使命

》 柏林洪堡大学的课堂上，如果学生们觉得教授讲得十分精彩，感觉用掌声还不足以展示自己的崇拜之情，他们通常会大力地敲打桌子，以此表达自己强烈的感受。

德国，一个曾经因为纳粹统治迫使爱因斯坦等多位大师愤然出走的国度，"二战"后靠着"德国式天才"的雄厚智力基础，仍然在世界顶尖教育之林中占有一席之地。

2017 年 9 月，我们来到德国的首都柏林。这座曾经被战火蹂躏的历史名城，经过重建后面貌一新，再次成为一个人文和艺术气息浓郁的国际化都市。

此次柏林一行，我们欣赏了酣畅淋漓的柏林爱乐音乐会，感受了庄严肃穆的柏林大教堂，跨越了凄凉悲怆的柏林墙历史时空，最后来到了此行最重要的目的地——位于菩提树下大街的柏林洪堡大学。这所具有 200 余年历史的德国名校，至今教学科研成就斐然。历史上，著名物理学家爱因斯坦、普朗克，哲学大师黑格尔、叔本华、费尔巴哈以及马克思、恩格斯等，都曾经在这里教书或学习。

作为德国最著名的高等教育学院之一，柏林洪堡大学的教学开放程度在全世界享有盛誉。著名的格林中心图书馆除了对本校学生开放之外，还慷慨地向其他学校学生和普通市民敞开大门。走进图书馆，你会瞬间被眼前的场景所震撼：图书馆截

柏林洪堡大学校门

面设计得像阶梯，让人感觉可以在这里攀登知识的高峰。五层错落有致的自习区被书架紧密环绕，安静的图书馆内，大家都专注地遨游在知识的海洋里。

这种开放精神，是因为学校的前身柏林大学建立之初，就被其创始人威廉·冯·洪堡赋予了鼓励柏林市民终身学习的光荣使命。

洪堡：教育家改变教育

今天，如果你在柏林洪堡大学门前驻足，一眼就会看到两尊庄严伫立着的雕塑，分别是威廉·冯·洪堡和亚历山大·冯·洪堡这对兄弟。

柏林洪堡大学的前身是柏林大学。柏林大学的建立和发展，与威廉和亚历山大俩兄弟密不可分。哥哥威廉·冯·洪堡一手创立了柏林大学，是学校的奠基人；弟弟亚历山大·冯·洪堡曾任柏林大学第一任地理系主任，对于柏林大学自然学科的建立和发展功不可没。

威廉·冯·洪堡才华横溢，在多个领域都做出了卓越的贡献，是德国近代著名的自由主义政治思想家、教育家、外交家、比较语言学家和语言哲学家。他出生于波茨坦，是普鲁士贵族后代。1809 年，洪堡出任普鲁士王国内务部文教总管，受命组建大学，并提出了关于大学的著名三原则：

首先是学术自由的原则。威廉·冯·洪堡认为大学是独立的学术团体，理应"独立于一切国家的组织形式"，不受政府的干涉，只接受政府的财政资助。大学应独立于社会经济生活之外，科学的目的在于探索纯粹的学问和真理，而不在于满足社会实际需要。

其次是教学和科研相结合的原则。威廉·冯·洪堡认为，现代大学应是"知识的总和"，他鼓励教学与研究相结合，使大学成为学术研究，尤其是科学研究的中心和基地。大学的研究应遵从科学的内在要求，在自由的条件下进行。

最后是科学统一的原则。威廉·冯·洪堡认为大学兼有双重任务：一是对科学的探求；二是个性与道德的修养。他所说的科学指纯科学，即哲学；而修养，是人

作为社会人应有的素质,是个性全面发展的结果,与专门的能力或技艺无关。"以科学达至修养",才符合威廉·冯·洪堡心目中对人的教育。

在威廉·冯·洪堡的筹划下,1810 年,柏林大学宣告成立。这是一所"研究教学合一"的新型大学,成立之初共有 4 个传统学院,分别是法律、医学、哲学与神学。大学最初有 52 名教师及 256 位学生,其中哲学院的黑格尔、法学院的萨维尼、古典语言学家奥古斯特·柏克、医学院的胡费兰及农学家特尔等,一连串星光熠熠的大师名字象征了当时各个学院的精神。著名的古典哲学家、康德的继承人费希特被聘为第一任校长。

柏林大学采取讲课、讨论和研究相结合的教学形式,教师具有很大的学术自由,学生也可以依据自己的爱好选课。同时,学生可以在导师的指导下,选择自己感兴趣的方向进行科研工作。这在很大程度上实践了洪堡的教育理念——"知识为最终目标"。

从现代高等教育发展史可以看出,德国因为在近代处于四分五裂的状态,教育发展受到严重拖累。19 世纪,德国不仅落后于英法等欧洲国家,甚至和新生国家美国相比,都处于后进地位。柏林大学的建立,使德国在几十年内一跃成为拥有世界上最先进大学的国家之一,由此在国际教育舞台上声望日隆。

柏林大学涌现了许多影响深远的哲学家、社会科学家和人文学者,科学研究成果也领先于世界。诺贝尔自然科学奖(指的是物理学奖、化学奖和生理学与医学奖),自从 1901 年设立到第一次世界大战之前,共诞生了 42 名获得者,德国人占了 14 人,数量位居世界第一,其中有 8 人是柏林大学教授。

我们走进柏林洪堡大学主楼,看到里面陈列了 29 位诺贝尔奖获得者的照片,这 29 位都是在 1948 年柏林大学分裂之前获得的诺贝尔奖。其中有诺贝尔化学奖首位获得者、荷兰裔教授雅可比·亨里修斯·凡霍夫,溶液中化学动力学法则和渗透压规律就是他发现的。

威廉·冯·洪堡的教育理念对于世界教育史的影响是无与伦比的。在此之前,不论是欧洲或是美国的大学,沿袭的都是修道院教育的传统,还是以培养教师或公

职人员为主，不太重视科学研究。威廉·冯·洪堡将大学在"教育"的功能之上赋予了"研究"的职能，使得大学不仅是对既有知识的传承，而且也是对新知识的探索、追求和发现，这对整个人类文明的进步都功不可没。

今天，我们可能早已习惯了大学和研究是密不可分的，但是当初这一理念可谓非常激进。一个例子就可以说明，1877年，一位生物学教授被阿默斯特学院解雇了，只因为他将生物学视为一门科学，而不是"绝对独立精神创造者的产物"。

19世纪上半期，哈佛大学把德国式大学体制与英国式学院制相结合，开创了美国大学德国化的先河。当时在哈佛大学任教的一批青年教授因为曾经留学德国，深受德国大学的影响，所以主动要求改变美国一直以来沿袭的英国大学模式，转而以德为师，效法德国大学的整套制度。约翰斯·霍普金斯大学就是完全按照德国大学的模式建立起来的。除此之外，美国教育史家认为，美国留德学生从德国大学获得了三种智力财富：智力习惯、智力方法、智力的和道德的信念。洪堡的教育理念通过自己创办的大学，跨越大西洋，影响了美国的现代大学教育。

马克思：哲学家改变世界

洪堡大学的前身柏林大学是卡尔·马克思的母校。马克思和柏林大学的结缘有点曲折。中学毕业后，他在父亲的建议下选择了和自己同龄的波恩大学，继续接受高等教育。但在这里，他却成了一个典型的"问题少年"。他花钱无度，打架斗殴，还迷恋创作各种浪漫主义文学作品。用其父的评语来形容这段生活再贴切不过了："杂乱无章、漫无头绪地踯躅于知识的各个领域，在昏暗的油灯下胡思乱想，蓬头乱发，虽不在啤酒中消磨放任，却穿着学者的睡衣放荡不羁；离群索居、不拘礼节甚至对父亲也不尊重。"同时，他还在狂热地追求燕妮，以至于燕妮不得不回复："我常常提醒你注意一些其他的事，注意生活和现实，而不要像你所喜欢做的那样整个地沉浸、陶醉在爱的世界里，耗费你的全部精力。"后来，在父亲的坚持下，马克思不得不转学到学风更加严谨规范的柏林大学。可能他也未曾料到，在这里，自己完成了从问题少年到学霸的逆袭。

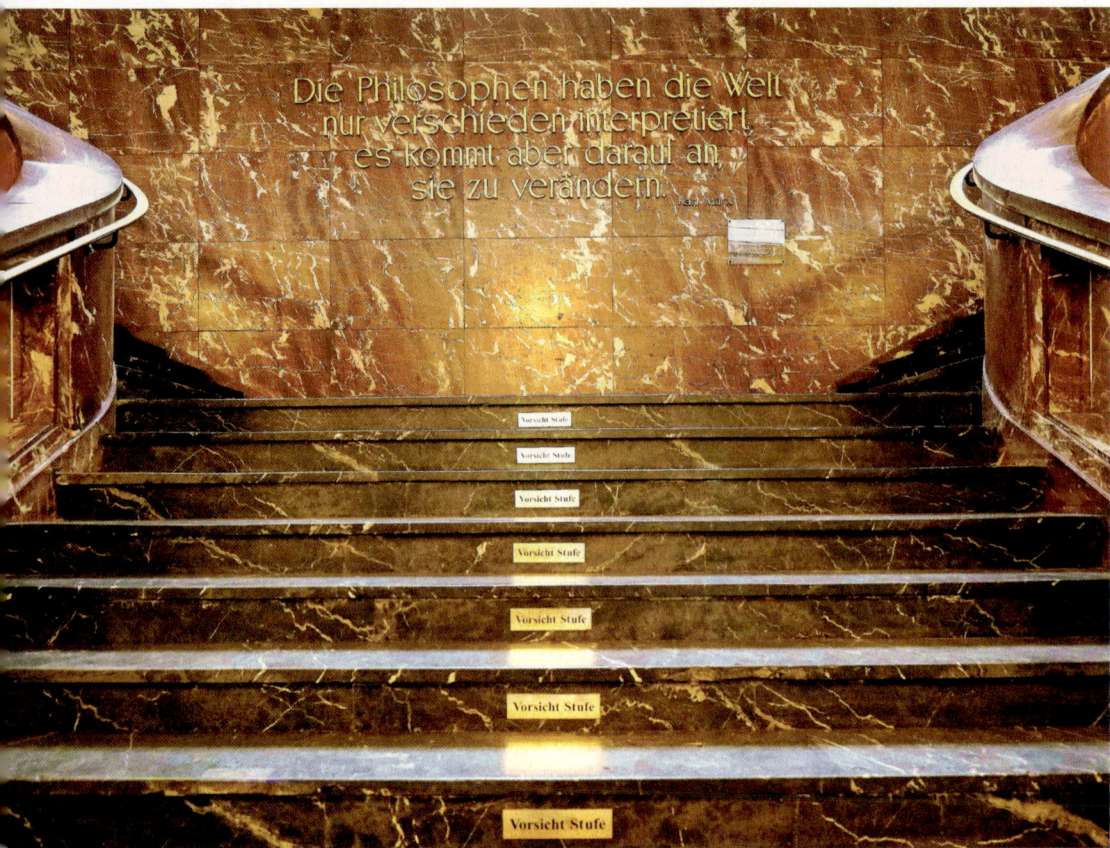

柏林洪堡大学墙上的马克思名言

　　柏林处于德国东部，当时还是经济落后地区，但柏林大学浓厚的学术氛围，让马克思受到深深的感染，于是他主动寻求自我蜕变。他经常流连于旧书店，找到自己感兴趣的图书后一股脑买下，当然是请他的父亲买单，然后便开始如饥似渴地阅读。在博览群书的过程中，马克思的兴趣由法学逐渐转向哲学。

　　1837 年夏天，长期刻苦伏案读书让马克思病倒了。他来到柏林郊区的施特拉劳村休养，其间他仍手不释卷。他重读了黑格尔的大部头著作，随后加入了由柏林大学年轻师生组成的"博士俱乐部"。因为才思过人、见解犀利，马克思很快受到老师布鲁诺·鲍威尔的赏识。这也促使马克思最终下定决心研究哲学，并积极准备申请博士学位。1841 年 3 月，马克思拿到了柏林大学的毕业证书，后来又在耶拿大学继续深造，成功拿到了博士学位。

　　1845 年春天，马克思在布鲁塞尔写成了"包含着新世界观天才萌芽的第一个文件"——《关于费尔巴哈的提纲》，文章写成后他并未第一时间发表。这篇文章论

述的中心是关于实践，马克思在批判费尔巴哈和其他旧唯物主义的基础上讲述了自己的新观点。在第11条，马克思写下了这句德文名言：Die Philosophen haben die Welt nur verschieden interpretiert, es kommt aber darauf an, sie zu verändern.（哲学家们只是用不同的方式解释世界，而问题在于改变世界。）这句名言至今刻在柏林洪堡大学办公楼的墙上。

从柏林大学到洪堡大学

第二次世界大战使德国领土一分为二，闻名遐迩的柏林大学也脱离不了被分开的命运。1948年，柏林大学的部分师生在柏林墙以西的美英法控制区成立了柏林自由大学。次年，在柏林大学原址上的学校正式更名为柏林洪堡大学。

1990年，德国统一之后，柏林洪堡大学迎来了新的发展时机。数学系和自然科学系搬迁到柏林高科技园区，办学条件大大改善，这为它的再次腾飞奠定了很好的基础。同时，它和自己的兄弟院校柏林自由大学也很快开展了合作，它们共同建立了夏里特医学院。柏林洪堡大学的世界排名逐年攀升，早已成为德国乃至世界的顶尖大学之一。在德国高校中，柏林的这两所学校是最受访问学者欢迎的高校。

走入柏林洪堡大学，我们看到因风吹雨打而饱经沧桑的古老建筑，看到从诺贝尔奖获得者到爱因斯坦的画像，看到马克思名言墙……校园在展示着辉煌历史的同时，也激励着后来者们努力拼搏。

今天，柏林洪堡大学跻身于世界名校之林，并且保持着自己的独特性，或可称为"怪癖"。在这里，课堂气氛很自由，迟到早退是家常便饭，在学术上向来以严谨著称的德国教授，对此却早已习以为常。柏林洪堡大学的课堂上，如果学生们觉得教授讲得十分精彩，感觉用掌声还不足以展示自己的崇拜之情，他们通常会大力地敲打桌子，以此表达自己强烈的感受。

这使我想起在国内每年的高考，我们都能看到名校之间展开的招生大战，特别是对状元的抢夺非常激烈，各个大学都以自己招收了多少状元作为炫耀的资本。但是柏林洪堡大学每年都会拒收不少高考状元，他们的招生院院长给申请者的信中写

道：“在录取过程中，我们寻找的是各方面都优秀的学生，从而确保每年进入学校的都是充满活力的新生。”如果学校对于申请人的综合素质感到不太满意，“状元”身份也不能作为无往不利的“特殊令牌”。正如德国人才学研究专家威尔尼茨教授所说的，人才的成长与发展是德、识、才、学诸因素的综合效应，任何一个因素的缺失，都会成为学生成才道路上的阻碍，甚至是致命的障碍。

正是对这种理念的坚守，今天的柏林洪堡大学，依然为教育输送着新鲜的思想血液。

曾经把德国一分为二的柏林墙

299

哥伦比亚大学的核心课程

≫ ▉▉ 哥大的核心课程模式是将西方古典思想传统作为教学重点，要求学生熟读某些对于人类文明发展产生重大影响的名家作品。

2018 年 10 月，正值初秋，纽约的天气阴沉微冷，还飘起了毛毛细雨。一场秋雨一场寒，萧瑟的秋风秋雨卷起满地落叶，颇令人生出几分冷意。好在哥伦比亚大学热烈的氛围，很快驱散了寒意。

哥伦比亚大学是美国著名的常青藤盟校之一，也是美国大学协会的 14 所创始院校之一。哥大地处美国的黄金位置——纽约曼哈顿，这是全世界公认的寸土寸金之地。

哥伦比亚大学在美国教育史上有着特殊地位，它的核心课程是美国通识教育之滥觞。其教育理念和教学方法，在美国高等教育领域中独树一帜，对世界教育的发展也做出了很大贡献。另外，很多教育学界的大家都在这里耕耘过，如胡适的老师、实用主义哲学家约翰·杜威，进步主义教育家威廉·赫德·克伯屈等。

在这里，流传着"教授就是大学"的著名故事。

"二战"后，艾森豪威尔上将曾受邀担任哥伦比亚大学校长。据说，他带着"二战"英雄的荣耀，巡视校园，会见校董会成员、行政人员和学生，参加教授们为他

举行的欢迎大会。将军在致辞中提道，对于有机会会见全体哥伦比亚大学"雇员"感到万分荣幸。这时，诺贝尔奖得主伊西多·艾仔克·拉比教授站起来打断道："先生，教授并不是哥伦比亚大学的'雇员'。教授就是哥伦比亚大学。"

这个故事的具体情节有不同版本，但核心内容是一样的。足以说明哥伦比亚大学的教授在学校拥有很大的话语权，这是其教育保持自由的重要因素。

确实，在很多世界名校里，教授的地位非常独特。很多大师级教授在校园里有不同的特权。他们是大学的代表、学校的荣耀，有的学者甚至认为教授应该和法官、牧师一样，具有穿袍服的资格。因为袍服代表一个人兼具成熟的思想、独立的判断和永不泯灭的良知，意味着一个人能够担负起上帝赋予的责任。

或许，只有具备独立人格和自由精神的名师，才能教育出独立而自由、理性且智慧的高徒。

通识教育的前世今生

提起通识教育，大家并不陌生，这种教育旨在教会学生如何学习，怎样思考，希望教出的学生能够独立判断，自由发展。在课堂上，阅读和讨论是基本的教学方式，教授通过互动，引导学生自己思考、分析和解决问题，培养批判性思维和创造性思维。这样培养出来的学生，不管身处何种环境，都很难被他人所诱惑，做事情也不习惯于循规蹈矩，具有创造出更多可能性的绝佳潜力。

通识教育有不同的翻译版本，如博雅教育、自由教育、全人教育等。

在古罗马时代，自由人教育指的是"适合于自由人而非奴隶的教育"，目的是培养通达智能，而非教授专门技术。古罗马人倡导的"七艺"，是指文法、修辞学、辩证法、音乐、算术、几何学、天文学，中国古代儒家提出"六艺"，则包括礼、乐、射、御、书、数，目的都是通过基础训练，培养出具有理想人格的"完人"。

欧洲中世纪大学基础课程主要包括"三道"（初等级）和"四道"（高等级）两类，"三道"指语法、修辞学及辩证法，"四道"指算术、几何、天文及音乐。欧洲启

华灯初上的哥大校园

蒙时代之后，随着科学和人文的地位提升，这两类学科都被纳入教育范畴。

到了 20 世纪，通识教育开始流行。现代大学常把课程分为主修课和专业课，主修课程的目的是教授学生关于其他领域的基本常识、满足学生对知识的兴趣，由此而开设的介绍性课程，包括文法、修辞、逻辑、数学、科学、音乐等。专业课程就是某一个领域专业范围之内的课程。

在欧洲很多国家，通识教育是在中小学完成的。譬如德国，大学一般从预科开始，致力于进行专业的学习和训练，形成"尖塔式教育"。

美国大学通常采用通识教育，意在培养未来的社会领袖，尽可能教授全面的知识，帮助学生掌握终身学习的能力。

美国大学的本科生在前两年基本上以学习通识课程为主，到了大三才开始修习专业课程。有部分文理学院，四年里安排的都是通识课程，其毕业生在研究生阶段才能得到专业培训，选择商业、法律、医学或神学等。

以哈佛大学为例，在 20 世纪之前有一套统一适用的课程。第 21 任校长查尔斯·W·艾略特在任期间，大胆地采用不同的做法，允许学生完全自由选修。1914 年，在当时的校长 A·劳伦斯·洛威尔的领导下，哈佛大学要求学生除了主修特定学科之外，还要涉猎其他领域的知识。第二次世界大战时期，校长詹姆斯·布赖恩特·科南特提出了通识教育的理念，并于 1945 年完成了《自由社会的通识教育》报告书（简称《红书》）。报告书要求学生在人文科学、社会科学和自然科学三大领域各选修一门整学年的课程，后来改为"核心加分配"的综合模式。

哥大的核心课程模式

除了哈佛大学的平均选修模式，美国大学的通识教育还有另外一个版本，即哥伦比亚大学的核心课程模式。

哥大的核心课程模式是将西方古典思想传统作为教学重点，要求学生熟读某些对于人类文明发展产生重大影响的名家作品。

哥伦比亚大学图书馆一角

　　1880 年，哥大开设了拉丁语和希腊语两门语言学科。第一次世界大战期间，哥伦比亚大学教授为赴欧作战的美国军队学员专门设计了课程，这些课程围绕现实的战争问题，介绍了当代文明冲突及其历史背景。后来在此基础上，哥大教授研究出了核心课程：现代文明和文学人文，前者要求学生选读哲学和社会学的经典著作，后者则要求学生精读欧洲文学经典名著，致力于让学生更加深入地了解西方各个社会群体。

　　1937 年，哥伦比亚大学新开设了人文课程，在接下来的几年内又被细分为文学、艺术以及音乐三个分支课程。学校专门成立了由教授代表与学生代表组成的相关委员会，研讨关于核心课程的设定和修改，代表们定期组织会议，讨论哥大核心课程的现状与未来发展。

　　哥伦比亚大学学生手册给了"核心课程"一个明确的定义："核心课程是哥伦比亚大学教育的基石。作为哥伦比亚大学才智开发的关键，核心课程的目标是为哥

大全体本科生，无论其将来的专业或方向如何，提供一个广阔的视野，使之谙熟文学、哲学、历史、音乐、艺术和科学上的重要思想与成就。"核心课程主要包含文学人文、艺术人文、音乐人文、当代文明、大学写作、外语、世界主要文化、体育和科学等，内容十分丰富，并要求学生在大学一、二年级选满规定的学分。

核心课程既不是教授某一门特定的知识，也不是为了扩展专业课程以外的知识面，而是希望年轻学子们通过了解那些经久不衰、历久弥新的思想和文本，体验一下自我质疑的过程。

为了加深对于核心课程的理解，我们邀约采访了留学生隋同学。她高中就在美国读书，当时便很喜欢利用周末时间，去宾夕法尼亚大学旁听法语和历史类课程，这大大拓宽了知识视野。隋同学旁听的课程是研究生课程，作为高中生她在课堂上十分显眼。教授们慢慢熟悉了她，还经常问她下周来不来上课。因为这种关系，隋同学申请宾大应该是非常方便的，教授们肯定也很乐意做她的推荐人。但纽约和哥大的魅力，还是吸引她来到了这里。

谈到核心课程，她说："在哥大，所有的学生都需要上核心课程，这些课程是偏向文科的，很多哥大的同学甚至在吃饭时都津津乐道地讨论这些内容，虽然外人听起来比较无聊，但我们自己却乐在其中。大家平均一周要读两本书，写很多的论文，这种学习对于锻炼理科思维也是很重要的，对培养良好、独立的批判性思维能力很有帮助。"

2019 年 8 月 25 日晚，哥伦比亚大学校长李·布林格在 2023 届本科生开学典礼上发表讲话。提到核心课程时，他指出："（哥大核心课程）是哥大本科教育的独特象征。不管人们认为什么应该包含在核心课程里，什么应该被排除在外，当然这是一个长久的辩题。但核心课程的根本目的就是希望每一个学生都能够沉浸在知识和思想的海洋中，了解那些最伟大的思想家如何追求真理，并在与同伴的辩论中，而非通过讲座这类预先知晓的方式，探索生活中那些深刻的问题——这是当世界近乎分崩离析时，对知识价值的再次肯定，再度重视。"

目前，哥伦比亚大学的核心课程模式和哈佛大学的平均选修模式，是美国大学通识教育的两种范本。从理念来看，核心课程模式比较接近于古典博雅教育的理想，

同时根据时代发展需求，在科目上做了很大调整；而平均选修模式则更能满足文艺复兴以来百科全书式知识体系的需求。这两种模式在美国大学双奇斗艳，不分伯仲，成为美国通识教育坚实的基础。

哥伦比亚大学校园

康奈尔大学里的"百辩"人生

>> ■ 康奈尔大学的很多学院专业排名都很靠前，更为学生们津津乐道的是，康奈尔大学拥有世界大学排名第一的辩论队，这里素来以培养优秀辩手而闻名。

秋天，美国东海岸天高云淡，阳光温柔充沛，我们在这个黄金季节来到了纽约伊萨卡市，访问著名的康奈尔大学。

康奈尔大学建立于 1865 年，是常青藤八所盟校中唯一创建于美国独立战争之后的新生力量。因其提倡平等，主张不论性别、身份、信仰或民族都可以得到受教育的权利，故而被誉为美国历史上第一所真正意义上的全民大学。

康奈尔大学还有两个方面至今为人称道，成为它的特色标签：一是全美风景第一美丽的校园；二是世界第一的大学辩论队。

我们来到康奈尔大学校园那天，恰逢好天气。无论漫步其中还是欣赏当天拍摄的照片，都有令人陶醉的微醺感。康奈尔大学的主校区位于纽约州伊萨卡的东山之上，它的美是大自然的鬼斧神工，而不是人为的刻意雕琢。连绵的群山峻岭，飞流直下的瀑布，潺潺流淌的小溪，漫步林中的小鹿，这一切都让我们有置身于桃花源中的感觉。这里的四季景色，应该就是宋代禅宗那句诗偈所言：春有百花秋有月，夏有

凉风冬有雪。若无闲事挂心头，便是人间好时节。

梁园虽好，不是久恋之家。访问任务在身，终究需要从美景中抽离出来。在康奈尔大学，我们采访了三位在此求学的亚洲留学生，通过了解他们的"百辩"人生，我对于康奈尔大学的辩论传统有了更深入的了解。

辩论是思维的表达

辩论赛作为一种专业活动，华语高等教育界对此并不陌生。

国际大专辩论会素有"华语世界杯"之称，它是华语辩论的最高赛事之一，其首届赛事于1993年在新加坡举行，对于那次比赛，很多人至今仍然记忆犹新。当时央视直播了比赛，赛事规格之高加上形式之新颖，一时间成为大学生关注的热点话题。那年，复旦大学在决赛中

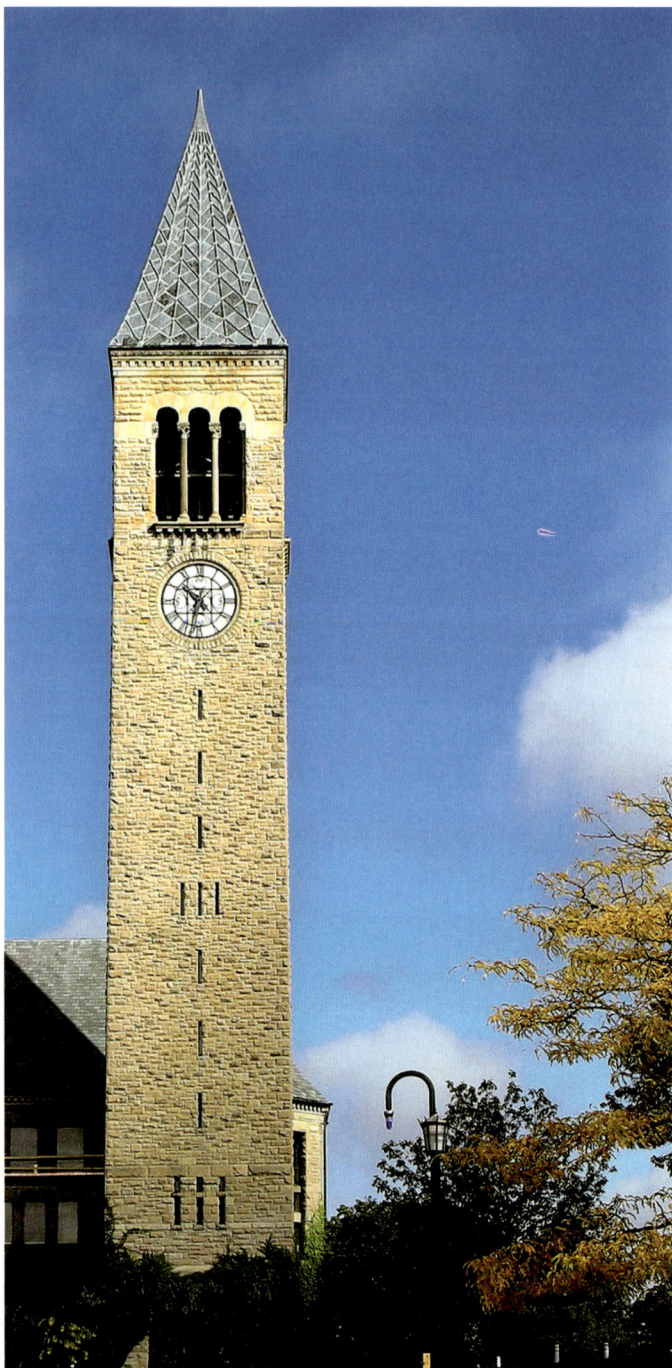

康奈尔大学的钟楼

战胜了台湾大学，不仅赢得了奖杯，而且得到作为点评嘉宾的著名历史学家杜维明的高度评价。来自复旦大学的四辩蒋昌建在总结陈词中，引用并改编了顾城的著名诗句：黑夜给了我黑色的眼睛，而我却注定用它来寻找光明。后来，这段陈词成为华语辩论赛中经典的一幕。

国际大专辩论会的比赛中还出现过一次有趣的现象：2001年的决赛，武汉大学派出的四位文科生辩手一路过关斩将，成绩斐然；而对手马来西亚大学的四位辩手又恰好都是理科生，一时风头无双，志在必得。辩论场上的对决，成为一场文理大战。最终武汉大学败北。赛后谈及原因，有的专家指出，虽然武汉大学的四位辩手语言组织能力很强，但在辩论中，除了表达之外，逻辑和说理也是很重要的。

为什么说辩论有助于培养和提高学生的思维能力呢？

其一，辩论可以培养批判性思维，让人思想聚焦，提升判断力。具有良好批判

接受我们采访的康奈尔大学辩论队的指导老师

性思维的人善于拍板，能够做出恰当的选择和决策；

其二，辩论可以锻炼创造性思维，让人思维拓展，激发无穷的想象力。具有创造性思维的人善于谋略，创新力和想象力都比较强；

其三，辩论可以提高拓展性思维，让人思路发散，破除认知的局限，体会更多的可能性。所谓的真知灼见，往往来自多思善疑。

在辩论中，辩手首先要根据辩题要求，确定己方的立论，多角度寻找支持立论的论据，以及在立论和证据之间搭建起抽丝剥茧般的严密论证。同时，辩手也要分析对方的论点和论据，去思考判断对方的论证是否充分，他们的逻辑上是否有漏洞，从而找到对方的疏漏作为反击的突破口。这是典型的批判性思维，锻炼辩手们站在对方的角度去思考问题，而不只是自说自话。而遇到不同的对手，听对方提出的新观点、新证据、新论证，则是对拓展性思维的训练，辩手都需要尽可能跳出自己习

康奈尔辩论队员及所获奖状和奖杯

惯的思维圈子。不同观点和语言的碰撞会产生火花，要产生"火花"则需要创新性的思维能力。

作为教育方式的康奈尔辩论

在美国，辩论已经是一种很普遍的文化现象。以美国总统选举为例，其重要的"角斗场"就是电视辩论，对老百姓到底将选票投给谁有很大的影响，所以辩论在美国政治生活中起到很重要的作用。

作为一项把语言、思辨和人类的竞争天性完美结合起来的活动，辩论对综合素质的提升大有帮助。《华尔街日报》曾报道过一项调查结果：美国高中的平均升学率是70%，而辩论队队员的升学率高达98.58%；辩论队队长进入常青藤大学的概率又比一般学生高60%。因此很多美国中学把辩论作为一项常规课外活动，还会聘请专职辩论教练对学生进行指导，专门为学生举办的大大小小、形形色色的辩论比赛非常多。

大学社团活动中，辩论更是从未缺席。尤其是康奈尔大学，辩论队已经成为学校的一块金字招牌，吸引着很多在这里求学的年轻人。许多学生下课后马上就奔去辩论队，抓紧时间进行训练。即使康奈尔大学的课程比较紧密，学习的时间比较紧张，但不少学生仍见缝插针，"辩"而忘忧，乐此不疲。

康奈尔大学的很多学院专业排名都很靠前，更为学生们津津乐道的是，康奈尔大学拥有世界大学排名第一的辩论队，这里素来以培养优秀辩手而闻名。

美国很多顶尖学府以及政府机构、大型企业等，作为雇主雇用员工时都非常重

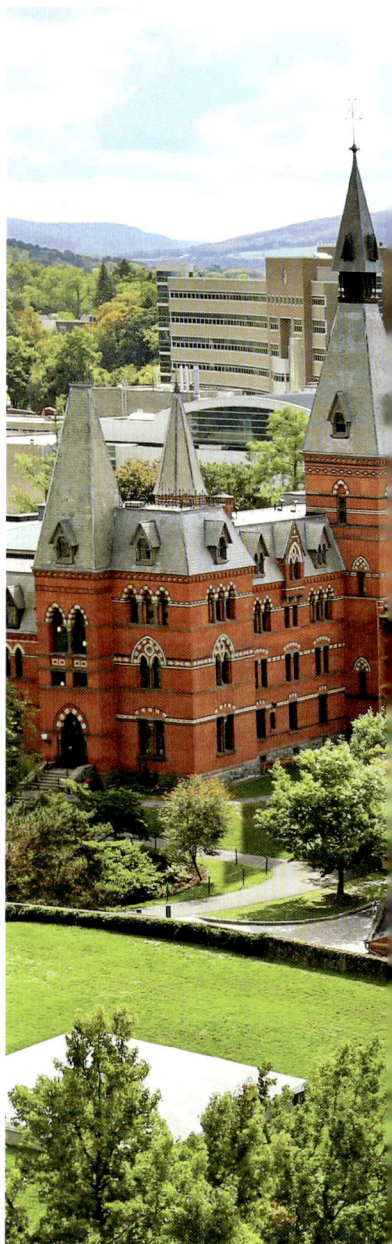

康奈尔大学校园

视其表达能力。而演讲和辩论，是锻炼表达能力非常重要的活动和工具。

就读于康奈尔大学的高同学在接受采访时告诉我们，美国高校的辩论赛花样繁多，思维和观点的碰撞激烈，经常出现令人耳目一新的辩论形式和内容。高同学参加的辩论赛叫"英国议会辩论"，一般有四个队伍参加，两队代表政府，支持辩论

的命题，是正方；两队代表反对党，主要目标是寻找正方的漏洞并予以反击。颇有趣味的是，同样作为正方的两个代表队在合作之外也是竞争关系，因为他们都需要找到比另外一队更好的论据、更缜密的论证来支持辩题。两队必须从不同角度和方向去阐述正方辩题，反方则可以选择代表正方任何一队的论述进行反击。最后，裁判根据当场表现，针对四队分别打分并排出名次。辩论时讨论的主题虽然比较宏观，但又非常贴近现实，都是诸如"贫穷国家是否应当允许雇用童工"等现实问题。这不但拓宽了队员们的眼界和视野，还培养了他们的推理和思辨能力。

许同学也是辩论队的老队员，她参加过很多校际和国际比赛，获得了很多荣誉。令她感到非常自豪的一段经历，是曾经击败过西点军校的辩论队，拿下对方的军帽作为战利品。辩论比赛节奏相对比较紧张，对于心理抗压能力的锻炼非常有帮助。她曾经参与辩论"是否应当强迫梵蒂冈公开档案馆里的秘密资料"，激烈的唇枪舌剑让她在比赛场上曾有一个瞬间感觉大脑一片空白，以至于事后回忆起比赛有些断片，连当时自己具体说了什么都完全没有印象。可想而知，如果一个人能够得到这种锻炼，日后在任何场合当众表达，都很难会紧张或恐惧。

朱同学在康奈尔大学修习的是哲学和数学。他认为，哲学和数学都需要采用大量的推理方法。他曾经参与辩论的题目有"是否应该对叙利亚动武""要不要全面禁枪"等。他喜欢从这些表面的政治问题中刨根究底，找到哲学根源，用哲学方法去思考、表达和解决。朱同学认为："哲学或数学都不同于其他工科或者理科，它们普遍采用的是归纳的方法。这两门学科看起来都对找工作没什么帮助。但是正因为不受功利的影响，我才能更好地欣赏学问里蕴藏的美。其实古希腊的学术就只有哲学和数学而已。"

作为国际生，参加辩论还会有意外的收获。首先是语言学习，辩论对于辩论者的语言能力有很高的要求，而且在参加辩论的过程中，也可以更好、更快地学习语言。另外，对于国际生来讲，这也是未来就业时简历上的一个亮点。毕竟从中国留学生的整体情况来看，很多同学学习成绩很好，但是沟通能力不足，课堂发言不太踊跃。参加辩论可以改变别人对自己的看法，对于未来就业也有很好的帮助，几乎没有比演讲和辩论更好的提升语言能力的课外活动了。身在全美最漂亮的校园里，身边就是全世界最好的大学辩论队，康奈尔学子的"百辩人生"怎能让人不去羡慕呢？

黑袍精英的教育之路

> 这就是伊顿公学，承载着厚重的历史传统和教育使命，沿袭了贵族和阶级的特色传统，同时又保持着开放包容、与时俱进的思维和态度，在教育革新的前沿不断求索和开拓。

有这样一所英国中学，它不但培养出了 20 位英国首相，被称为"英国政治家的摇篮"，而且走出了诗人雪莱、作家乔治·奥威尔、经济学家凯恩斯、演员汤姆·希德勒斯顿（他被网友们亲切地称为"抖森"）等众多著名校友。它就是名扬四海的伊顿公学。

迎着冬季绵长的细雨和湿冷的寒风，我和一位同事如约来到神往已久的伊顿公学。这个学校坐落在泰晤士河畔的温莎镇上，和英国王室的家族城堡温莎城堡隔岸相望，奔流不息的河水从小镇中静静穿过，似乎在讲述着一段古老而遥远的往事。

走进学校，首先映入眼帘的是伊顿公学礼拜堂，这座哥特式建筑至今仍是伊顿学生的主要活动场所。伊顿公学的创建者、英格兰国王亨利六世当初雄心勃勃，想把它建成欧洲最大的礼拜堂。虽然这个宏图最终未能如愿，但当伫立在礼拜堂中时，你依然能感受到这座建筑的恢宏气魄，学校经历的近 600 年光辉历程仿佛就在眼前徐徐展现。

伊顿公学的校园风格和牛津大学、剑桥大学类似，是典型的方庭建筑。主楼的中央广场上，矗立着学校创建人亨利六世的塑像，广场四周的古老建筑就是当年的旧址，如今这些老楼里的教室基本不用于上课，它们多是作为接待处、办公区、会议室和校长宅邸。有些建筑因为年代久远，连学生都不能随便进入。当年顽皮的孩子们在建筑物护墙板上留下的密密麻麻的"涂鸦"，如今都已成为见证历史的珍贵文物。

伊顿公学和温莎小镇交织在一起，教学建筑和小镇住宅难分你我。走在小镇狭长的街道上，厚重的历史和传统气息扑面而来，我能深切地感受到空气中流淌着的那股极其浓厚的书卷气。

课间时分，身着黑色大衣、深灰白条长裤、洁白衬衣和灰色马甲的伊顿学生三五成群，从我们身边匆匆而过。年轻人矫健的步伐和无忧无虑的阵阵笑语，给这个古老而又宁静的小镇增添了几分别样的生机和活力。他们仿佛是穿越时空的小魔法师，从容骄傲地走向属于自己的未来。

何为伊顿

伊顿将自身的"血统"和"品牌"视作生命，坚信优秀的教育需要长期的积淀，而并非仅仅通过开设分校或者派几位教师授课就能进行简单嫁接。

在伊顿公学任职 20 多年的佩西·哈里森博士开玩笑说："伊顿从来都很低调。"伊顿的低调在于用匠心去打造独具特色的教育方式。另外，低调或多或少也暗示着它的高冷，它的与众不同。

伊顿公学一直沿袭着传统的校风，至今只招收 13—18 岁的男生，这儿的学生全部需要寄宿。学校规模由建校时的几十人扩充到了今天的 1300 余人。哈里森博士特意告诉我们，这已经是学校目前的最大承载量了。伊顿每年招收新生 250 人左右，录取比例约为 5:1。从表面上看，这个比例并不算低。但是，伊顿对传统文化的强调、课程的强度和难度以及学生综合素质的严苛要求，再加上每年逾 4 万英镑（约 35 万元人民币）的高昂学费，无形中抬高了它的入学门槛。

伊顿公学的主楼

在伊顿读书可不是一件容易事。学生需要在每天早上 8 点 35 分准时来到教堂，参加 15 分钟的早会活动，9 点开始第一堂课，每节课 40 分钟，午餐前需要完成 5 节课，中间要到会议大厅集合一次，那是学校发布通知以及学生和老师交流的时间。午餐大概在 13 点 15 分开始，持续一个小时。午餐后一直到 18 点，学生要么上课，要么参加体育活动或各种比赛，晚上是学生自习或者接受老师辅导的时间。周六是不休息的，安排也基本一致，上午上课，下午则通常是体育比赛，只有晚上才可以自由活动。伊顿主张高强度的学习和体育活动，因为觉得这些有助于培养男孩的坚毅精神。

在繁忙的学习和锻炼之余，伊顿的学生还会参加俱乐部或社团活动。这样一来，学生要从早忙到晚，每天面对的都是排得满满的任务表，很难有大块的休息时间。难怪此前听说有学生拿到了学校的音乐奖学金，最后还是不得不放弃，因为实在没时间完成学校规定的高强度音乐训练和紧凑的演出安排。毫不夸张地说，作为一名合格的伊顿学生，必须要善于管理自己的时间，要具有自律、自立、自强的品质，甚至要一往无前、骁勇善战。

赶往教室的伊顿公学学生

伊顿公学一共有 25 栋宿舍，每栋宿舍楼住着 50 余名学生，这里就是伊顿学生 5 年里的"家"。除了学习，男孩们平时的起居、饮食、比赛和娱乐都在一起。每个宿舍配有一名舍监，专门负责看管这 50 个学生。舍监既是"班主任"，又是"家长"，同时也"以舍为家"，他们带着自己的家属一起住在宿舍里，方便随时照顾学生。此外，每个宿舍还配有一名女舍监，主要负责学生们的生活起居。优秀的高年级学生还有机会担当"楼长"，在学校的日常管理中一显身手。

我自不变

伊顿的不变还体现在对自身传统的尊重。从内到外，从衣着到行为举止，伊顿公学都有严格的规定。

有时学校甚至不避讳阶层的观念，内部也分三六九等。比如学校 25 个宿舍楼中，叫"college"的住宿条件就非同一般，不仅地处校园中心，还有更好的居住和膳食

伊顿公学的课堂

条件。想要入住这个宿舍，通常需要优秀的成绩。住在"college"的学生就连着装也享有特权，可以在本已十分考究的校服外面再额外套一件黑袍，让人一看便知道是来自"college"的优等生。

精英荟萃的伊顿社团由 20 位最高年级的学生组成，他们有权在礼拜堂活动中督促其他学生，帮助低年级学生登记等。这听上去像是普通差使，但实际上是一种权力的体现。伊顿社团成员的特权也同样体现在与众不同的服饰上，他们可以穿颜色稍浅的灰色长裤，马甲的颜色则可以任意选择，不必拘泥于普通的黑色或深灰色。而这些小精英们也唯恐他人不知自己的特殊身份地位，经常选择颜色扎眼的花马甲，摆出一副自信满满的气派姿态。

伊顿公学的 150 位老师也需要遵守不少特别的传统。上午 11 点 30 分是教师们的传统聚会时间，近百号人穿着各式长袍黑衣，挤在一个狭长的大厅里。主持人首先走上讲台来一段英式幽默，算是暖场的开场白，接下来大家就可以自由交流了。这是老师们每天欢聚的最好时光，校长也会盛装出席。习惯先预约再见面的英国人，此刻也不必拘泥于小节，他们随心所欲地在大厅里自由穿梭，各自寻找想见的同事。一旦遇上想找的人正在跟别人交谈，则还得遵守学校特有的排队传统，攥着别人长袍的一角，在一旁排队静候。

这次去伊顿访问，我们有幸听了一堂 11 年级的英文课。授课老师是在伊顿执教 30 多年的乔尼·诺克斯，当堂内容是莎剧《麦克白》里的片段。全班 19 名学生围成几桌，老师边讲边分析剧中人物班柯的性格特点和心理活动，同时用一系列启发式的问题帮助学生寻找理解的线索。

诺克斯老师课前对我说，这将是一次以传统方式进行的授课，意思是课堂以教师为主导、启发学生回答问题，而不是以学生为中心的自由讨论。这样的授课方式，让我这个来自中国的老师感到尤其熟悉和亲切。伊顿的学生举手发言可谓十分踊跃积极，课堂节奏紧凑流畅，一堂 40 分钟的课在老师和学生的你问我答中不知不觉就过去了。

走出教室时，诺克斯告诉我，他除了必须完成每周固定六小时的教学任务，还兼任了伊顿公学学习创新和研究中心的主任，利用课外时间深入探索和研究教学方法。

伊顿公学墙板上到处都刻着岁月的痕迹

我亦创新

伊顿公学不仅有悠久的传统，还有着与时俱进的创新。走进学习创新和研究中心，我们感受到的是一种截然不同的现代气息。厚重的传统木桌椅换成了白色可旋转式的组合桌椅，实验教室的一面墙用整块的单向透视玻璃建成，教学研究人员可以在不干扰课堂授课的情况下进行真实场景的观察和评估。

尽管伊顿公学明确表示不打算在海外建分校，但对在线教育的投入逐年持续增加。接待我的哈里森博士是伊顿在线业务的 CEO。他表示，伊顿在线旗下的 EtonX 公司于 2015 年在中国市场上推出了"领导力"的网络培训课程，最近又针对海外市场推出了"未来技能培训课程"，这是一个涵盖了公众演讲、批判性思维、创造与创新、简历和面试等软技能的系列培训。伊顿希望通过现代科技手段，在自己打造的在线教育平台上，给更多的国际学生提供高品质的网上课程，和来自五湖四海的各国学生分享伊顿的教学理念和实践。

追根溯源，伊顿今天的办学理念和当初的建校初衷一脉相承。1440年，亨利六世创建伊顿公学，目的就是想给当时的70名"穷男孩"提供良好的教育，让他们能够顺利进入剑桥大学国王学院读书。今天，虽然伊顿学费十分高昂，但每年都有20%以上的学生会获得不同类型的经济资助。此外，学校还会为70名左右的学生提供全额奖学金，尽可能为更多天资聪慧却无力负担学费的孩子提供进入伊顿公学读书的机会。

　　这就是伊顿公学，承载着厚重的历史传统和教育使命，沿袭了贵族和阶级的特色传统，同时又保持着开放包容、与时俱进的思维和态度，在教育革新的前沿不断求索和开拓。

　　走出伊顿公学图书馆的时候，我注意到书架显眼的位置上摆放着著名校友乔治·奥威尔的多部著作。我相信，这就是属于伊顿的骄傲。

　　乔治·奥威尔说过："如果你不会写作，你就不会思考；如果你不会思考，别

伊顿公学图书馆

人就会来帮你思考。"正是这样"路漫漫其修远兮，吾将上下而求索"的精神影响着一代代的伊顿人，让伊顿公学的精神薪火相传，在历史的光辉中散发出古典又现代的迷人魅力。

特立独行的美国凯特中学

几乎每个学生都拥有独立的寝室和小后院，从宿舍房间的窗口向外远眺，就是广阔而宁静的大海。学生们常常在疲惫的时候观赏海景，放松心情。能在凯特中学就读真是一件非常幸福的、令人艳羡不已的事情。

100 多年前，美国西进运动进入末期，加州依然是一片蛮荒之地。有位哈佛商学院的年轻人，他毕业后没有选择去华尔街淘金，也没去政府或智库工作，而是来到加州山野当了一位"隐士"。他就是美国著名的凯特中学创始人——柯蒂斯·沃尔西·凯特。

但凯特并没有真正成为不问世事的隐士，他的理想是在广阔的山野间找一处场地，创办一所中学，实现教育理想。中学创立后，凯特希望通过自己的努力，让其享誉世界。尽管初期招生情况惨淡，仅仅有 12 名男生入学。但凯特丝毫没有气馁，他想办法扩建校舍，改善硬件条件，引进新课程，提升软实力。1950 年凯特退休时，为了纪念他的贡献，学校董事会决定将学校更名为凯特中学。经过百年发展，凯特中学在 2001 年被《美国时报》和《世界新闻报》称为美国最著名的寄宿学校之一。

2018 年 10 月，我们来到洛杉矶，特别去访问了这所美国知名中学，试图揭开这所名校的神秘面纱，挖掘和学习它的教育观点和理念，深入了解培育出一代代精英人才的特色教学体系。

初识凯特

一大早上，我们一行人从加州文图拉海滩的酒店出发，驱车前往加州凯特中学所在地圣巴巴拉卡的平特里亚。

凯特中学位于山地，顺着蜿蜒的山路，我们驱车缓缓爬坡到山顶。在洒满阳光的路上，两旁绿荫浓郁，风景宜人，这使得我们对于凯特的向往之情又迫切了许多，都非常想早点一睹其真面目。正当陶醉在这一片美景中的时候，我们已悄然来到凯特中学的大门前。

首先映入眼帘的是写着"Cate School"的浅棕色校牌，厚实的铜板镶嵌在两座高大的石板柱之间，看起来十分简约大气。入口处，一条古朴自然的小径似乎在引导着我们去寻访这片宛若世外桃源的美丽学校。

久闻不如一见，凯特中学的校园无论从哪个角度望去，都被绵延不绝的加州山峦环绕着。阳光透过浮云洒向大地，山峰竟也五彩斑斓，美不胜收。这里面朝广阔的太平洋，是依山傍海的阳光胜地。它的校园被誉为全美最美的校园之一，真可谓实至名归。得天独厚的学习环境，或许也是凯特中学长久以来保持优秀纯粹校风的原因之一。

步行前往凯特中学的会客室，我们远远便看见副校长夏洛特·布朗利女士和大客户总监克里斯·贾尔斯先生在门前在热情地招手。寒暄落座后，他们体贴地询问我们这一路的行程。两位的热情与周到，让我们如沐春风。凯特中学的教育准则中十分重要的一条即"交流"，学校认为，要搭建人与人之间的桥梁，并非单单只依赖言语，而是需要双方发自内心的坦诚沟通。我们在两位凯特中学管理者身上所看见的，正是他们对于学校教育准则的践行和坚持，是教育本质"言出必行"的真实展现，也就是我们常说的"以身作则"的行为风范。

布朗利女士和贾尔斯先生随后为我们做了详细的介绍。这间私立名校是一所大学预备寄宿混校，校园占地 150 英亩，地理位置得天独厚——它距离太平洋海滩仅有 2 分钟车程，驱车前往圣巴巴拉市只需 10 分钟，距离洛杉矶也不过 90 分钟车程。凯特中学依山傍海，气候宜人，集聚了东海岸优质寄宿中学的学术优势，又融合了

西海岸的冒险精神，历经百年积淀，形成了自己独特的气质。

该校的教学区、办公室、餐厅和宿舍皆零星地分布在一个平坦的小山丘上，所以凯特人喜欢称自己的学校为"平顶山"，期许用智慧和勤奋，在小小平顶上建造属于自己的梦想家园。

"不为考试而教学"

凯特中学的 280 名在校生中，有 56% 来自美国其他州，有 17% 来自世界其他 19 个不同的国家和地区。为了这些有着不同文化背景的学生，凯特中学致力于创造一个兼容并蓄、多元包容的校园环境，力求让学生得到理想的培养和良好的发展。

但从规模来讲，凯特中学则显得有点"袖珍"。作为全美著名的寄宿中学，拥有如此丰厚的资源，为何学生总数仅仅只有 280 人？学校没有计划要扩展生源吗？当我抛出这些问题时，副校长布朗利女士给予了解答。

她说："一直以来我们都刻意地将学生体量维持在比较小的数字范围内，这关系到我们对于教育的核心理念。我们拥有全美中学最低的师生配比 1:4.5，即一位老师只需面对不到 5 位学生，每堂课的学生人数也控制在 10 人左右，这是为了保障教学的质量和学习的效率。我们深信，频繁且密切的师生交流，是学生全方位发展的关键因素之一。学生群体约 300 人的学校是非常理想的，如此一来，不只老师和学生彼此熟悉，学生之间也彼此认识，在这样亲切的氛围中，我们的学校宛如一个和谐的大家庭，所有师生都能够互相关心和照料彼此。所以，扩展学生人数从来不是我们的计划之一。"

在教学方面，凯特中学完全采用探究式教学方式，这种方式和美国大学预修课程（AP 课程）是背道而驰的。据布朗利女士介绍，凯特中学自 8 年前开始就不再教授 AP 课程。目前，AP 课程对于申请美国大学本科的帮助并不是非常大。美国大学确实很注重学生的平均分数（GPA）、推荐信、考试成绩等，但选修 AP 课程和录取的相关性是很小的。另外，除了基本的分数门槛，美国名校更看重的是学生独立

凯特中学操场

思考和团队合作的能力。这也解释了为什么凯特中学不再教授 AP 课程，而进入名校的升学率却呈现上升的状态。

学校认为在关键的高中阶段，必须认清什么才是孩子最需要的，不能一味照搬不适合学生的教学模式，更不能在教学目标上随波逐流地盲从。凯特中学有自己开发的课程体系，课程测评的分数框架和权重比例还是跟 AP 课程一样，但课程内容是完全不同的。这所学校不认同"Teach to the test"（为考试而教学），而是更强调团队合作、组织逻辑、批判性思维、分析阐述等能力。

自从开始实行自主的课程体系以后，学生被常青藤盟校录取的比例竟提高

了 47%。这结果着实令人欣喜，但有趣的是，这完全不是凯特中学设计课程的本意。

重视团队合作

成绩并非凯特中学录取学生的主要准则，每年学校都会拒绝许多成绩非常优异的学生。

凯特中学有自己的学生录取标准。比如学校特别重视的个人特质，包括是否尊重他人，是否有同理心，是否能够尊重和包容不同声音，是否有可塑性等。

凯特中学的教育准则共五项：交流（communication）、知识（knowledge）、好奇心（curiosity）、同理心（compassion）和决心（determination）。

在这种教育环境的熏陶下，这里的学生大多具有野心，却不会过度比较；重视团队合作，而非恶性竞争，这也就是我们常常和学生共勉的"凯特精神"。

采访结束后，布朗利女士特意请了三位在凯特中学就读的亚裔学生带我们继续参观校园。在教学楼里，我们见到了一间间精心装饰的教室，墙面上有的挂着学生们制作的各类海报，有的展示学科小知识，有的陈列着学生们获得的各项荣誉。

我们还见到了那张传说中的椭圆形课桌 Harkness Table——用以践行"以人为本"的圆桌教学法。凯特中学非常重视圆桌教学法，认为这样可以保证每一位同学都能融入良好的教学氛围中，积极思考、热情表达、坦诚讨论。

如布朗利女士所言，凯特中学非常重视学生综合能力的形成及发展，为学生丰富多彩的课外活动提供了很好的条件，校园里有各种各样的活动设施。我们参观了艺术中心里的摄影室、录音棚、多媒体工作室、音乐厅、话剧馆、图书馆、体育馆和游泳池等。学生们还为我们介绍了有名的"Tuesday Talk"。每周二早晨，大家会聚集在凯特纪念教堂，听教师或同学分享故事——这是他们每周最期待的活动之一。

提到学校各类文体活动，我们的三位小向导也是兴奋不已，如数家珍：戏剧、

凯特中学的学生在作画

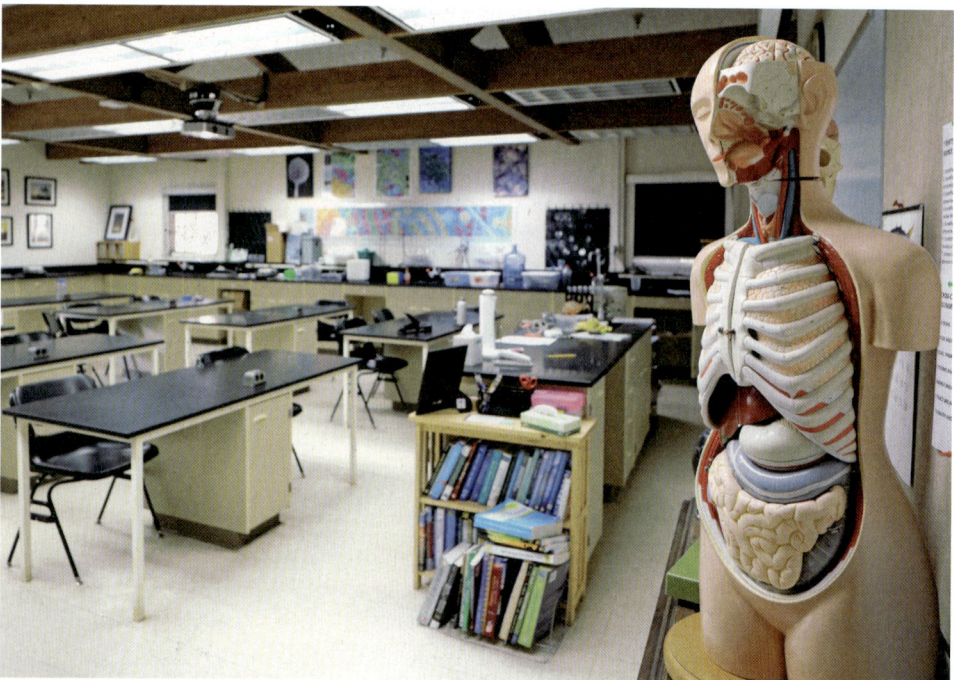

凯特中学的教室

舞蹈、乐器表演、声乐、陶艺、徒步、游泳、冲浪、攀岩……凯特中学的孩子们不仅头脑聪慧，还拥有强健的体魄。借助依山傍水的地理优势，凯特中学为孩子们的户外活动提供了充分的可能。

丰富可口的饮食和轻松愉快的氛围，也是日常学习生活中很重要的一部分。我们来到学校的餐厅和宿舍，切实体会到了学校对于孩子们的食宿安排的细心周到，食材的新鲜程度自然不必多说，菜品种类之繁多、营养搭配之合理也令我们赞叹不已。而学生的住宿条件，在全美来说更是数一数二的：几乎每个学生都拥有独立的寝室和小后院，从宿舍房间的窗口向外远眺，就是广阔而宁静的大海。学生们常常在疲惫的时候观赏海景，放松心情。能在凯特中学就读真是一件非常幸福的、令人艳羡不已的事情。

校园导览结束了，我们的参访也接近尾声。和校方告别后，我们一行人恋恋不舍地离开了凯特中学，但凯特中学先进的人文教育理念仍然在我们心中久久萦绕，催发出一棵人文教育的新芽。

作为教育工作者，我们由衷地希望每一位在凯特中学读书的学子，都能沐浴在加州的阳光下快乐成长，也希望未来有意就读凯特中学的孩子们，能够从这所知名中学所看重的东西上有所领悟，人生重要的不只是成绩，还有个人特质的培养和"凯特精神"的发扬。

不为考试而教学的凯特中学，是希望年轻人能够收获更长远的、令一生获益的精神财富。

自然主义的教育

>　　　得益于相对独立的地理位置，得天独厚的自然条件，地广人稀的社会环境以及发达的经济条件，这里的教育抹上了自然主义的色彩——教育自由度很高，学生选择面很广，学习压力相对较轻。这里鼓励学生自动自发地学习，让孩子自我驱动成长。

澳大利亚和新西兰是大洋洲的两个主要国家，也是南半球教育比较发达的地区。2013 年"探寻世界名校之旅"活动启动，新西兰成为我们访问的第一个国家。2015 年，我带队首次探访澳大利亚。2019 年的"名校之旅"，我们再次深度访问了澳大利亚。

除了澳大利亚和新西兰的著名高校外，我们还走访了不少当地的中小学，如澳大利亚的图拉克中学、圣三一文法学校、斯黛拉玛瑞女子中学，新西兰的爱普森女子文法中学、凯科拉瓦利中学、巴拉克拉法小学、ACG 斯爱伦学校等。通过对校长、校方代表、教师和学生的访谈，以及深入课堂现场观摩课程，我亲身感受了澳新中小学教育的特点和优势。

因为历史上的渊源，澳新教育基本上承袭了英国的教育理念和体制，在其基础上又融入了区域特色并不断发展和创新。相比英国私立中小学的精英主义教育特色，

澳新教育更加的平民化。

得益于相对独立的地理位置，得天独厚的自然条件，地广人稀的社会环境以及发达的经济条件，这里的教育抹上了自然主义的色彩——教育自由度很高，学生选择面很广，学习压力相对较轻。这里鼓励学生自动自发地学习，让孩子自我驱动成长。

课程多元化

我们在访问悉尼大学时采访了一位设计专业的同学，他从中学时就来到澳大利亚读书。澳大利亚中学里就有专门的设计课（不是美术课），这对于他在大学期间的学习有很大帮助。

设计课上老师不教技巧，而是教学生如何去激发自己的灵感。我见过一位中学生的设计作品：一个男孩坐在汽车轮胎里，手拿方向盘，左右前后摆出各种姿势。作品以照片的形式呈现出男孩驾驶赛车在赛车场上奔驰的场景。

我们经常举行留学教育方面的讲座。有一次讲座交流时，有位同学直接提出高中就想去澳大利亚留学，他的理由是自己喜欢飞行，而澳大利亚在中学阶段就开设了飞行专业，这些中学可以直接为高校输送专业人才。

在澳大利亚和新西兰，有的中学开设了近百门课程。这对中学来说，无论在师资力量还是课程安排上，都是很不容易的。这对于学生来讲则是一件幸事，课程选择面这么广，总有一门课程是自己喜欢的。

门类齐全、种类丰富的中小学课程为学生们充分提供了多样化的选择。除了语言类和科学类等学科之外，戏剧、音乐、舞蹈、艺术设计等课程一个也不会少。中学阶段低年级的大部分基础课程是必修，到了高年级除了语言和数学，其他课程就可以自由选择了。

圣三一文法学校是我们此行走访的澳大利亚中学之一，这所学校课程设置很广，学校还会针对男生的成长特点专门设置艺术、体育和户外教育等特色课程,充分激发、拓展学生的兴趣和优势。巴拉克拉法小学除了传统的培养学生计算、读写能力等相

新西兰名城达尼丁

关课程，还为学生制订了创造性阅读和写作计划，旨在为孩子们未来的学业和发展打下良好基础。

斯黛拉玛瑞女子中学也给我们留下了深刻的印象。在学校的走廊，我们看到了3D 打印机、激光雕刻机、缝纫机和做木工的重型工具，这让我们对于女校的印象大为改观。事实上，因为澳新教育整体偏实用化的倾向，很多中小学在课程设计中比较注重 STEM 课程（科学、技术、工程和数学）的比重。即便是女子中学，很多学生也对理工科有浓厚的兴趣，女孩们会选择土木工程、电子工程和生物科学工程等工科类课程作为大学专业。

学习自主化

在澳新的中小学读书，没有外在强加的学业压力，也没有太多条条框框的约束。但是自由并不等于散漫，我在学校访问时，没有见到孩子们有什么出格的行为。当

走入课堂，实地观摩学生上课的情况时，我被他们浑身上下洋溢着的自信、淡定和平和所感染，这才是他们这个年龄的人应该有的状态啊。

或许，更好的教育是对孩子的放手、尊重和信任。

我们参观斯黛拉玛瑞女子中学话剧排练室时，老师正在给一位同学辅导表演技巧。看到我们，老师特意停下来介绍学校戏剧课程的大体情况。舞蹈课程是中小学必开课程，不论学生基础如何，只要喜欢就可以报名。有的同学将之作为身体训练的一种方式，有的同学怀有成为世界级舞蹈演员的梦想，无论你是怎样的初心，都可以来舞蹈课学习。戏剧课程不但可以锻炼学生的表演能力，也可以提升他们的思维和逻辑。学生可以根据自己的需求，从 9 年级开始选修这门课。这里聚集着一群热爱表演的学生，老师经常带领大家排练并演出音乐剧或话剧。学生们选择这门课程，确实是因为热爱，因此排练非常积极，不需要任何人的督促，老师只需要在专业方面进行辅导就可以了。

斯黛拉玛瑞女子中学的老师在校任教多年，早已桃李满天下，教过的学生遍布于美国、英国、荷兰等国家高级舞蹈团或专业学校。一位学生应邀表演了一小段舞蹈，虽然练习时间不长，一招一式却有模有样。同时，她举手投足间表现出来的自信，让我们相信她不仅享受其中，而且一定能够学得很好。

澳大利亚和新西兰很多学校的音乐设施都很好。有的新式教学楼就连走廊墙壁上都有吸音板，乐器教室墙上会挂着各种乐器，供学生们随时练习。另外，音乐创作也是课程的一个重要环节，学生不但要会演奏乐曲，也要学会作曲，锻炼创造力，而不是成为只会演奏的"音乐工匠"。很多学生在中学低年级时就可以独立作词谱曲，完成音乐创作，这对于创造力的培养和艺术水平的提高都非常有益。

在一所学校的艺术和设计教室里，我们看到某个班级的学生正在上课。孩子们都在专心致志地作画，用调色颜料设法临摹出大师的画作。画作从内容到形式都不一样，有的是油画，有的是素描，有的是制作小物件。她们的作品有的臻于成熟，有的还很稚嫩，共同之处是都比较注重创意思想。整体来讲，澳新学生学画画临摹的少、创作的多，这种不拘一格的教学方式打开了学生的想象空间。在教室角落，有位同学正在制作类似羽毛的物件。各色羽毛插在一个头状的模具上，五彩缤纷，

斯黛拉玛瑞女子中学的美术课堂

接受我们采访的斯黛拉玛瑞女子中学的学生

非常漂亮。据老师介绍，这个作品的原材料都是废弃物品，如可口可乐的包装纸等，希望用这种方式唤起大家的环保意识。

其实在中学阶段，很多学生就已经有了关于未来的规划。我们采访的杨同学说："我个人对于语言学习很感兴趣，除了英语和汉语之外，我还学习了日语，业余时间还要自学韩语。对于物理、化学等学科，我不感兴趣，就没有选它们。"谈到未来大学的专业方向，她的目标是语言专业或国际关系方向。除了学习之外，杨同学还是学校活跃的文艺骨干，她的中英文歌曲都唱得很好。同时，她也参加了学生社团，这样既能为同学服务，还能锻炼自己的组织和领导才能。另外一位谭同学来学校的时间不长，但也非常喜欢这里的学习生活，她认为学校有极强的包容性，这给了她很好的个性发展空间。

环境开放化

澳大利亚和新西兰的自然环境非常好，这里经常被阳光笼罩，雨水时不时打扰一下，空气很是清新湿润，这种绝佳的天然环境使人心情特别舒畅。因为地理位置的原因，两国的主要城市基本都临海，清澈的海水、纯白的沙滩和周边成熟的社区，都成为可以利用的教育资源。

每个学校条件不一、大小不同，它们会因地制宜开展教学和课外活动。ACG斯爱伦学校校园建筑都比较新，有体育馆和设计绘画教室等一流教学设施，也有广阔的草地作为运动场。斯黛拉玛瑞女子中学在当初建校时选中了一所教堂，后来又进行了扩建，校园风格古朴又现代，它的两栋建筑连在一起，建造时间相距百年，代表着传统和创新两种教育理念的融合和发展。校园中有两棵无花果树，枝繁叶茂，在阳光强烈或是阴雨连绵的时候，这里就成为学生们室外活动的庇护所。老师们也经常利用树荫进行课外活动，甚至直接把课堂搬到这里。业余时间，同学们三五成群，在树下弹琴吟唱，切磋交流，喜笑颜开，场景生动。

斯黛拉玛瑞女子中学校园里只有一个小操场，运动空间很小。即便如此，学校

还是充分利用周边的自然资源和公共设施，将体育活动开展得有声有色。学校的老师告诉我们，周边社区有很好的运动场所，和学校一直共建共享。学校不远处就是曼利海滩，白色的沙子里几乎不掺一点杂质，清澈的海水拍打着沙滩，学生可以在海边尽情地运动，还可以冲浪和划船。大家读书困了累了，就捧一杯热腾腾的咖啡，坐在沙滩上，享受午后的阳光时刻，疲劳转瞬之间便被缓解。活力四射的孩子们相约一起进行丰富多彩的海滩运动，他们矫健的身姿和轻快的步伐宛如猎豹。

美国第一位伟大的超现实主义者约瑟夫·康奈尔曾说："自然教育通过对于自然的不断观察，让孩子释放天性本能，培养其热爱自然、生命、生活的人生价值观。"这种舒适、自由、天然的生活环境，激发了孩子们的潜在能力，可以帮助他们启蒙智慧、强身健体、涵养性格，使其成为更完整的个体。

新西兰 ACG 斯爱伦学校的同学在运动场上

如果想要给澳新中小学教育贴上标签，我认为是"自主而多元、自由不散漫"。两国在起跑线上的教育，主张的起跑时间不太早，奔跑速度也不快，但对于孩子们的精神塑造都予以了特别的关注。每个孩子都能够在大自然中浸泡，释放独一无二的个性，寻找自己的天赋密码，没有人工的刻意雕琢，没有外力的拔苗助长，孩子们可以自然而然地成长为自己。

　　爱因斯坦讲过："每个人都是天才，但如果你用爬树的能力来断定一条鱼有多少才干，它终其一生都会认为自己愚蠢不堪。"鱼在水中游，猴在树上爬，认清自我、找准定位才能彰显自己的才能。从这一点看，澳新中小学教育已经赢在了起跑线。

新西兰巴拉克拉法小学的孩子们

在日月星空下奔跑的澳大利亚教育

> 黑格尔曾经说过，一个民族要有一些人在仰望天空，这个民族才会有希望。我相信，在澳大利亚璀璨的星空下，从来不缺乏仰望星空的科学家。

位于印度洋和南太平洋之间的澳大利亚远离其他大陆，在历史上，这里是英国的罪犯流放地。这儿仅有 2500 万人口，自身经济内需不足。它四面环海，是世界上唯一国土覆盖一整个大陆的国家，虽然面积广大，但大多是沙漠地带，不适合人类居住。

可就是这个 1901 年（碰巧也是诺贝尔奖首次颁发的那一年）才宣布成立的年轻国家，竟在这块并不肥沃的土地上创造出了令人难以置信的教育奇迹——不到 130 年的国家历史上，澳大利亚共有 15 位学者和科研人员斩获诺贝尔奖，其中生理学或医学奖就占了 8 位，这是一个出乎所有人意料的好成绩。

2019 年 5 月 18 日，恰值南半球的秋天，我们带着问题出发，开始了为期 18 天的澳大利亚"名校之旅"探访活动。到访的第一站是 2005 年诺贝尔生理学或医学奖获得者巴里·马歇尔（Barry Marshall）教授的母校西澳大学。

西澳大学坐落在被戏称为"地球上最孤独城市"的珀斯，因为这里与世界上任

何一座大城市都有着极其遥远的距离。

西澳大学毗邻海湾，在碧海蓝天的映衬下，建筑显得格外干净迷人。午后的阳光温和而煦暖，深秋的落叶折射出温柔的金色。走进校园的瞬间，一种熟悉的感觉扑面而来，不同种族和文化背景的学生三五成群，在校园里匆匆而过。伫立在钟楼前的苏格拉底塑像正静静地注视着每一个行人，仿佛在鼓励着大家多提几个为什么。

探究未知的冲动：保持一颗好奇心

在西澳大学，我们见到了马歇尔教授，访谈中，这位因发现幽门螺旋杆菌而获得诺贝尔奖的老教授给我们留下了深刻的印象。

马歇尔教授出生在西澳小城卡尔古利，他的父亲是个能干的机械师，常常鼓励马歇尔自己动手，不断尝试。母亲是一名护士，她希望孩子们努力读书，走出小镇。小时候的马歇尔没事就喜欢翻阅爸爸书架上的各种技术书籍，还喜欢听妈妈讲那些医疗和护理方面的知识。

自由宽松、注重教育的家庭环境，使马歇尔一直保持着强烈的好奇心，不断去探索未知的世界。8 岁时，马歇尔已经可以自己动手制作电磁铁。12 岁那年，他因为成功抢救了误喝燃油的妹妹而登上报纸。自小顽皮的马歇尔还喜欢耍枪弄棒、玩习弹弓，甚至从药店和化学品商店购买原料，偷偷制造鞭炮和一些小型爆炸物。马歇尔后来回忆说，他虽然因此受到了父母的严厉惩罚，但聪明的他也发现了父母暗地里其实在为自己的"发明创造"感到自豪。

这次采访中，马歇尔教授反复提到自己从事的是"好奇驱动的研究"。源自童年时代的强烈好奇心持续了马歇尔的一生，并指引着他努力地探究无穷的未知，执着地寻找问题的答案。正是好奇心的驱动，马歇尔学习、提问、探索、研究，我们深深地感受到他对科学的热爱和坚持不懈的探索精神。

在 20 世纪 80 年代，胃溃疡是一种常见的疾病，医学界普遍认为这是由精神紧张或刺激性食物引起的。马歇尔说："我一直对精神紧张导致胃溃疡的说法持怀疑

西澳大学鸟瞰

态度。我经常开玩笑说，如果某个教授认为这个病是由紧张引起的，我就觉得他不知道真正的病因。"

这种刨根究底的习惯支撑着马歇尔对胃溃疡的病因深入开展研究。后来，他遇到了肠胃病病理学同事罗宾·沃伦（Robin Warren），沃伦在胃溃疡部位发现了细菌菌落。于是马歇尔提出，这些细菌可能才是诱发消化性溃疡的真正原因，也是导致胃癌的重大风险因素。如果这些细菌能通过抗生素消灭掉，那么溃疡病的治疗将会向前大大迈进。由是，一个大胆的假设就这样诞生了。

坚忍不拔，十年磨一剑

马歇尔的这个假设遭到了医学界同行的普遍质疑。不仅如此，他提出的其他一

系列观点也常常被认为是信口开河、不着边际。但马歇尔并没有轻易放弃，他说："质疑是我的性格。我的研究让我每天有机会和病人打交道，我看到我的治疗方法在一些病人身上奏效，他们的病情有了明显好转。但我更想证明我的理论可以帮助全世界数以百万计的胃溃疡患者得到治愈，我迫切需要证明这一理论。"

爱迪生说："世间没有一种真正有价值的东西，可以不经过艰苦辛勤的劳动而获得。"科研往往是一条漫长的求索之路，没有付出很难有收获。

终于，幽门螺旋杆菌被培育出来了，可它只能依赖于人体生存，无法用动物体来做实验。马歇尔回忆说，当时面对的许多不确定性令自己别无选择，最后他毅然决定"以身试法"，用自己的身体来做实验。就这样，马歇尔将细菌培养体一口喝了下去。没想到几天后，他就出现了呕吐、恶心等症状，最后真的出现了胃溃疡。

在采访过程中，马歇尔平静地对我说："不少医生都曾在研究过程中拿自己做试验品，有的甚至付出了生命。但我的试验是基于科学假设，而且多年来成功地治愈了很多名溃疡病患者，这一切我是有信心的。我要做的就是继续拿出证据，来证明我的理论是对的。"

尽管马歇尔和沃伦早在 1985 年就发表了论文，论证了幽门螺旋杆菌对胃炎和胃溃疡的影响。但直到 10 年以后，他们的观点才得到医学界的认可，并在业界普及开来。2005 年，54 岁的马歇尔和同事沃伦一道，因"发现了幽门螺旋杆菌及其在胃炎和消化性溃疡病中的作用"，获得了诺贝尔生理学或医学奖，为千千万万胃炎和胃溃疡甚至是胃癌患者带来福音。

回顾这一路走来的历程，马歇尔深深体会到科研工作的艰辛。科学需要提出正确的问题，运用正确的研究方法，除此之外，还需要日复一日的坚持和一点点运气。

马歇尔在接受我的采访时，坦诚地说："如果当初我喝下的病菌没有感染我，我有可能会放弃研究，也许会去开诊所、行医挣钱。选择科研这条路，有点像卧薪尝胆，你肯定会遇到困难，但最终成功带来的满足感也是巨大的。"

科研人员千千万万，能登上科学顶峰摘下果实并获得诺贝尔奖的肯定是凤毛麟角。关于荣誉，马歇尔医生淡然地表示："我觉得，你不应该给自己的科研设置一

接受我们采访的马歇尔教授

个时间表，你从事的科研可能需要一辈子的努力。如果有幸获得诺贝尔奖的话，你也许已经 80 岁。"

但求耕耘，不问结果，用一生的时间埋头沉浸在研究中，这就是值得钦佩的科研精神。

继往开来的大学教育

马歇尔是幸运的，产生了 15 位诺贝尔奖得主的澳大利亚也是幸运的。但幸运绝对不是偶然，也并非从天而降。

除了个人主观的努力和坚持，良好的大环境是科学家心无旁骛从事研究的重要客观条件。

当谈到澳大利亚政府和大学对科研的支持时，马歇尔教授说，优秀的大学不必经常搞革新，而是应该能确保在正确的道路上"循序渐进"。他能获得诺贝尔奖，就说明西澳大学做了正确的事情，包括提供了良好的科研环境和努力打造同事协作的共赢文化。

在马歇尔看来，科研也分为几种，其中有基础科学研究，也有实用型的研究。事实上，真正关心、支持科研的大学和政府往往会尽可能利用好一切现有的资源，相互支持，彼此成就。如果学者天天在象牙塔里闭门造车，研究就会脱离社会；而政府若整天只怀有功利思想，盯牢眼前的具体事务，也就不会有推动人类文明进步的远大目标，更谈不上真正有所创造、有所开拓。

澳大利亚就是一个大学和政府之间达成平衡、相互促进的典范，这也是我此次探访的深切感受。

澳大利亚总共有 42 所大学，绝大部分是公立大学。公立大学又分为历史悠久的传统大学和"二战"以后才成立的现代大学。撇开历史长短，诸所学府均各有所长，它们都战略清晰，重点突出。另外，无论是悉尼大学、墨尔本大学、阿德莱德大学、西澳大学等历史悠久的大学，还是相对年轻的蒙纳士大学或新南威尔士大学，它们都继承了欧洲教育的优秀传统，同时又摆脱旧世界的包袱，吸纳新大陆的开放思想，发挥移民国家多元文化的特殊优势，兼容并蓄，继往开来，许多新的发明创造就是在这样的大学氛围里孕育而生的。

大家可能不知道，1928 年，亚历山大·弗莱明便发现了青霉素，但当时并未有临床应用。1939 年，澳大利亚科学家弗洛里提纯了青霉素，1941 年才得以成功地使用于病人。"二战"期间，青霉素横空出世，不仅挽救了很多士兵的生命，甚至还扭转了当时的战争局势。

今天我们很多人赖以生活、工作和娱乐的 Wi-Fi 技术，也是澳大利亚科学家的发明。在 2013 年专利过期之前，每年全球以 10 亿计的带 Wi-Fi 功能的电子设备

都需要支付专利费。虽然这项科研成果并没有获得诺贝尔奖，但我们切身感受到市场的巨大需求和它给我们的生活带来的变化。

理论与应用并重的科研体系

澳大利亚不仅有充满活力的大学，还有科学的科研评估体系，确保科研经费真正用在刀刃上，发挥出更好的效果。澳大利亚政府每年投入的科研经费约有几百亿元人民币，虽然和我国每年万亿级别的投入不可相提并论，但他们非常注重科研的实用性，不是为了项目评审而科研，而是追求科研成果的转换和落地，让成果走向市场，再从市场获取回报，形成"科研—市场—科研"的良性发展循环。

悉尼大学的涂鸦墙

美丽的悉尼港湾大桥

澳大利亚政府设立的科研绩效评估体系 ERA，除了最后形成的科技专利外，项目成果转化成商业应用的收入也是评估中的重要指标。ERA 对所有公立大学进行评估，比较各学科和专业在澳大利亚以及国际上的地位。简而言之，这样做可以让各大学的科研方向有所侧重，避免一窝蜂涌向某个领域扎堆搞研究，总体来看有利于资源更合理地分配，让投入产生更大效益。同时，如果由学校支付科研成果产业化的成本，那么商业化运作一旦成功，收益的三分之一属于学校，三分之一由研究人员所在机构支配，其余三分之一则作为科研人员的奖励。

当来到宫颈癌疫苗（又称 HPV 疫苗）的发明者伊恩·弗雷泽教授的实验室时，我们的感受更深了。伊恩是一位谦逊、严谨、儒雅的学者，回答提问时总是言简意赅、丝丝入扣。他说，每天都有瞻顾世界前沿的基础科学研究在进行中，而科研最大的挑战是找到值得钻研的问题，并为之付诸一生的努力。

弗雷泽教授向我们详细介绍了宫颈癌疫苗的研发过程和目前的应用状况。1991年，弗雷泽教授和华人科学家周健在澳大利亚昆士兰大学开始了宫颈癌疫苗的研发。直到 2006 年，宫颈癌疫苗首先在澳大利亚被获准上市。随后的一年时间里，世界上有 80 多个国家都开始了宫颈癌疫苗的使用。今天，疫苗已经在包括中国在内的133 个国家使用，10 年内大约接种了 2.7 亿人次。

宫颈癌是目前导致妇女死亡的第二大癌症，其发病率仅次于乳腺癌。每年，全世界约有 50 万女性被诊断为宫颈癌，其中大约 25 万人死于此病，中国每年宫颈癌新发病例约 13 万人。

宫颈癌是人类首次尝试通过疫苗来减少、预防甚至消灭的一种癌症，具有划时代的现实意义。这一重大发明并没有让伊恩·弗雷泽教授停止探索的脚步。我在采访中得知，宫颈癌疫苗的研发也从预防进入了治疗阶段，实验室就是他每天的战场，他希望通过自己的努力能让这个世界变得更好一点。

弗雷泽教授在采访结束时笑着对我说："那些穿越半个地球来澳大利亚的祖先都有一颗不安分的心，冒险是澳大利亚人流淌在血液里的精神基因。"

历时 18 天的澳大利亚"名校之旅"是短暂的，但一路上的所见所闻却给我们留

下了深刻的印象。黑格尔曾经说过，一个民族要有一些人在仰望天空，这个民族才会有希望。我相信，在澳大利亚璀璨的星空下，从来不缺乏仰望星空的科学家。他们同时也在脚踏实地奔跑着，迎着日月和星空，始终砥砺在科学探索的最前沿！

接受我们采访的弗雷泽教授

韩国教育的传统与时尚

韩国能跻身亚洲发达富裕的国家之列，教育可谓是重要的加速器。除了经济，韩国曾一度在娱乐文化和时尚舞台中引领潮流，教育也功不可没。

初秋的韩国，风景非常迷人。我们一行人从北京飞往仁川，仅用一个半小时，而从仁川到首尔，车程也只需一个小时。路上用时不长，加上仅仅跨越了一个时区，四处望去又都是黑头发黄皮肤的亚洲面孔，这一切让我们没有一点来到异国他乡的紧张感。

此次我们访问的主要目标是"一片天"，即韩国大学的"天空联盟"（SKY）——首尔国立大学、高丽大学和延世大学。这里环境整洁，天空湛蓝。此刻的好天气，着实很应景。

首尔是韩国的首都，它位于朝鲜半岛的中部，地处盆地，城市周边围绕着高约500米的低山丘陵，因其拥有34所院校，又是名副其实的大学之城。位于首尔的很多大学依山而建，校内建筑高低错落，在校园里穿行需要上山下坡。比如著名的首尔国立大学，就在冠岳山脚下。

这里有山亦有水，汉江自东向西缓缓流过城市，两岸高楼耸立，浓厚的现代化

首尔景福宫

气息扑面而来。夜晚登临高塔，欣赏汉江两岸璀璨的灯光秀，这就是韩国崛起的"汉江奇迹"的最好反映。

我眼里的首尔是座年轻的城市，街头随处可见朝气蓬勃的年轻人，繁华喧闹的现代街市和当初席卷亚洲乃至世界的韩流，无一不彰显其时尚活力。这座年轻的都市亦有别具一格的迷人之处，秀美的自然景观，郁郁葱葱的树木以及掩映在绿荫中的历史遗迹，抬头转眼之间，处处皆是令人心旷神怡的美景。

我们行走在市区，万里无云的蓝天下，古老的殿宇和现代化高楼大厦交相辉映，显示着首尔既古老又现代的城市风貌。

韩国的教育亦如其城市，也是在传统和时尚的嬗变中一路成长。1945 年，韩国光复，彼时的半岛小国一穷二白，当时没人相信它会在此基础上创造经济奇迹。但事实却总是出人意料，20 世纪 60 年代，仅仅用了不到 20 年，韩国便实现了经济腾飞，在当时被称为"亚洲四小龙"之一。

延世大学

　　韩国能跻身亚洲发达富裕的国家之列，教育可谓是重要的加速器。除了经济，韩国曾一度在娱乐文化和时尚舞台中引领潮流，教育也功不可没。歌德曾说："所谓时尚就是目前的传统。传统都带有某种必要性，使人们非向它看齐不可。"韩国

的时尚，因为教育赋予的底蕴，去除了些许浅薄和浮夸，成为一种流行的新传统。

弘益人间、理化世界

我们此次走访的"天空联盟"中的三所名校，起源各不相同。

首尔大学的前身是大韩帝国建立的高等教育机构，也是韩国光复后最初的综合性高等学府。1946年10月15日，一纸《国立首尔大学设立相关法令》，合并了首尔附近10所学校，首尔国立大学便就此诞生。

高丽大学的前身是私立普成专门学校。它始建于1905年，是韩国第一个由民间资本设立的高等教育机构，成立之初便主张救国之路在于培养教育力量，即"教育救国"。

创建于1885年的延世大学是一所以基督教精神建立的世界顶尖研究型综合大学，它的前身是延禧大学和世博兰斯医科大学。1957年，两校正式合并为今天的延

世大学。"延世"这个名称，就是从两校各取一字结合而成。

韩国的现代高等教育历史并不算悠久，19世纪末期才开始起步。今天，"天空联盟"中的三所名校分别代表了韩国高校的主要起源：政府创建、基督教会及教徒建立、民间资本首创。此外，有的韩国大学具有深远的儒家传统，如成均馆大学，其历史可以追溯到1398年成立的朝鲜王朝最高学府成均馆，它是以儒学要义仁、义、礼、智为基本宗旨建立起来的。由于老成均馆的另一重要职能是作为孔子纪念活动的指导者，所以它有一座为纪念活动专门建造的圣堂。

1945年朝鲜半岛光复时，韩国国民文盲率高达53%，受过学校教育的公民只占14%，教师资源严重不足，这一切都极其制约当时的经济社会发展。面对凋敝的现状，韩国政府致力于加强爱国主义和民族主义教育，并制定了"弘益人间、理化世界"的远大目标。这个目标诠释了韩国新一代政权对于教育的看法：开启民智、普惠民众。

1948年，韩国将"弘益人间"明确写入了韩国新宪法中，同时规定小学阶段实行义务教育。韩国中小学教育以公立为主，再加上政府大力推广实行义务教育，在20世纪50—60年代，韩国政府保证90%的适龄儿童接受了小学教育。

1949年，韩国政府发布了专门的《教育法》，详细规定小学、初中、高中、大学"6334"的现代化学制，并参照美国教育体系，设置了地方教育自治的结构，这成为日后韩国私立教育蓬勃发展的制度基石。因此，韩国的高等教育主要以私立学校为主，民间办学力量是高等教育普及的主要推动力。20世纪90年代，韩国进入高等教育发展的黄金期，毛入学率爆发式增长。1997年，韩国大学的毛录取率突破52%，高居世界第8位。

为了大力扶持职业教育，为工业建设添砖加瓦，韩国政府还颁布《产业教育振兴法》，鼓励适龄青年接受技校、专科院校培训。初中考试也被强制取消了，为了分流更多学生到技校与专科院校，韩国创造性地提出了"考试＋摇号"升高中的方法。

1981年，韩国推出《教育税法》，这强有力地保障了教育财政的投入。此后，韩国公共教育经费支出占政府财政支出的比重一直处于世界前列。2019年，韩国政府开始实施高中三年无偿教育，由此迈出了普及高中义务教育的第一步。在短短几

首尔国立大学艺术节

十年的发展过程中，韩国中小学教育历史性地完成了"弘益人间"的阶段使命，推动韩国实现了教育现代化。

在韩国跨越"中等收入陷阱"的关键时期，教育对经济发展的贡献有目共睹，其中，高等教育的普及在国民经济发展的弯道超车中居功至伟。从 1987 年人均 GDP 超过 3000 美元，到 1995 年突破 1 万美元，韩国仅仅花了 8 年时间。2018 年，韩国人均总收入突破 3 万美元，成为世界上第 7 个闯入"5030 俱乐部"（5000 万人口 3 万美元人均总收入）的国家。

实用主义教育

韩国的高等教育向来注重实用性。学生一旦进入"天空联盟"三所顶尖高校，就意味着在金字塔登顶缆车，未来极可能得到很好的工作机会，进入高端的人际关系网络和婚姻市场，最终成为所谓的"上层人"。据统计，韩国最大规模企业的

CEO 里面，有 70% 是这三所大学的毕业生，而 80% 的司法机构公务员也毕业于这三所大学。

2015 年诺贝尔奖公布，日本科学家梶田隆章获得物理学奖，大村智获得生理学或医学奖，中国科学家屠呦呦也获得了生理学或医学奖。两个亚洲近邻在诺贝尔奖上的斩获，让韩国学界一度进行自我反思。实际上，韩国对研发领域的投入并不少，国家整体的研发投入占比超过 4%，在世界各国中排名领先，属于研发投入比例最高的国家之一。从企业的角度来看，三星电子 2018 年研发支出位居世界第一，高达 134 亿欧元。

我们在访问延世大学时，语言学院的金院长不无自豪地告诉我们，延世大学的年度投入是人民币 2000 亿元，差不多是清华和北大平均值的 20 倍之多。据报道，2019 年，延世大学的研究经费、发明专利数量以超群的实力超越东京大学，跃居世界第一。在投入来源方面，校友的捐赠、学生缴纳的学费、财团的赞助以及学校的

延世大学

产业发展收入（著名的延世牛奶就是大学产业之一）各占约 1/4。

韩国 85% 的大学是私立性质，学校的自主权较大，它们和各大财团都有紧密合作。我们在走访"天空联盟"以及庆熙大学、弘益大学、成均馆大学、梨花女子大学等著名高校时，经常看到三星、现代、浦项制铁等大财团捐赠的教学大楼和图书馆。雄厚的资金保障，是名校持续发展和进步的重要因素。

但这些投入主要被放在应用技术方面，比如存储半导体、OLED 显示技术、移动通信技术等和市场接轨的技术，大学在基础科学领域投入比例偏少。在实用技术领域投入的资本短时间内能够见效，可以助力企业很快推出新产品，抢占市场先机，这也是韩国企业快速崛起的秘密所在。基础科学周期长、见效慢，不能带来直接效益，所以很难受到韩国科研机构和企业的重点关注，这也是韩国至今无缘诺贝尔奖的重要原因之一。长远来看，基础性研究投入的短缺肯定会制约科学的发展，所以其实韩国的很多核心技术容易受制于人。

引领时尚的 K-POP

首尔是座年轻时尚的城市，韩国的流行艺术特别为它涂抹了多样的活力色彩。2010 年，首尔成为当年的"国际设计之都"。谈起韩国设计，就必须提到弘益大学。弘益大学并不属于"天空联盟"，但因其艺术领域的突出成就，它在韩国乃至亚洲、世界教育中都占有一席之地。这所大学是亚洲顶级的设计院校，也是世界著名的艺术学府。

弘益大学是韩国人心中的艺术殿堂和文化圣地，代表了韩国近现代以来时尚、前沿的文化特色。来到弘益大学，我们肯定要游览一下校园周边的特色文化区，这也是校园文化重要的一部分。

弘益大学地处首尔繁华的新村地带，周边各式的小吃摊、浪漫的咖啡厅、时髦的服装饰品店等应有尽有，其中不少都是网红打卡地，整日人潮熙熙攘攘的。

大学周边的街区到处都洋溢着艺术的气息。街区里有很多展示馆，面积一般都不大，大多隐藏于街道小巷中。进入展示馆，你就能惊喜地看到某个特色主题的展览。

我们路过一处黄色阶梯，它的上顶由玻璃制成，可以反射阳光将其映照在阶梯之上。阶梯正面涂着很多生动的符号，看起来非常有现代艺术感。据当地人介绍，这里是个著名的约见场所，找起来比街边的咖啡店方便得多，因为实在太过显眼了。

傍晚时分，华灯初上，本来就很热闹的街区，在五光十色的霓虹灯映衬下，显得活力十足。街区小广场中有一些表演角，使用的设备都比较简单，一套可以移动的音响就能来一场酣畅淋漓的街头表演。舞台虽然简陋，但表演者都很投入，情绪十分饱满，基本上都是三五成团，互相之间呼应配合得很好。俗话说，高手出自民间。据说一些当红艺人在成名之前，这里就是其展示才艺的重要舞台之一。弘益大学及其周边是年轻艺术家的热门聚集地，目前已经形成知名度很高、辐射面积很大的商圈。大众文化比较接地气，而大学精神的熏陶，也让这里在流行之余，还多了一层艺术气质。

韩国风靡世界的 K-POP 文化吸引着来自世界各地的追随者，成为一些年轻学子前来留学的重要原因之一，接受我们采访的中国留学生许同学就是为此而来。她坦率地说自己最喜欢神话和 Super Junior 男团，学习压力大的时候，看爱豆的演唱会便是自己最好的解压方式。

另一位接受采访的邹同学并不追星，但她很喜欢韩国的街头文化，尤其是弘益大学周边随处可见的充满活力的街头表演，这一切让人也不由自主地变得活跃起来。据媒体报道，安吉丽娜·朱莉的长子马多克斯是 K-POP 铁杆粉丝，对韩语非常感兴趣。2019 年 9 月，马多克斯作为新生进入延世大学读书。中国流量小生鹿晗也曾在这里学习韩语。据首尔大学的助教讲，来韩国的留学生中，追星的人韩语进步更快。因为他们经常外出参加活动，和韩国本土粉丝交流。语言嘛，听得多讲得多用的机会多，自然就掌握得更快更好。

在我们结束访问走出延世大学校门时，一辆标记着"K-rail"的火车正在夕阳中缓缓穿城而过。对公民教育的坚持，对新理念新技术的开放心态，以及对流行文化的包容，都让韩国大学这辆高速列车创造了历史，坚定驶向未来。

首尔年轻人在街头斗舞

首尔年轻人的网红聚会地

耶鲁大学老校长西奥多·德怀特·伍尔西的雕像

结语

西学东渐和中国社会的进步

中国和世界的互通来往源远流长，汉代张骞率领 100 多人出使西域，打通了汉朝通往中亚、西亚的横贯道路，也就是今天赫赫有名的"丝绸之路"。到了公元 627 年的唐朝，一代高僧玄奘法师从长安出发，西行问道，历时 17 年，只为寻求佛教真经。回到长安后，玄奘主持翻译佛典，一共译经论 75 部、1335 卷、1300 多万字，大大传播了佛教文化。明代永乐、宣德年间（公元 1405—1433 年），郑和率船队七次下西洋。这是一场远洋出航的壮举，也是当时世界上规模最大、船只和海员最多、时间最久的一次海上航行。他最远到达了东非和红海，比 15 世纪末欧洲地理大发现的航行还早了半个世纪。

千百年来，这种友好的你来我往促进了文化和商业交流，拉近了中国和世界的关系。天有不测风云，时间的齿轮转到了 1656 年，清朝顺治十三年，皇帝决定颁布禁海令，宣布"片帆不得下海""片帆不得出洋"。从此，中国断绝了和世界的交往，开始闭关自守，故步自封。而这期间，欧洲经历了近代科技大发展，生产力由此突飞猛进，经济也蓬勃发展，整个社会面貌焕然一新。1840 年，英国的坚船利炮猛烈轰开了中国的国门，这时国人才从浑浑噩噩中渐渐觉醒，被迫认识到西方已经远远走在我们前面，一向以"天朝上国"自诩的清王朝积贫积弱，雄风不再，沦为世界眼中"沉睡的狮子"。于是，很多先进的爱国志士开始"睁眼看世界"，一场旨在富国强兵的西学东渐运动应运而生。

说起这场西学东渐运动，就不得不提到中国近代史上首位前往美国的留学生容闳。他是中国留学事业的先驱，也是近代早期的改良主义者。他组织了第一批官费赴美留学幼童，被誉为"中国留学生之父"。容闳是中国的第一个"海归"，他开启了中国近代史上引人注目的留学运动，他的一生都在为祖国鞠躬尽瘁，至死不悔。

容闳是广东香山人，他从小家境贫困，7 岁就被父母送进澳门的"西塾"读书，这在道光年间也算是拥有"第一个吃螃蟹"的勇气了。虽然孩子失去了考秀才成举人的机会，但是容闳的父母认为让孩子学好英文未来做翻译，或者办洋务也能挣钱谋生。1841 年，容闳正式进入马礼逊学校，第二年又因学校迁址来到了香港。后来，学校的校长勃朗先生要回美国，他决定把班上最好的三名学生带走，其中之一就是聪明伶俐的容闳。1847 年 1 月 4 日，容闳和另外两位同学（分别是黄胜和黄宽）在黄埔港登上了亨特利思号帆船，他们激动不安地开始了漂洋过海的赴美航程。

经过了 98 天的海上长途跋涉，容闳、黄胜、黄宽以及他们的老师勃朗先生终于到达了美国纽约。一周后，容闳进入美国麻省孟松学校（Monson Academy）就读，这是当时有名的预备学校，他在这里开始了勤工俭学的留学生活。1850 年，容闳终于获得了乔治亚州一个妇女会的资助，如愿考入了勃朗先生的母校耶鲁大学。4 年后，容闳在耶鲁大学顺利读完本科，获得学士学位。他是当时耶鲁大学绝无仅有的中国人，十分令人瞩目。很多人过来参加毕业典礼，主要是为了来看一眼这位中国学生。

容闳在耶鲁读书期间并没有太多的机会接触美国社会，但正如一位学者所言，"对于一个思想敏锐而又时刻关心着国家进步和人民幸福的青年来说，化学实验在玻璃容器里显示的是一个全新的世界，微积分可以启发对合理化的思考和追求，古代雅典民主政治史足以使他痛切地感觉到专制制度的违反人性和缺乏道德基础"。在耶鲁大学的学习，开启了容闳的心智，拓宽了容闳的眼界，也彻底改变了他之前要在美国留下来的想法。1854 年 11 月 13 日，容闳揣着耶鲁大学那张羊皮纸毕业证书，怀着"教育救国"的美好理想，在纽约登上了欧里加号帆船，毅然踏上了回国的征程。诚如他在自传《西学东渐记》中所言，欲"以西方之学术，灌输于中国，使中国日趋于文明富强之境"。

容闳回到祖国的时候，中国正值多事之秋。清政府一边疲于应付鸦片战争后和英国签订的屈辱的《南京条约》，苦于筹集巨额赔款，被迫开放了一批通商口岸，

另外还要忙于镇压太平军及各地不断爆发的农民起义，可谓内忧外患，困难重重。清廷内部以曾国藩、李鸿章等为代表的开明地主人士已经意识到对世界开放和向西方学习的重要性，也正是在这个时期，回国不久的容闳提出了选派优秀青年出洋留学、为国家储备人才的计划。他就出国留学的目的、选派的人数、挑选的方法、留学生的管理和财政经费等一系列问题，拟定了具体的方案，设想得十分周全。这一计划得到了曾国藩的认可和支持，他会同李鸿章联名上奏，促使计划获得清廷批准。

这项首开先河的计划在当时是一个极富挑战性的浩大工程。容闳当时提出的方案是首先选拔 120 名学童，年龄在 12—14 岁之间，按年度分 4 批派送，每年 30 人，留学期设定为 15 年。在经历了种种困难，让家长画上生死押之后，1872 年，第一批学童从上海搭船赴美。3 年后，4 批 120 名幼童全部抵达美国。当时去美国的学童大部分是南方人，最多的是广东人（共 84 人）。也许是鸦片战争后多个南方口岸

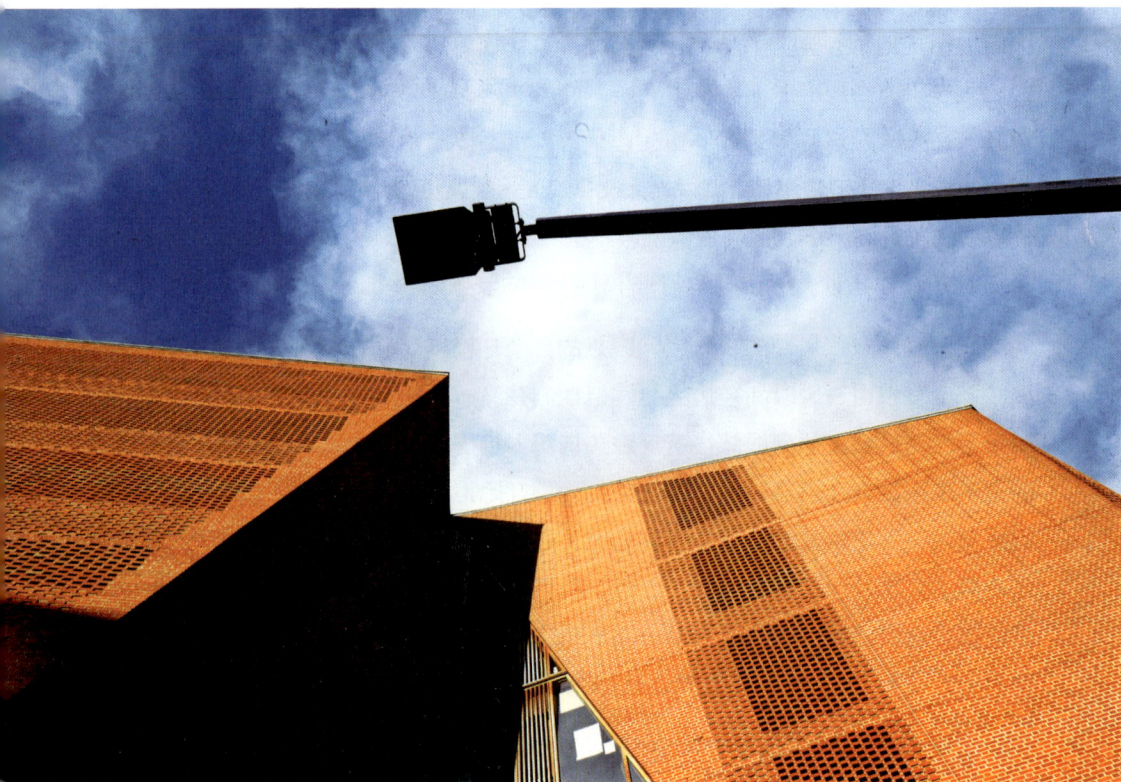

伦敦政治经济学院

363

被迫开放的缘故，当地人更容易接受新鲜的留学教育计划，他们的孩子也就成了这批学童中的主力军。容闳苦心经营的留学计划终于有了不错的开端。

这些年幼的孩子背井离乡，负笈海外，却个个勤奋好学。他们既学中文又学英文，还要争取一切机会入读好大学。1877 年，头两批幼童中已有 50 多人升入中学，18 人进入大学。由于国内开办洋务的需求，大多数留学生选择进入大学读工科。他们在课余时间如饥似渴地读书，广泛涉猎各类社会科学。他们的努力和进步，以及留美期间的优秀表现，获得了国内外的一致好评，也改变了当时一些美国人对中国和中国人存在的偏见和误解。

然而，这场精心筹备的留学计划，并不像想象中那样顺利，而是几经波折。这些年轻人在美国学习的数学、天文、生物、化学、土木工程，以及社会科学的许多课程，不仅让他们增长了学识，也让他们的价值观念在潜移默化中发生了改变。幼年离家的他们，常年在西方社会生活，慢慢对下跪磕头等封建礼节不屑一顾，有的大胆剪掉了辫子，穿上了洋装，甚至成了基督徒，从内心到外表都出现了许多在当时国人看来离经叛道的大变化，有所耳闻的清廷对留学这一事件逐渐传出了不同的声音。有人认为这些学生败俗伤化，数典忘祖，要求立即将留美学生全部撤回。耶鲁大学校长主动请求调和，据说连大文豪马克·吐温也为此敦促美国总统出面斡旋，但这些统统无济于事，他们根本说服不了一味守成的清政府。1881 年，清政府决定撤回所有留美学生，一场轰轰烈烈的留学运动就这样半途而废了。

当年这些意气风发的少年，回国后的日子却都不太好过，他们被当成了"假洋鬼子"，有相当一段时间被边缘化。但他们并没有为此消沉，而是从未停止去寻找属于自己的机会，他们依然怀着满腔热情想为祖国效力。辛亥革命前后，这些曾经的留学生逐步展现出自己独特的优势，他们开始担任起重要的岗位，真正地走上了历史舞台。其中梁敦彦升任外务部尚书，唐绍仪担任第一届内阁总理，唐国安参与创办清华大学并出任首任校长。当然，我们更不会忘记，詹天佑在 1905—1909 年带队克服重重困难，修出了 200 公里长的京张铁路。这是中国的第一条铁路，在中国历史上写下了光辉灿烂的篇章，成为中国铁路史上的一段佳话。

正如一位留美生所说："幼童们当年不顾风险，渡过太平洋，再横跨美国大陆。

他们远赴异国去学习语言、科学及文学，他们为中国同胞做了最佳的见证，他们在商业及友好关系方面带给了中国正确的方向和利益，他们促进了中国的富强进步，而且使中国跻身世界友邦之中。"

第一批留美学生怀揣着对祖国的热爱，用自己的渊博学识和扎实行动，给当时内忧外患中的中国带来了希望。也是从那时起，中国再度打开封闭了上百年的国门，重新走向世界，举国上下都迫切地想去外面看看，留学浪潮呈现出方兴未艾之势。在中国近代史上，每一场留学运动都是国家遭遇严重生存危机后奋起自救的产物，都和祖国的命运紧紧联系在一起。可以说，留学运动在中国近现代史上发挥了举足轻重的作用，它改变了中国历史的发展轨迹，推动了中国近代社会的进步。

卡耐基梅隆大学

1874 年，刚刚强大起来的日本倚恃自己的铁甲舰入侵我国台湾。李鸿章认识到海军是西方国家的专长，于是决定派留学生出国深造，专门学习新技术以加强海防。自 1875 年开始，福建、天津分别派出好几批学生远赴法国、德国和英国，学习枪炮、鱼雷、制造、硝药、驾驶等技术。1903 年，江南水师学堂毕业生 8 人赴德国学习步、骑、炮、工等科目。1904 年，山西曾派 20 多名举人去英国学习法律、机械、冶金和地质等。

当时，派去欧洲的留学生大部分是 20 岁左右的青年，他们精力旺盛，刻苦好学，在国外不仅争分夺秒学习科学技术，而且深怀爱国报国之心，学成后立刻回国做事，其中有些留学生成了清朝近代海军建设的中流砥柱。而在英国海军学校的留学生中，走出了一个学习驾驶技术的年轻人，他就是严复。严复是海军大学的一位优等生，平时十分醉心于西方资产阶级的民主思想。回国后，严复担任北洋水师学堂会办，坚持主张要救国就要维新，要维新就要效法西方。他翻译的英国生物学家赫胥黎的《天演论》一书，在国内引起了巨大的反响。严复也借翻译和推介西方名著的机会，疾呼变法图强，主张用"鼓民力、开民智、新民德"的路径救亡图存。

1908 年，庚子赔款复兴了留美潮，清华学堂应势而生。从这所留美预备学校里走出了一批批学霸，后来其中有不少人成了留名青史的大师名家，譬如梅贻琦、赵元任、胡适等。这批留学生在美国读书期间，也正是国内清政府垮台、中华民国政府成立之时。留学生个个踌躇满志，把救国图强当作己任。胡适归国后竭力提倡实施新教育，建立新学制。在康奈尔大学留学的茅以升只用了一年的时间就完成了硕士课程，着实让教授们大吃一惊。他的优异表现居然令校长宣布，以后凡是从茅以升母校唐山工业专门学校来康奈尔大学读研的学生，都可以免试注册。更令人惊讶的是，茅以升读完硕士后，一边工作一边攻读卡内基梅隆大学博士学位，仅用两年时间就完成了博士论文，成为卡内基梅隆大学历史上第一位工学博士。回国后，茅以升一心投身祖国的复兴和建设，他主持设计并建造的钱塘江大桥，成为中国铁路桥梁史上的一块里程碑。我在卡内基梅隆大学的校园里见过茅以升的塑像，那是这所大学的骄傲。20 世纪 50 年代，新中国成立后公布的中国科学院学部委员名单中，这一时期从清华学堂去美国留学的同学中就有周培源、梁思成、汤用彤、杨石先等29 人。这些留学生对百废待兴的中国思想、经济和社会领域的重建，都做出了不可

磨灭的贡献。

回到历史上的中日甲午战争，弹丸小国日本居然打败了中国，让所有中国人都倍感屈辱和迷茫。当时清廷朝野的一些开明人士提出，不讲求变法图强，就无法挽救中国的衰亡，于是就有了留日速成生、留日陆海军学生、官派生、特约生，以及维新变法开始之后的留日女生。1906 年，留学日本的境况达到了历史高峰，出现了"买舟东去，不远千里，北至天津，南自上海，如潮涌来"的熙攘盛况。这些学生当年负笈东瀛的最大目的，就是吸收新知，报效祖国。部分留日学生建立了一个爱国团体，开始向国内译介一些欧美思想启蒙名著，卢梭的《社会契约论》、孟德斯鸠的《论法的精神》、约翰·密尔的《论自由》和斯宾塞的《教育论》等，就是在

东京大学

那个时候逐步走进国人视野的。这些书籍让更多国人打开眼界、习得新知，促使新文化在中国生根发芽。留日学生鲁迅和郭沫若在中间也发挥了重要的作用。鲁迅起初在日本学医，直到有一次他在课堂上看到日俄战争期间中国人被屠杀的血腥场面，极度震惊于画面里麻木不仁的围观国人，从此才决定弃医从文，用笔杆子唤醒这个昏沉的民族，拯救愚弱的国人。

彼时，留日学生正在成为发动武装起义、暴力埋葬清王朝的主要力量，黄兴、胡汉民、廖仲恺和秋瑾等领导的同盟会，引发了资产阶级民主革命的高潮。与此同时，另一场留法勤工俭学的运动正在不断深入。法国作为资产阶级自由、平等和博爱理论的摇篮，正吸引着大批中国的热血爱国青年。第一次世界大战和俄国十月革命爆发之后，国内兴起了新文化运动和"五四"爱国运动，很多新思想潮水般涌入国内，其中工读主义和马克思主义直接推动了留法勤工俭学运动。

如今看来，留法勤工俭学运动是一个广阔的政治舞台，它让一批有能力、有才华、信奉马克思主义的年轻知识分子脱颖而出，其中就有周恩来、邓小平、陈毅、聂荣臻、李富春等著名的老一辈无产阶级革命家。他们纷纷投身轰轰烈烈的革命运动，也让我国留学教育史上的这场活动抹上了与众不同的革命色彩。他们从西方取来了马克思主义"真经"，在寻求中国真正出路的历程中贡献了自己的青春、激情、智慧甚至生命。

正当留法勤工俭学运动不断发展的时候，中国共产党成立了。在共产国际的帮助下，国共两党结成了联合阵线，留学运动出现了新的走势。莫斯科成立了东方大学，后来孙中山以自己的名义成立了中山大学。刘少奇、任弼时等人秘密赴苏学习，在巴黎的中共旅欧支部成员也分三批，从法国来到莫斯科。中山大学是一所纯粹的政治经济单科大学，主要就是为革命和政治服务的。在 1925 至 1930 年，中山大学培养了上千名毕业生，很多人后来成为共产党的骨干人员。这个数据虽然比不上当时6000 名的在美留学人数，但它无疑是将马克思主义成功地从西方推向了东方的重要动力之一。

从 1912 年中华民国成立，到 1949 年国民党退出大陆这几十年的时间里，由于政局动荡不安，加上战火绵延不息，国家内忧外患，留学教育也是起起伏伏。但面

对羸弱的祖国，很多经历了新文化运动和"五四运动"的新一代年轻人，都有学成而归报效祖国的诚挚心愿。在民国时期的留学生中，涌现出了一大批杰出人才，例如吴阶平、钱学森和钱伟长等，他们日后成了建设新中国的栋梁之材。

从中华人民共和国成立到 1959 年这 10 年间，受当时新中国外交局面和国际局势的影响，中国 1.6 万多名留学生大部分被派往了苏联和其他社会主义国家。即使有小部分留学生被送往欧洲的意大利、瑞士、挪威和丹麦等国家，主要也是去学习英、法、德等语言，几乎没有涉及技术领域。20 世纪 50 年代末期，中苏关系转冷，1966 年"文化大革命"爆发，留学教育进入冬眠期。1972 年，中国开始缓慢恢复对外派遣留学生，但这一阶段留学潮对国内的影响已大不如前，留学生数量大大下降，

莫斯科大学

留学目的国家中，亚非等第三世界的比重明显增加。从中华人民共和国成立到1976年粉碎"四人帮"，由于中美一直没有建立正常的外交关系，中国没有向美国派出一位留学生。而这期间，中国和世界发达国家的交流不多，经济、科技和文化方面急需进一步发展。

国内再一次迎来留学的春天，是1978年党的十一届三中全会召开之后。1977年，刚刚复出恢复工作的邓小平负责主持中国的教育工作。作为当初曾在法国勤工俭学的留学生，邓小平深知，亚洲发达国家日本和韩国的现代化都得益于先进的科技和教育。于是他高瞻远瞩，做出了一个重要的决定——恢复向美国派遣留学生。他说："任何一个民族、一个国家，都需要学习别的民族、别的国家的长处，学习人家先进的科学技术。我们不仅因为今天科学技术落后，需要努力向外国学习，即使我们的科学技术赶上了世界先进水平，也还要学习人家的长处。"1978年，中华人民共和国向美国派出了建国以来第一批52名留学生。在此后的5年中，大约有1.9万名中国学生赴美留学。从此，伴随着中国改革开放的不断深入，留学潮一浪高过一浪。截至2018年，中国赴世界各国的留学生数量已经超过60万人。更值得一提的是，如今自费留学生已经成为浩浩荡荡留学队伍里的主流群体。

根据统计，在2009—2018年，中国出国留学的学生每年都在呈增长的趋势，平均增长率达到了14.1%。这是一个非常可喜的成绩，表明了中国人渴望走向世界。但更值得一提的是，在过去的10年时间里，回国的留学生与日俱增，每年有接近80%的同学回国。

我们走出去，是为了接受不同的教育理念，得到更好的教育机会。那么，到底什么样的教育才是好的教育？我走访了世界这么多的学校，觉得好的教育至少应该具有这么几个特点：第一，好的教育应该是普惠大众的，能让更多的人接受教育，提升全民素质；第二，好的教育应该做到因材施教，尊重个体差异；第三，好的教育应该鼓励学生独立思考，培养他们健全的人格。

教育应该是有温度的，教育是影响人、改变人的。如果我们想拥有独立思想和独立人格，教育就发挥了无限重要的作用。教育应该是有理想的，没有理想的教育是不可能长远的。学钢琴的孩子很多，但了不起的钢琴家却很少；学奥数的孩子很多，

20 世纪 90 年代在澳大利亚留学的我

著名的数学家却很少。教育不能带有太多的实用主义思想，否则就会短视。我们把千千万万的孩子都往一个模子里面灌，这对孩子来说是多么大的一种苦难。从这个角度看，真正地尊重不同的个体，科学的、理性的、散发出人性光辉的教育就显得弥足珍贵。

教育能够让人寻找到一个更高远的目标，这才是令人感动的。就像《你当像鸟飞往你的山》里美国爱达荷州女孩塔拉·韦斯特弗所讲："曾经我也接受了自己的命运，直到有一天我逃离大山，打开了另一个世界，那是教育给我的新世界，那是我生命的无限可能。"我们今天以更加开放的心态去看世界，和世界交流，不也是为了寻求更多的可能性，促进我们自己国家的经济文化的发展吗？

写到这里，我整本书的讲述也快要结束了。可以不夸张地说，中国近现代史上充满坎坷、求变、发展和繁荣，我们已经很难把自己孤立起来了。中国已经成为世

界的一隅，全球化更把中国和世界的互动变得水乳交融。我们要感谢历史上的那些先驱，一次次凭借自己的眼光和勇气打开国门，把中国带向世界，也把世界带回中国。我在这里不得不提到一位山西人，他是晚清的名臣和学者，曾被《纽约时报》称为"东方伽利略"，他叫徐继畬。他是中国第一批正式接触并意识到西方文明值得借鉴的向西者之一。

1844 年，当皇城根下的臣民还陶醉在根深蒂固的天朝意识中不能自拔时，徐继畬在厦门开始了和美国新教传教士雅裨理的历史性对话，中国人这才开始知道发祥于古希腊的西方文明和现代民主政治思想，知道了在美国开天辟地推动共和政体的首任总统华盛顿。从此，徐继畬越发迷恋西方的政治体系，频繁接触和对话来华的西方人，终于在 1848 年完成出版了《瀛寰志略》一书，他在书中大胆针砭清王朝腐败的专制制度，破天荒地向国人引荐西方的民主思想和价值观，在当时黑暗的东方国土上点燃了希望的民主之光。

1998 年，美国前总统克林顿在北大演讲时，专门提到了徐继畬的一段逸事：1848 年，这一年也正巧是我国第一位留学生容闳先生赴美留学的第二年，华盛顿特区为华盛顿总统纪念碑奠基，同时向各州及世界各国征集纪念物。这一号召漂洋过海又传到了国内，1853 年，浙江宁波府在来华美国传教士帮助下，向美国赠送了一块花岗岩碑石，上面用中文刻有徐继畬在书中赞美华盛顿总统的几句话：米利坚不设王侯之号，不循世及之规，公器付之公论，创古今未有之局，一何奇也。这句话说出了美国赖以立国的核心理念，也直探我们作为人的内心愿望，这块碑石至今镶嵌在该纪念碑内西壁 200 多英尺的高处，成为中美早期友好关系的里程碑。

回首改革开放四十多年，我国在经济、科技、文化、军事和教育领域都取得了举世瞩目的辉煌成绩。我们已经成为全球第二大经济体，在科技的很多领域已经进入世界前列，北斗卫星系统让我们永不迷失方向，航空母舰让我们驰骋得更远，高铁让我们奔走得更快，奔月的梦想把我们带向浩瀚无垠的太空……这些就是改革开放后中国走向世界的最好见证！经济腾飞，科技发展，岁月的车轮滚滚向前，留学的历史不断变化，而不变的，是我们对祖国深沉的爱和希望祖国越来越好的期许，是千千万万奋力奔跑着、从未忘记要实现中国梦的每一代年轻学子。

华盛顿纪念碑

后记

7 年的穿越，20 个国家，40 万里行程，200 所世界名校，500 多次访谈；一群人，一个愿望，一样的坚持，只为那不一样的成长！

今天，《走向远方：穿越世界的教育寻访》终于要下厂付印了。应该说，这本书的问世既是偶然，也是必然。开始我只是想做一场名校穿越活动，觉得带大家出去走走看看，取他家之长是件有意义的事。后来，我想把自己的见闻和感受分享给大家，于是就有了"世界名校启示录"的全国巡讲。再后来，就有了《镜头里的世界名校》和《由东向西看教育》《不一样的成长：写给中国家庭的国际教育启蒙书》这几本书，这就是我说的无心插柳的偶然。因为有了这几本书，加上这些年穿越名校的体悟，我对教育的观察和思考不知不觉也多了起来，总觉得意犹未尽，还有很多话要说，且有不吐不快之感，于是就有了今天这本《走向远方：穿越世界的教育寻访》。这可算是水到渠成，亦是有心栽花，这就是我说的必然。

从 2013 至 2019 年的 7 年时间里，我每年率团队穿越一个国家或者地区，专程造访著名的大学或中学，实地考察他乡的教育实践。地阔天高，越行走越知世界之宽广，有的国家教育资源实在丰富，所以有几年我干脆一年穿越两次，担心错过了不该错过的东西。几年下来，我和我的团队走访了北美洲、欧洲、亚洲和大洋洲的大部分发达国家。随着穿越之旅的逐年推进，我也更加认识到国际教育思想的博大精深，思考和积累的采访笔记以及影像资料与日俱增。

从北美的教育大国美国和加拿大，到大洋洲的后起之秀澳大利亚和新西兰，再到传统教育强国英国，以及多姿多彩的欧洲列国，直到亚洲教育三强日本、韩国和新加坡，走过的足迹可以绕地球好几圈。我和团队合计采访了几百位学生、教授、

科学家、招生官、创业者、校长和学校管理人员。我们有机会耳闻目睹来自教育前线如此丰富的理论与实践，这确实是我们收获的一笔财富。虽然在穿越名校期间也在国内的各类媒体上刊登各种报道，和大家分享我们的感受，但迫于一路上紧张的日程安排，只能是走马观花的随笔，无法静下心来做一些系统深入的思考。回国后又一头扎进繁忙的公司日常事务，采访笔记的整理工作一拖再拖，变得遥遥无期了。这次多亏新星出版社的诚意邀请，我才下定决心要把这件事重新拾起来，把我的所思所想付诸笔端，对过去7年的名校寻访活动做一次回顾和总结。

在整理素材的过程中，遇上的第一个难题就是选择什么。也就是说在众多素材中，选取什么样的内容才会对读者有用，能给大家带来思考和启发。这一点考量成为我甄选全书素材的主要指导思想。本书的目录就是我素材筛选后的呈现，我把这本书的内容分为三大部分。第一章"理想的光辉"，重点关注的是过去，是教育领域的先行者和开拓者；第二章"文化的力量"，着重呈现的是他乡丰富多彩的校园文化，展现当代教育的多样性；第三章"探索的勇气"，讨论的是我们今天提及较多的创造性思维和批判性思维，以及去直面挑战的勇气。这三个层面看似互不相关，其实我把教育的过去、现在和未来都贯穿到了一起。简单说，没有过去的勇敢开拓就没有今天的多彩校园，也就不会有继往开来的明天。

如何把甄选出来的材料用一种更有效的方式呈现出来，是我关心的第二个问题。我坚持用故事的形式写下自己的观察和思考，不使用任何专业术语，不搬弄任何学术或抽象的概念，同时给每篇文章配上穿越期间我拍摄的同主题照片，力争图文并重。我相信，这种通俗易懂的叙述和图文结合的呈现方式，符合现代人的阅读习惯和审美情趣。当然，理想和现实还是有差异的，心里想着娓娓道来，下笔时常常会感到自己笔力的不足。另外，要在几万张图片里找到吻合文章主题的配图也绝非易事，于是我决定把配图分为"强相关"和"弱相关"两类，前者和文字及场景直接相关，后者和所在国及大环境间接相关。个别场景实在无奈，只得依靠朋友和校方友情赞助的照片。现在大家拿到手的书就是我努力的结果，好坏读者自有评判，但我确实尽力了，所有的缺憾都留到下次去弥补吧。

希望这四十余篇真实诚挚的小文会给你带来更直观的阅读体验和更宽广的想象空间。如果你能一口气把这本书读完，我的目的就达到了。假如掩卷之余，你还能

得到一点启发，收获一些见识，甚至愿意去做出一点改变，那对我就是惊喜有加了。说实话，什么是最好的教育，我们很难找到标准答案。不过，考察了世界各地这么多不同形态的教育实践，有一点我深信不疑：真正的教育应该是有温度的，是能够影响人、改变人的，让我们拥有济世的情怀和历史的担当，成为思想自由、视野高远、人格独立和身心健康的人。

今天能完成这本《走向远方：穿越世界的教育寻访》，我要感谢每一位穿越队员的真情陪伴，是大家数年如一日的坚持，不忘初心的持续探索，才有了书中许多新的发现。我还要感谢 VISA 中国和中国银行信用卡中心的慷慨相助，让我们这几次穿越心无旁骛，集中精力专注我们的考察，它们是真正理解国际教育的金融机构。特别感谢我的同事、穿越队员谷田老师以及本书的编辑李金学老师，他俩在这本书的策划、选题、组稿、编辑和出版的过程中都给予了我很大的帮助，也表现出了极高的专业素养。他俩不厌其烦，和我来来回回切磋过很多次书稿，虽然各自的意见不尽相同，但方向总是越辩越明，其中的乐趣也只有同路人方可体会。

最后，我还要特别感谢我的老板，也是四十年亦师亦友的同学俞敏洪老师，他再次拨冗为我的拙作写序。在读书写作和事业打拼方面，他始终是我的楷模，他对教育的那份执着，也让我心生钦佩。过去的 20 年里，我有幸和他共事，在他身边工作，其中的压力和收获我是明白的。俞老师很擅长写作，出书的速度也很快，在这方面，我实在跟不上他的步伐，即使再努力追赶，都是步履跟跄，显得笨拙可笑。今天，我交出这份勉强的答卷，是蹒跚迈出的第一步。步伐虽小，内心依旧充满了喜悦和兴奋。不积跬步无以至千里，有了这第一步，就必然会有第二步和第三步。连续 7 年的世界名校穿越活动，已经为我打开了另一个世界，也许我穿越的脚步会走走停停，但我内心探索教育的步伐应该再也不会停止了。

周成刚

新东方教育科技集团 CEO

图书在版编目(CIP)数据

走向远方：穿越世界的教育寻访 / 周成刚著. --
北京：新星出版社, 2023.5
　ISBN 978-7-5133-5237-6

　Ⅰ. ①走… Ⅱ. ①周… Ⅲ. ①教育－文集 Ⅳ.
①G4-53

中国国家版本馆CIP数据核字(2023)第094541号

走向远方
穿越世界的教育寻访

周成刚　著

责任编辑： 汪　欣
特约编辑： 谷　田　　田中原　　刘红静
责任印制： 李珊珊
装帧设计： 路丽佳

出版发行： 新星出版社
出 版 人： 马汝军
社　　址： 北京市西城区车公庄大街丙3号楼　　　100044
网　　址： www.newstarpress.com
电　　话： 010-88310888
传　　真： 010-65270449
法律顾问： 北京市岳成律师事务所

读者服务： 010-88310811　　service@newstarpress.com
邮购地址： 北京市西城区车公庄大街丙3号楼　　　100044

印　　刷： 北京雅昌艺术印刷有限公司
　　　　　炫彩（天津）印刷有限责任公司
开　　本： 710mm×1000mm　1/16
印　　张： 25.25
字　　数： 366千字
版　　次： 2023年5月第一版　　2023年5月第一次印刷
书　　号： ISBN 978-7-5133-5237-6
定　　价： 88.00元

版权专有，侵权必究。如有缺页、倒页、脱页等印装质量问题，请拨打服务热线：010-62605166。

U0729720